세계핵심관광 · 유학길잡이 X

호주의 명소와 명문대학

차종환 · 박용하 공저

나산출판사

머리말

 오늘날 현대인은 정보통신과 교통의 발달로 지구촌이라는 말이 실감나는 세계화, 개방화 시대에 살고 있다.
 세계화는 1989년 가을, 아무도 예상치 못한 혁명적 사건으로 급진전했다. 동유럽에서 시작된 사회주의 경제체제의 몰락은 세계를 하나로 만드는 세계화의 큰 계기가 된 것이다.
 이제 냉전시대의 제2대 산맥인 사회주의는 변질되고 제3세계를 주도하던 나라들도 드디어 사회주의를 버리고 시장경제를 포용하기 시작했다.
 우리는 지금 지구의 변두리에 살고 있는 것이 아니라 우리도 모르는 사이에 세계의 중심에 들어와 있다. 더 이상 세계 무대를 멀리 바라보는 객석의 손님을 자처해서는 안 된다. 우리의 의식이 세계화 도전으로 변해야 한다. 그러기 위해 상대를 알아야 하고 선진화, 국제화를 위해 다른 나라와 경쟁 속에서 협력해야 한다.
 세계화란 거창한 것도 아니다. 대단한 변화를 요구하는 것도 아니다. 주변에서 보이는 것, 느껴지는 것 중에서 조금씩 바꾸면 되는 것이다. 한국은 오랫동안 폐쇄주의적이고 배타주의적 사고방식에 젖어 있다. 이것을 격파해야 한다. 다른 나라의 문화를 받아들이는 것이 열린사회를 만드는 길이요, 세계화로 가는 과정이다. 스스로 외국에 대한 피해의식이나 배타성을 버리고 나아가는 교육이 세계화 교육인 것이다.
 세계화에 적응하기 위해서는 다른 나라의 형편과 전통문화를 이해하고 교육수준을 파악해서 열린 교육사회, 평생학습사회 건설에 일익을 담당해야 한다.

　국제화 시대에 임하여 우리 것을 계승, 발전시키는 것도 중요한 것이지만 외국의 지식과 첨단 기술을 습득하여 장점을 수렴한 후 우리의 것으로 소화시키는 것도 중요하다.

　급증하는 유학 수요에 비하여 이 방면의 길잡이 역할을 할 수 있는 지침서가 부족한 현실이다. 세계로 떠나기 전에 목적지의 형편과 역사적 배경 및 관광명소를 파악하고 교육실정과 제도를 알고 떠나는 것이 도움이 되리라 본다.

　이런 의도에서 지금까지 알려진 유명한 관광지에 대한 해설과 명문대학의 개요 및 교육정보를 모아서 필자들이 보고 느낀 점을 가미해 "각 국의 명소와 명문대학"을 엮은 것이다.

　호주편은 나라별로 기술한 시리즈의 일부로 지금까지 출판된 영국, 프랑스, 이태리, 일본, 스위스, 독일, 중국, 오스트리아, 캐나다, 체코 및 슬로바키아에 이은 것이고 곧 인도편도 준비중이다.

　필자진 중에는 그 나라에 몇 년 동안 거주한 동포나 관광 및 교육전문가가 포함된 공동작품이다. 많은 자료와 정보를 주신 호주의 한반도 통일연구회 임원들께 감사드린다.

　여러모로 미흡한 점이 많지만 이 책이 세계화, 개방화 시대를 짊어지고 나갈 우리 젊은 유학 희망자들이나 학부모님 그리고 관광객 여러분께 다소나마 도움이 되었으면 한다.

　어려운 여건 속에서도 출판해 주신 나산출판사 안장훈 사장님께 감사드린다.

2003년
L.A.에서 필자 대표 차 종 환

머리말 / 5
차 례 / 7

제 1 편 일반 정보 / 15

제1장 호주의 개요 / 16
1. 호주의 기초지식과 국경일 / 19
2. 워킹 홀리데이 제도 / 20
3. 지리 / 20
4. 지형 / 20
5. 원주민 / 21
6. 인종 및 인구 / 22
7. 종교와 생활수준 / 23
8. 예술과 문화 / 24
9. 기후 / 25
10. 특산품 / 26

제2장 역사 / 27
1. 대륙의 원주민 애버리지나 / 27
2. 호주대륙의 발견시기 / 28
3. 죄수의 유배시기 / 29
4. 식민지 시대 / 29
5. 골드 러시 시대 / 29
6. 호수 연방의 성립 시기 / 30
7. 백호주의 철폐시기 / 30
8. 아시아 태평양시대의 다문화 국가 / 31

제3장 호주의 정치, 경제 및 사회 / 32
1. 정치 체제 / 32
2. 행정 구역 / 34
3. 경제 / 34
4. 사회 / 35
5. 인구 구성 / 37

6. 세계문화유산 보호구역 / 40
7. 서핑과 해변문화 / 41
8. 호주의 생물상 / 42
9. 한국과 호주의 교역 / 50
10. 호주인들의 장단점 / 51
11. 호주사회의 장점 / 51

제 2 편 관광 정보 / 53

제1장 연방 수도 특별구 / 54
1. Canberra / 55
2. Canberra 근교 / 59
제2장 뉴 사우스 웨일스 / 60
1. 시드니 / 61
(1) 시드니 하버 / 67
(2) 서쿨러 키와 록스 / 68
(3) 시티 / 70
(4) 차이나 타운 / 76
(5) 달링 하버 / 77
(6) 킹스 크로스 / 80
(7) 패딩턴, 달링허스 / 82
(8) 시드니 동부 / 83
(9) 본다이, 서던해변 / 84
(10) 시드니 북부 / 85
(11) 맨리 / 87
(12) 시드니 근교 / 90
(13) 동물원 / 91
(14) 국립 공원 / 92
2. 카툼바와 블루마운 / 93
3. 울렁공 / 96
4. 북부 해안지대 / 98
5. 서부 / 102

6. 스노위 마운틴 / 102

제3장 빅토리아 / 103
1. 멜버른 / 104
2. 멜버른 근교 / 116
3. 필립섬 / 118
4. 소브린 힐 / 119
5. 벤디고 / 119
6. 빅토리안 알프스 / 121
7. 머레이 강과 에추카 / 122
8. 밀두라 / 123

제4장 태즈메이니아 / 124
1. 호바트 / 126
2. 호바트 근교 / 131
3. 포트 아서 / 133
4. 론서스턴 / 134
5. 데번 포트 / 135
6. 크레이들 산과 세인트 클레어 국립공원 / 138

제5장 퀸즐랜드 / 140
1. 브리즈번 / 141
2. 모튼섬 / 146
3. 골드 코스트와 서퍼스 파라다이스 / 147
4. 션샤인 코스트 / 152
5. 물루라바 / 154
6. 프레이저 섬 / 155
7. 그레이트 배리어 리프 / 157
8. 번다버그 / 159
9. 록 햄프턴 / 160
10. 애얼리 해변 / 163
11. 휘트선데이 제도 / 164

12. 해밀턴 섬 / 165
13. 타운즈 빌 / 166
14. 마그네틱 섬 / 168
15. 케언스 / 169
16. 포트 더글라스 / 171
17. 마운트 아이자 / 172
18. 허비 베이 / 174

제6장 남 호주 / 175
1. 애들레이드 / 176
2. 바로사 밸리 / 183
3. 글레넬그 / 184
4. 캥거루 섬 / 185
5. 쿠버 피디 / 188
6. 빅토르 하버 / 189

제7장 노던 테리토리 / 189
1. 앨리스 스프링 / 191
2. 앨리스 스프링 근교 / 194
3. 에어즈 록과 올가즈 국립공원 / 194
4. 캐서린 계곡 / 197
5. 다윈 / 200
6. 카카두 국립공원 / 204
7. 킹스 캐넌 / 207
8. 테넌트 크릭 / 208

제8장 서 호주 / 209
1. 퍼스 / 210
2. 프리맨틀 / 216
3. 로트네스트 섬 / 218
4. 피너클스 / 220
5. 에스페란스 / 221

6. 번버리 / 222
7. 마가렛 리버 / 223
8. 하이든 / 225
9. 제럴드턴 / 226
10. 카나번 / 228
11. 엑스 마우스 / 230
12. 브룸 / 232
13. 얀쳅 국립공원 / 236
14. 앨버니 / 236
15. 카나나라 / 237

제 3 편 교육 정보 / 241

제1장 호주의 교육 / 242
1. 초 중 고등학교 / 244
(1) 초등학교 / 245
(2) 중·고등학교 / 245
(3) 영어 연수 / 246
2. TAFE / 247
(1) TAFE 개요 / 247
(2) TAFE의 자격증 / 248
3. 대학 준비 과정 / 251
4. 통신 교육 / 252
5. 종합대학 / 252
(1) 학사 학위 / 254
(2) 준 석사 수료 / 254
(3) 준 석사 학위 / 254
(4) 석사 과정 / 255
(5) 박사 과정 / 255
(6) 대학 및 대학원 입학신청 서류 / 256
(7) 대학원 진학 / 256
(8) 교수 직급 / 257

(9) 한국 유학생의 실태 / 258
6. 호주 교육의 평가 / 259
7. 호주 유학의 주요 시험 / 262

제2장 명문대학 각론 / 264
1. Canberra / 264
(1) Australian National University / 264
(2) University of Canberra / 265
2. New South Wales / 266
(1) Australian Catholic University / 267
(2) Charles Sturt University / 268
(3) Macquarie University / 270
(4) Southern Cross University / 271
(5) University of New England / 272
(6) University of New South Wales / 274
(7) University of Newcastle / 275
(8) University of Sydney / 277
(9) University of Technology, Sydney / 279
(10) University of Western Sydney / 281
(11) University of Wollongong / 282
3. Northern Territory / 284
(1) Northern Territory University / 284
4. Queensland / 285
(1) Bond University / 285
(2) Central Queensland University / 286
(3) Griffith University / 288
(4) James Cook University / 290
(5) Queensland University of Technology / 291
(6) University of Queensland / 293
(7) University of Southern Queensland / 294
5. South Australia / 296
(1) Flinders University of South Australia / 296

(2) Adelaide University / 297
(3) University of South Australia / 299
6. Tasmania / 300
(1) University of Tasmania / 300
7. Victoria / 302
(1) Deakin University / 302
(2) La Trobe University / 304
(3) Monash University / 306
(4) RMIT University / 308
(5) Swinbourne University of Technology / 309
(6) University of Ballarat / 311
(7) University of Melbourne / 313
(8) Victoria University of Technology / 315
8. Western Australia / 316
(1) Curtin University of Technology / 316
(2) Edith Cowan University / 318
(3) Murdoch University / 320
(4) University of Notre Dame / 321
(5) University of Western Australia / 323

참고 및 인용문헌 / 326
저자소개 / 329

제 1 편

일반 정보

제 1 편 일반 정보

제 1 장 호주의 개요

호주의 공식명은 Commonwealth of Australia, 즉 호주 연방이다. 크게 8개의 지역으로 나뉘어져 있는 국토의 면적은 한반도의 35배 정도지만, 인구는 1/4에 불과하다. 그 중 70%는 호주의 10대 도시(캔버라, 시드니, 케언스, 타운즈빌, 브리즈번, 멜러른, 호바트, 애들레이드, 다윈, 퍼스)에 살고 있고, 지역별로 보면 동부나 동남부에 집중되어 있다. 한편 1770년에 캡틴 쿡이 이 대륙을 발견하기 전부터 살던 원주민은 현재 약 26만 명으로 전 인구의1.5%를 차지하며, 에어즈 록(Ayres Rock)으로 유명한 노던 테리터리(NT)에 많이 거주한다.

한국과 호주의 관계는 매우 돈독하다. 호주에는 2~3만 명 정도의 교포와 수천 명의 유학생들이 민간 외교 차원에서 그곳 문화를 배우고, 한·호 상호간의 앞날에 중추 역할을 하며 동분서주하고 있다. 최근 한국은 호주의 제 4위 교역 대국으로 부상했고 이로 인해 정부와 민간의 교류가 활발하며, 농축산물과 철강 등 금속류의 수출이 주종을 이루고 있다.

'이민의 나라'라고 불리어지는 만큼 호주에는 해외에서 온 사람을 따뜻하게 맞이하는 마음과 제도가 마련되어 있다. 유학에 관해서도 그렇다. 영국 풍의 교육제도에 다른 문화권 출신 유학생이 적응하기 쉽도록 영어교육과 적응교육 등이 잘 준비되어 있고, 영어공부와 더불어 아르바이트를 원하는 학생은 워킹 홀리데이 비자가 환대해 준다.

2000년 시드니 올림픽도 개최되었다. 호주는 세계로 뻗어가는 나라로서 주목받을 것이다.

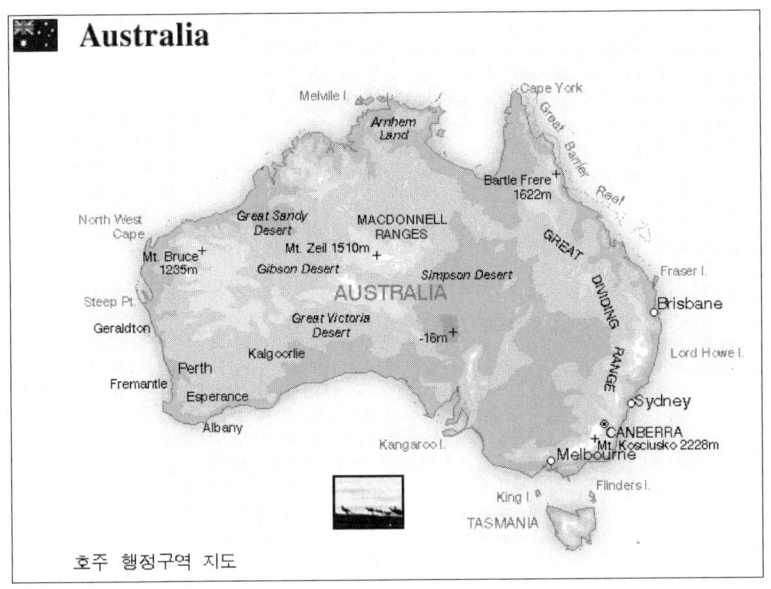

호주 행정구역 지도

　호주의 국토는 북쪽으로 우림과 광활한 평원, 남동쪽의 설원, 중부의 사막 그리고 동부와 남부 및 남서 지역에 걸친 비옥한 초목지 등 놀랄만하게 다양하다. 호주의 광활한 국토 때문에 다양한 기후를 맛볼 수 있다. 어느 지역을 선택하건 간에 본국의 기후보다 춥거나 더운 기후를 경험하게 될 것이다. 또한 큰 도시, 소도시, 시골의 작은 도시 등 다양한 지역에서의 생활을 선택할 수 있다. 호주 원주민들의 신비로운 전통은 호주 대륙과 그들의 밀접한 관계를 설명해 주며 그들의 태곳적 창조의 전설을 담고 있다. 많은 화랑 및 박물관에는 원주민들의 예술 작품들이 전시되어 있으며 이들의 독특한 문화를 경험하고 감상할 수 있는 관광투어도 있다.

　오늘날의 호주는 인종적으로나 문화적으로 단순히 백인의 앵글로 색슨계 국가로 정의할 수 없으며 복합적이고 현대적인 영어 사용국가로 변모하였다. 이제 호주는 다문화적인 사회로서 끊임없이 그 문화와 국가의 정체가 변모하고 있다.

　호주의 문화생활은 현대 국제 사회의 영향을 비롯하여 풍부하고 다양한 전통, 국적, 관습 등이 어우러져 형성되었다. 따라서 호주 문화는 호주 원주민, 영국 그리고 아시아 배경의 다양한 문화가 복합된 형태를 반영하고 있다.

　호주는 연구 개발 분야에서 선두 위치를 인정받고 있는 외에 현대 영문학 분야의 활동, 호주 국내 및 국제 영화 제작 분야, 고전 및 대중 음악 제작, 국제 패션 및 인테리어 디자인과 그래픽 디자인, 건축 분야, 그리고 공연 예술 분야 등에서 세계적으로 두각을 나타내고 있다.

　현대적이고도 고상한 호주의 도시에서 여러분은 국제 수준의 운동 경기 시설, 다문화적 인구 구성으로 인한 다양한 음식과 식당들, 생동적인 음악, 및 연극 공연 문화 등을 즐길 수 있다.

　호주는 또한 친절과 여유 있는 생활 스타일로 잘 알려져 있다. 여름에는 흔히 친구, 친지들과 어울려 바비큐를 즐긴다. 주말에는 주로 야외 생활을 즐기는데 바닷가 또는 등산을 가거나 기타 야외 운동을 즐기는 호주 가족들을 많이 볼 수 있다.

　호주의 이민정책으로 인하여 복합문화사회(Multicultural Society)를 이루고 있으며, 국가정책으로도 새로 들어오는 이민자들의 문화, 언어, 전통을 호주의 법률이나 기본적인 사회가치와 상충되지 않는 범위에서 그대로 보존하는 것을 환영하고 있으며 정부차원에서도 이것을 장려하고 있다.

　호주의 인구밀도는 1㎢당 2명 정도인데 도시화에 있어서는 세계에서 가장 앞선 나라의 하나이다. 농촌 지역에 살고 있는 인구는 15%에 못 미친다. 통계에 나타난 호주사람들의 평균 수명은 72세이며, 여성의 평균수명은 78세이다. 결혼한 부부의 평균자녀수는

2.2명이며, 세대의 약 72% 이상이 자기 집을 소유하고 있다. 호주의 노동인구 중에서 80% 이상의 사람들이 직장생활을 하고 있으며, 전체 호주 국민의 3분의 2는 도시에서 살고 있다. 남자들은 제조업, 도소매업, 서비스업 등에 종사하고 있으며, 여성들의 취업 기회가 많아 전체 노동력의 약 40% 정도가 여자이며 그중 56%는 기혼여성이다.

호주 국민의 대부분은 기독교인들로 76.4%가 기독교를 믿고 있는데, 그 중에서 26.1%는 영국성공회, 26%는 로마카톨릭, 4.6%는 통합교회, 4.4%는 장로교, 2.9%는 그리스정교, 그리고 1.3%는 침례교를 신봉하고 있다. 이밖에도 유대교, 이슬람교, 불교 신자들도 있다. 전체 국민의 1.1%를 차지하고 있는 원주민과 토레스 해협 토착민은 교육, 보건, 취업, 주택 등에서 불리한 대우를 받아왔으며, 현재 호주 정부는 이들의 생활수준을 향상시키고 문화를 보전, 발전시키려는 방향으로 움직이고 있다.

1. 호주의 기초지식과 국경일

- 정식국명 : 오스트레일리아 연방(Commonwealth of Australia)
- 원   수 : 엘리자베스 2세 영국 여왕
- 면   적 : 768만 6,848㎢
- 인   구 : 1,917만 명(2000. 7)
- 수   도 : 캔버라(Canberra)
- 인종구성 : 영국계 77%를 필두로 이탈리아계, 네덜란드계, 그리스계, 독일계 등 유럽계가 전 인구의 95%를, 아시아계가 4%를 차지하고 있다. 원주민인 애버리지니(Aborigine)의 인구는 약 18만 명(혼혈포함)이다.
- 종   교 : 영국 국교회 26%, 프로테스탄트 24.3%, 카톨릭 26%

- 공용어 : 영어
- 전 압 : 220~240V, 50Hz이다. 한국의 110V짜리 전기 제품을 이용하는 경우에는 변압기와 어댑터(adaptor)가 필요하다.

2.. 워킹 홀리데이 제도

워킹 홀리데이는 젊은이들에게 다른 나라의 문화와 생활을 경험할 수 있는 기회를 주어 국제 이해를 깊게 할 목적으로, 1년간 호주에 체재하면서 일하며 공부하고 여행할 수 있도록 한 제도로서 외국의 취업비자 취득은 어렵지만 이 비자는 필요조건만 충족시키면 비교적 간단하게 얻을 수 있다. 체재 중에도 스스로 계획을 세워서 생활하고, 아파트에서부터 일자리 찾기까지 모두 직접 해야 하는 것이 기본, 해외에서 한번쯤 생활해 보고 싶은 사람에게는 최적의 제도이지만, 진지하게 영어 공부와 일자리를 찾는 사람에게는 그다지 적당하지 않다.

3. 지리

호주는 우리 나라와 정반대인 남반구에 속한다. 5대륙 가운데 가장 작은 규모이지만 대륙 전체가 단일국가로 이루어진 세계 유일의 나라로, 총면적이 러시아와 캐나다, 중국, 미국, 브라질에 이어 세계에서 여섯 번째로 넓은 면적이다. 대륙 중앙으로 남회귀선이 지나며, 총 36,735km에 이르는 해안선은 만과 해변, 깎아지른 듯한 절벽으로 이루어져 있다.

4. 지형

호주 대륙은 동쪽의 태평양과 서쪽의 인도양을 비롯해 사면이 바다로 둘러싸인 해양국가이다. 호주는 표고가 낮은 지형적 특색으로 인해 지구상에서 가장 편평한 대륙이기도 하다. 이는 뉴 사우스 웰스와 빅토리아에 걸쳐있는, 호주의 알프스에 해당하는 해발 2,228m의 코스키우스코 산이 호주의 최고봉이라는 데에서도 쉽게 알 수 있다. 사면이 바다로 둘러싸인 환경에도 불구하고 중앙 내륙은 건조하고 황폐한 사막지역이다. 따라서 호주는 세계에서 가장 건조한 대륙으로 손꼽히는 곳이기도 하다.

호주 최장의 강은 퀸즐랜드에서 발원한 총길이 2,736km의 달링강이다. 또한 호주 최고의 산맥은 최북단인 케입 욕(Cape York)에서부터 빅토리아의 그램피언스(Grampians)까지 연결된 그레이트 디바이딩 산맥(Great Dividing Ranges)으로 되어 있다.

8천만년 전에 그레이트 디바이딩 산맥을 형성시킨 마지막 지형 변화가 일어난 이후 산이 침식되면서 가라앉아 비구름이 쉽게 형성되지 않았다. 그 결과 예전에 울창한 산림지역이 사막으로 변하여 현재 대륙의 70%이상이 건조지역이다. 그러나 오스트레일리아의 풍경이 단일한 모습을 보여주는 것은 아니다.

오스트레일리아는 3가지 지대로 나뉘어져 있다. 그레이트 디바이딩 산맥을 포함하는 해변가의 초원지대, 중앙 저지대, 서부고원지대가 바로 그것이다. 그레이트 디바이딩 산맥은 최근에 일어난 현상의 산물이다. 오스트레일리아에서 제일 높은 산지이며 감탄사가 절로 나오는 협곡, 화산지형이 산재해 있다. 중앙저지대는 대륙의 양쪽 끝이 융기하였을 때 생겨났다. 즉 대륙이동에 의한 지반균열이 일어난 결과이다. 서부고원지대는 오스트레일리아의 광대한 사막 대부분을 포함하고 있으며 지구상에서 제일 오래된 암석들로 이루어져 있다.

5. 원주민

호주의 원주민은 식민지 초기 유럽인들이 강력한 식민정책을 펼쳤을 때 거의 멸종되다시피 했다. 전쟁으로 혹은 외국에서 유입된 전염병으로 수 천명이 목숨을 잃었다. 원주민들 사이에 만연한 빈곤극복을 목적으로 1850년대에 이른바 보호구역이 만들어졌으나, 이러한 시도는 애초부터 방향이 잘못 잡힌 것이었다.

1950년대 이래로 원주민 문제에 대한 이와 같은 그릇된 이해를 바로 잡기 위한 노력이 진지하게 행해졌다. 이후 상황이 좋아지긴 했지만 오늘날까지도 여전히 의료혜택, 교육, 주거 등 모든 면에서 원주민들의 생활수준은 다른 호주인에 비해 뒤떨어져 있다. 1992년에 원주민 정책이 일대전환을 맞이하게 되었다. 제정된 원주민법의 골자는 원주민이 어떤 지역을 계속적으로 점유해 왔다면, 그 땅을 자신의 소유물로 주장할 수 있다는 것이다.

거의 모든 호주인들이 이러한 화해정책을 지지하고 있고, 원주민이 남겨놓은 문화 유산의 풍부함을 인식하게 되었다. 현재 세계에서 가장 오래된 예술형식 중의 하나로 간주되는 원주민 회화가 국제 예술무대에서 인정받기 시작한 것은 1970년대부터였다. 원주민 작가들도 호주 문단의 주목을 받기 시작했다. 젊은 원주민들은 이러한 인식의 변화를 기회로 포착하여 평등권을 신장시키기 위해 노력하고 있다.

6. 인종 및 인구

호주의 애버리지널은 현재 지방과 대도시에서 백인과 다름없이 생활하고 있으며, 극소수만이 그들의 전통을 답습하며 살아가고 있다.

1788년에 영국 식민지로 선포된 후 150년간은 죄수를 비롯한 영국과 아일랜드계 자유 이민자들의 이주가 급속히 증가하였다. 현재 국민의 30%가 이민 1,2세대로 이루어져 있으며, 그중 약 80%가 영국과 아일랜드계로서 호주의 문화발전에 지대한 영향을 미치고 있다.

한때 백호주의를 주창하기도 하였었으나 1959년에 공식적으로 백호주의 정책을 폐지하였다. 그러나 백호주의 정책이 완전히 사라진 것은 1973년에 관련 법안이 통과된 이후부터이다. 이후 전 세계 200여 개국으로부터 약 5백만 명의 이민자들이 대거 유입되면서 호주는 세계적인 다인종 다민족 국가가 되었다. 영국계를 비롯한 이탈리아와 네덜란드, 그리스, 독일계 등의 유럽 인종이 95%를 차지하고 한국과 중국, 베트남, 타이, 일본 등의 아시아 인종은 전체 인구의 4%에 지나지 않는다.

호주 인구의 특성을 한마디로 표현하자면 '호주인'들은 소수민족의 집합체로 구성되어 있다고 할 수 있다. 적어도 한때는 인종적으로 단일민족국가 - 즉 피부의 빛깔은 백인이며 인종은 '앵글로 색슨', 문화는 유럽의 전승, 국가적 이념은 평등을 추구하는 - 를 세우겠다는 야심도 없지는 않았다. 그러나 이러한 야심의 추구는 비현실적으로 되어 가고 있다. 그 좋은 예가 1947년에만 해도 10명 중 1명이 이민이었는데 1970년에는 5명 중 1명, 1980년에는 4명 중 1명으로 변해왔다는 사실이다.

지역별 인구 분포 상황을 보면 캔버라 31만 명, 뉴 사우스 웰스 620만 명, 빅토리아 456만 명, 퀸즐랜드 334만 명, 남호주 147만 명, 타스매니아 47만 명, 노던 테리토리 18만 명, 서호주 177만 명이다.

7. 종교와 생활수준

(1) 종교

국민의 74%가 기독교도로 이 가운데 카톨릭은 27.3%, 영국 성공회는 23.9%, 프로테스탄트가 22.8%를 차지한다. 이밖에 이슬람 교도가 15만 명, 유대교도와 불교도도 있다.

(2) 생활수준

인구 밀도는 1㎢당 2명인데, 실제로는 인구의 85% 가량이 도시에 거주하고 있어서 세계에서 가장 도시화가 진행된 나라로 꼽힌다.

사회복지제도가 충실하고 노동조건도 우수하여 생활 수준 또한 매우 높은 편이다. 표준 노동 시간은 주 5일제 40시간이며, 1년에 4주간의 유급휴가가 인정되고 있다. 주택난도 보기 힘든데, 주택의 약 70%는 1층집으로 최저 300평의 부지를 차지하고 있다.

8. 예술과 문화

호주인들은 스포츠를 열광적으로 좋아한다. 축구, 크리켓, 럭비, 테니스, 골프의 인기는 정말 대단하다. 그러나 일반적인 생각과는 달리 스포츠보다 예술활동에 더 많은 시간과 돈을 투자하고, 전국적인 문화무대는 매우 활기차다. 시드니 오페라 하우스가 이 나라의 대표적인 상징물이라는 사실은 별로 놀랄만한 것이 아니다. 유명한 오페라 가수인 넬리 멜바와 조앤 수서랜드를 모르는 사람은 없을 것이다. 시드니에서 관람할 수 있는 오스트레일리아 오페라와 오스트레일리아 발레는 수준급이다. 각 주마다 극단과 심포니 오케스트라가 있고 거대한 규모의 미술관이 전국 곳곳에 널려 있다. 국제적인 작품을 전시해 놓은 화려한 국립 미술관에서부터 각 지역의 현대 오스트레일리아 및 원주민 미술작품을 전시해 놓은 소규모 개인 미술관에 이르기까지 매우 다양한 미술관이 존재한다.

호주의 영화산업 또는 1970년대부터 발달하기 시작하였다. TV용 오페라, 록 밴드 등 문화사업이 세계적이다. 거의 모든 면에서 오스트레일리아는 '행운아'라는 별명에 어울리는 생활수준을 누리고 있다.

도시＼월	1월	2월	3월	4월	5월	6월	7월	8월	9월	10월	11월	12월
시드니	22.3 130.2	22.4 145.8	21.5 168.0	18.9 83.0	15.6 101.2	13.4 142.9	12.4 63.2	13.4 90.8	15.3 62.4	17.7 95.3	19.3 79.4	21.5 193.3
킨버라	20.1 59.7	19.8 53.6	17.5 49.9	13.2 46.7	8.9 50.9	6.5 38.3	5.4 36.5	6.8 49.8	9.2 54.8	12.4 75.2	15.2 55.8	18.3 56.1
맬버른	20.5 50.5	20.0 48.8	18.9 39.2	15.6 57.9	12.3 78.0	11.0 48.0	9.8 48.3	10.6 62.3	12.4 70.7	14.4 78.8	16.1 74.0	18.6 56.7
브리즈번	24.9 178.2	24.9 173.6	23.8 148.0	21.6 62.2	18.4 79.1	16.2 74.1	15.0 57.1	16.0 44.9	18.2 37.5	20.9 91.6	23.0 100.7	24.3 148.6
타운즈빌	27.4 306.1	27.1 301.3	26.3 197.1	24.7 69.6	22.4 43.1	19.9 20.9	19.3 7.4	20.3 14.6	22.3 8.7	25.0 28.7	26.7 33.6	27.5 156.8
애들레이드	21.7 41.0	22.0 50.0	20.0 16.2	16.9 47.8	14.0 63.0	11.6 55.6	11.2 61.9	11.7 48.0	13.2 59.0	15.8 44.1	18.0 26.8	20.1 26.2
퍼스	24.2 7.0	24.7 18.0	22.6 15.1	18.7 49.9	15.9 110.8	14.2 172.5	12.9 170.1	13.2 114.5	14.5 63.3	16.3 55.4	18.8 20.8	22.0 15.5
앨래스스프링	28.7 41.5	27.7 34.8	25.1 25.9	20.7 18.2	15.7 20.5	12.7 24.2	11.9 16.4	14.1 12.0	18.2 10.8	22.8 22.7	25.6 22.8	27.6 33.6
다윈	28.1 373.0	27.8 346.5	28.1 438.1	28.2 98.3	27.0 24.5	25.3 2.1	24.7 1.7	25.8 2.9	27.8 12.3	29.0 84.9	29.3 138.8	29.0 265.3
호바트	16.8 37.8	16.7 45.6	15.6 45.8	13.3 62.4	10.5 51.5	8.5 37.3	7.9 49.6	8.6 52.8	10.3 43.9	12.2 54.4	13.5 53.6	15.4 66.0
서울	-3.5 20.6	-1.1 28.2	4.1 49.0	11.4 105.2	17.1 88.3	21.1 151.1	24.5 383.1	25.3 263.0	20.5 160.3	13.9 48.4	6.6 42.9	-0.6 24.7

* 상단 : 월 평균기온(℃)　　　　　* 하단 : 1개월간의 강수량(mm)

<표 1-1> 호주의 기온과 강수량

9. 기후

전반적으로 온화한 기후를 보이는 호주 대륙은 열대와 온대, 건조 기후가 고루 나타나는 지역이다. 대륙 중앙의 사막지대를 비롯한 대부분의 지역이 건조기후이다. 대륙의 북단과 북동쪽 일부지역은 열대기후로 우기에는 강수량이 많아 도로가 침수되는 일이 발생하기도 한다. 그레이트 디바이딩 산맥의 동쪽지역은 온대기후로서 쾌적하여 인구의 대부분이 이 지역에 거주하고 있다. 남호주 남단지역 일부와 서호주 퍼스를 중심으로 한 일부지역 역시 온대기후에 속한다.

호주는 북반구에 위치한 우리 나라와는 정반대의 계절을 보이는데, 사계절이 있는 온대지역의 사계는 봄이 9~11월, 여름이 12~2월, 가을이 3~5월, 겨울이 6~8월이다. 열대지역의 경우엔 우기와 건기로 나누어진다. 다윈과 케언즈는 12월과 1월부터 우기가 시작되어 3월까지 계속되는데, 케언즈의 경우 우기에는 많게는 450mm까지 폭우가 퍼붓기도 한다.

10. 특산품

(1) 오팔

호주의 원주민인 애버리지니 사이에서 신이 내린 선물로 여겨진 오팔은 크게 나눠 3종류가 있다. 아름다운 광택이 나는 블랙오팔과 그것과 비슷한 색상이지만 모암이 표면에 나와있는 볼더 블랙오팔, 화이트 오팔이라고도 불리는 라이트 오팔 등이다. 고르는 방법의 포인트는 색의 강도, 투명도, 크기, 커팅의 좋은 정도이다. 질에 따라 가격도 꽤 차이가 있다.

(2) 애버리지널 아트

호주의 원주민 애버리지니의 예술품들은 그들에게 전해지는 신화가 기하학적 모양으로 표현되어진 것들로 호주의 대표적인 토산품으로 되어 있다. 그 개성적인 색채 감각과 기하학적 모양은 예술적으로 높은 평가를 받고 있다. 악기나 창 등의 생활용품이 대표적인데, 특히 사냥도구인 부메랑은 유명하다.

원주민 아트

(3) 무스탕

목축의 나라답게 양의 모피 제품이나 울 100%의 스웨터가 풍부해 호주에서는 생활과 밀착된 제품이 된다. 그 때문에 가격도 싸고 캥거루, 밍크 등 종류도 풍부하다.

(4) 캥거루 모피와 복주머니

캥거루 모피의 용도는 가방에서 인형까지 광범위하다. 캥거루 털은 길지 않고 너무 짧지도 않은 것이 피부에 닿는 감촉이 좋다. 캥거루 복주머니란 음낭을 말한다. 몸에 지니면 행운이 찾아온다는 전설 때문에 복주머니라고 불린다.

제 2 장 역사

1. 대륙의 원주민, 애버리지니

원주민과 필자

최초의 호주인은 약 4만 년 전 아시아에서 이주해온 것으로 여겨진다. 애버리지널은 세계에서 가장 오래된 원주민들로 알려져 있는데, 3만 8천 년 전의 유골이 뉴 사우스 웰스의 남서부 문고(Mungo) 호수에서 발견됨으로써 이를 단적으로 증명해 주고 있다. 유골에는 의식을 치렀던 황토 흔적이 남아 있는데, 이들이 또한 애버리지니의 선조들이 된다. 그들은 오랫동안 석기 시대의 방식을 유지한 채, 가족 또는 부족 단위로 방랑하면서 대륙 전체로 흩어져갔다.

유럽인들이 이곳을 찾을 무렵에는 약 30만 명에 달하는 애버리지니들이 대륙남부와 동부, 특히 물이 풍부하고 토지가 비옥한 해안선을 따라서 독특한 문화를 발전시켜왔다.

2. 호주 대륙의 발견시기

16세기에 호주 대륙을 최초로 발견한 유럽인은 포르투갈인 토레스이다. 토레스는 대륙의 최북단인 케입 욕과 뉴기니 사이의 해협을 항해하였다. 이어 네덜란드의 항해사 더크 하토그의 뒤를 이어 반 디멘과 애블 타스맨이 타스매니아 섬과 뉴질랜드를 발견하고 지도를 작성하였다. 그러나 이들에게 불모의 메마른 땅은 관심의 대상이 되지 못하였다.

1770년에 이르러 영국 왕실의 해군이던 제임스 쿡 선장이 시드니 남쪽의 보타니 베이에 함대를 정박시킴으로써 호주의 새로운 역사가 시작되었다. 해안선을 따라 북상하던 쿡 선장은 비옥한 동부해안을 발견한 뒤 영국 조지 왕 3세의 칙령으로 영국 왕실령으로 선포하였다.

3. 죄수의 유배 시기

1776년 미국의 독립전쟁에서의 승리는 결과적으로 영국을 죄수의 유형 문제에 봉착하는 계기를 만들기에 이르렀다. 영국은 또 다른 식민지 개발에 눈을 돌리기 시작하였다.

그 결과 1788년 1월 26일(호주의 건국기념일)에 호주의 초대 총독인 아서 필립 선장이 11척의 배와 736명의 죄수, 호송병을 이끌고 현재의 시드니에 첫발을 내디뎠다. 그러나 오랜 항해에서 살아남은 죄수들은 척박한 땅과 식량 부족이라는 또 다른 시련을 맞게 되었다. 죄수 이송은 1852년까지 계속되었으며, 총 16만 명의 죄수가 런던이나 맨체스터, 리버풀, 더블린, 글래스고에서 호주로 유배되었다.

4. 식민지 시대

시드니 서쪽에 위치한 블루 마운틴을 넘는 루트가 발견됨으로써 식민지는 서쪽을 포함한 북쪽과 남쪽으로 확대되어 갔다. 유형을 마친 죄수들 대부분은 호주 대륙을 떠돌며 농업이나 목축업에 종사하였다. 1793년경에 죄수들의 노동력과 값싼 토지를 바탕으로 한 식민지 도시 건설이 추진되면서부터 본토의 자유 이민자를 유치하려는 노력에 힘입어 유럽 이주자들이 계속 증가하였다. 이에 1803년에는 호주 인구도 급증해서 1820년에 3만 4천명이던 것이 1850년에는 40만을 넘어섰다. 이 같은 인구증가는 자유 이민자들이 늘어난 결과였는데, 자유 이민자들은 식민지 곳곳에서 유형 반대운동을 펼쳐 1840년 죄인의 유형은 끝이 났다.

그 동안 산업의 발전이 미비했던 호주에서도 1796년 존 맥커더가 남아프리카에서 수입한 메리노종 양 번식에 성공한 이래 대표적인 양모 수출국가로 성장하게 되었다.

5. 골드 러시 시대

1850년대에 뉴 사우스 웰스의 바서스트에서 호주 최초의 금맥이 발견된 이래 멜번 북쪽의 발라렛과 서호주의 칼구리에서 거대한 매장량의 금광이 연달아 발견되자 유럽과 중국, 미국으로부터의 이민자 유입이 크게 늘어났다. 1850년 초에 40만인 인구가 1860년에는 114만 명에 이르렀다. 남호주의 요크반도에서는 구리 광산이 발견되기도 하였다. 금광의 발견으로 인해 호주의 경제는 급격히 활성화되었다. 또한 교통과 전신망의 발달로 신도시들이 계속 건설되었다. 그러나 황금을 둘러싼 인종간의 대립과 무장봉기는 호주 경제와 치안에 혼란을 야기시키는 또 다른 문제를 태동시켰다.

즉, 비 유럽계 인종의 증가로 인해 백호주의와 배타적 노동조합의 갈등이라는 뿌리 깊은 사회문제를 남기기도 했다.

6. 호주 연방의 성립시기

골드 러시 이후 식민지의 확대발전에 따라 식민지간의 교류가 빈번해지기 시작하였다. 이에 분리된 식민지를 하나로 묶자는 논의가 활발히 진행되었다. 그러나 각 식민지간의 정치적인 이해가 얽혀 호주 연방화 작업은 계속 난관에 부딪히게 되었다. 그 후 금융공황에 의한 전국적인 파업에 대처할 힘이 없었던 각 식민지들은 연방의 필요성을 절실히 느끼게 되었다. 이에 1901년 1월 1일에 뉴질랜드를 제외한 6개의 식민지가 호주 연방정부로 발족하게 된다.

7. 백호주의의 철폐시기

1914년 영국이 독일에게 선전 포고를 하자 호주도 제1차 세계대전에 참전하였다. 우선 태평양 지역의 독일 식민지를 점령하고 이어서 뉴질랜드군과 함께 유럽 전선에 투입되었다. 호주는 제1차 세계대전에 33만 명의 병사를 투입하여 6만 명의 목숨을 잃었다. 그 보상으로서 얻은 것이 국제연맹(UN)의 가입이었다. 다시 말해 국제 사회에서 처음으로 독립국으로서 인정받게 된 것이다.

한편 제2차 세계대전에서 전사자는 제1차 세계대전에 비하여 절반에 불과했으나 그 대신 호주 본토가 일본군에게 공격을 받게 되었다. 1942년 2월 북부의 다윈이나 브룸은 일본군의 공격으로 처참하게 파괴되었다. 또한 5월 말에는 시드니 만에서 일본군의 특수 잠수정에 의한 페리 침몰, 6월 초에는 시드니와 뉴캐슬의 주택지가 포격을 받았다.

또한 제2차 세계대전은 호주 정부로 하여금 국방과 경제적인 측면에서 적정 수준의 인구가 필요함을 깨닫게 하였다. 그때까지 '백호주의'라 불리던 호주 이민정책이 서서히 타인종들에게도 문호를 개방하게 된 것이다.

1950년의 한국전쟁과 1974년의 베트남전 발발시에도 세계평화를 수호하기 위한 정책으로 호주군이 파병되었다.

8. 아시아 태평양 시대의 다문화국가

국제학술대회

백호주의의 철폐 후 아시아 이민자들이 급격히 늘어나면서 영연방 국가인 호주는 아시아 지역으로 점차 눈을 돌리기 시작하였고, 최근 들어서는 아시아와의 무역이 급증하여 경제 발전에 많은 기여를 하였다.

한국인들의 이민은 한국인 관광객과 유학생들의 유치에도 막대한 영향을 미쳤다. 한국의 호주 이민은 30년 정도이나 지금도 애버리지나 타민족의 이민자들은 영국계 이민자에 비해 사회적으로 불리한 입장에 놓여 있다. 호주가 진실한 의미에서 다문화 국가로 발전해 나가기 위해서는 해결해야 할 문제들이 많다.

아시아 태평양 국가의 일원으로서 아시아 국가와의 관계를 강화하고 영국으로부터의 완전 독립을 꾀하려는 외교정책은 1990년대 말에 보수 정당의 반발에 부딪히는 등의 문제를 야기시켰다.

제 3 장 호주의 정치, 경제 및 사회

1. 정치체제

(1) 헌법(Constitution)

호주의 연방 의회는 1901년 1월 1일에 제정된 성문법에 의한다. 헌법 개정은 국민투표에 의해서만 가능하도록 규정지어져 있는데, 이 경우 투표자의 과반수 혹은 최소한 4개 주의 동의를 받아야만 한다.

호주는 '무기명 투표'와 '1인 1표' 선거제도가 도입된 세계 최초의 나라이다. 또한 '강제 투표제'가 실시되고 있는 나라이기도 하다. 투표는 '국민의 의무'로서 선거에 불참했을 경우 벌금이 부과된다. 선거권은 18세부터 주어진다.

(2) 입헌 군주제(A Republic)

호주는 독립국가이기는 하지만 영국의 전통을 계승한 입헌 군주국의 이원제 의회정부로 구성되었다. 따라서 영국의 엘리자베스 여왕 2세가 호주의 원수로서 국가 통치권과 6개 주 통치 대표자로서의 권한을 행사하고 있다. 최근에 각 주의 정상들로 구성된 호주 단독의 자유 공화국이 설립되어야 한다는 의견이 정치적인 이슈로 떠오르고 있다. 호주 정부에 의해 설립된 공화국 자문위원회는 공화국 독립정부를 설립해야 한다는 의견을 계속 주장하고 있다. 국기에도 호주의 상징인 캥거루를 그려 넣자는 주장이 있다.

(3) 연방정부(Federation)

호주 연방정부는 연방 의회와 주 의회, 지방정부의 3단계로 나누어져 있다. 연방정부의 대표는 영국 여왕에 의해 임명된 연방총독으로, 6개의 주를 관할하는 역할을 수행한다. 주요 국사(國事)는 의회나 입법부에서 총괄 처리하며, 6개의 주와 2개의 준주 특별 자치구는 연방정부의 활동을 보완하는 역할을 담당한다. 지방정부는 도시와 지방, 자치시, 주를 통틀어 약 900개로 구성되어 있다. 만약 연방 의회와 주 의회간에 권력충돌이 발생하면 연방 고등재판소에 모든 권한이 인계된다.

(4) 연방의회(Australian Parliament)

연방의회는 상하 양원제로 이루어지며, 영국형의 의원 내각제를 채택하고 있다. 내각(Executive)은 하원의 과반수를 차지하는 정당으로, 수상이 주재하는 주요 정책을 입안하는 정부 대리자 역할을 수행한다. 주요 정당으로는 자유당과 국민당, 노동당이 있다. 하원(House of Representatives)의 총 148개 의석은 각 주의 인구 비례로 나누어 선출되며, 임기는 3년이다. 상원의원(Senate)은 총 76명으로, 6개의 주에서 각각 12명, 2개의 준주 특별구역에서 각각 2명의 의원으로 구성된다. 임기는 6년이나 특별 자치구 대표의 임기는 3년으로 제한된다.

(5) 주 의회(State Parliament)

주 의회는 교육과 교통, 환경, 법, 경제 등의 권한을 지니며 자치권을 인정받고 있다. 단, 퀸즐랜드는 1922년에 상원을 폐지하였다.

(6) 지방정부(Local Government)

각 주마다 다소 차이가 있지만 지방정부는 기본적으로 지방의 총괄적인 업무를 계획, 지휘한다. 즉 공원과 레크리에이션 그라운드, 수영장, 공공도서관, 커뮤니티 센터, 도로와 다리의 건축 보수. 유지 등의 업무를 맡고 있다.

2. 행정구역

행정구역지도

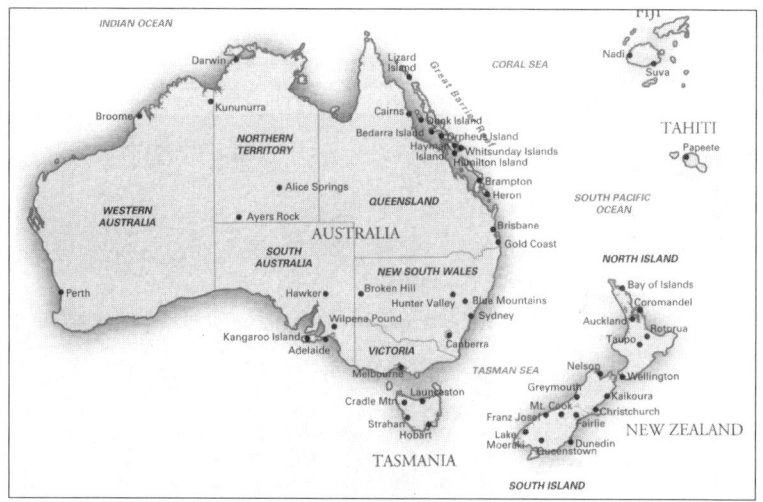

 6개의 주와 2개의 준주로 구성된다. 6개의 주에는 뉴 사우스 웰스(New South Wales)와 빅토리아(Victoria), 퀸즐랜드(Queensland), 남호주(South Australia), 서호주(Western Australia), 타즈메이니아(Tasmania)가 있다. 2개의 준주에는 호주 연방 수도인 캔버라(Canberra)가 위치한 수도특별구역(Australian Capital Territory)과 노던 테리토리(Northern Territory)가 해당된다.

3. 경제

(1) 주요산업

 호주의 1인당 GNP는 A$ 17,500이고, 국민 총생산량은 A$ 3,100억이다. 제1,2차 산업에 중점을 두고 농축산물과 광물자원에 집중 투자하였으나 최근에는 관광 호텔산업에 역점을 두고 관광객 유치에 열을 올리고 있다. 우리나라는 일본에 이어 호주의 제2의 주요 수출 대상국으로서 주로 지하자원을 수출하고 있다. 호주 수출의 대상국가는 60%가 동남아시아 국가들이며, 이외에 미국과 뉴질랜드, 영국과도 활발한 교역이 이루어지고 있다.

(2) 주요 수출품목

호주는 에너지와 광물자원이 풍부한 나라로서, 세계 최대의 석탄과 다이아몬드 수출국으로 알려져 있다. 그밖에 우라늄과 원유, 액화 천연가스, 금, 철광석, 보크사이트, 납, 아연, 구리, 니켈, 망간 등이 주요 수출품으로 자리잡고 있다. 이뿐만 아니라 세계 최대의 양모 생산국으로 약 1억 5천만 마리의 양을 보유하고 있다. 대륙의 동남부와 남서부 지역에서는 최신 기술을 이용한 농업이 성황을 이루어 쇠고기와 밀, 설탕, 사탕수수, 유제품 등을 수출하고 있다. 농업에 종사하는 인구는 단 5%이며, 약 80% 이상의 인구가 해안 근처 도시에 거주하면서 제조업과 서비스업에 종사하고 있다.

4. 사회

호주 사회는 놀라울 정도의 동질성을 확보하고 있다. 시민들은 기본적으로 풍족한 생활수준을 누리고 있으며, 각 도시의 생활방식은 서로 수 마일씩 떨어져 있다고 하더라도 매우 비슷하다. 언어도 상당히 동질적이어서 각 지방사투리는 거의 차이를 보이지 않는다. 그러나 도시주민과 시골주민의 생활방식은 상당한 차이를 보인다. 대도시에도 식민지 유산이 고스란히 남아 있지만, 전반적인 인상은 현대적이다. 그리고 도시에 새로이 들어선 빌딩들은 농촌 젊은이들의 마음을 유혹하고 있다. 이와는 대조적으로 농촌 공동체는 대체로 느리게 변화하고 있으며 보수적이다.

오랜 세월 동안 "호주가 양의 등 위에 올라타고 있다"는 표현이 사용되었다. 이 나라의 주요 소득원천이 양모였기 때문이다. 그러나 이제는 사정이 달라졌다. 호주 경제는 천연 석탄과 밀 생산을 바탕으로 탄탄해졌으며, 특히 세계 최대의 다이아몬드 생산국이다. 관광이나 포도주 제조업과 같은 새로운 산업분야들의 비중도 점점 더 높아져 가고 있다.

호주의 장거리 버스 노선

　호주인들은 일반적으로 친절하고 여유가 많으며 유머감각을 가지고 있으며, 전반적으로 보아 호주는 권위적이지 않은 사회이다. 일반적인 통념에 따르면, 호주인들이 이러한 태도를 갖게 된 유래는 그들의 선조가 죄수라는 사실에 있다는 것이다. 그러나 이러한 통념과는 달리 호주인 중에 죄수를 선조로 둔 사람들은 극소수에 불과하다. 1788년 제1 함대가 도착한 후 채 한 세대가 흐르기도 전에 이미 호주는 이민자의 나라가 되어버렸다. 처음부터 영국 전역으로부터 수많은 사람들이 물밀 듯이 몰려들었던 것이다. 제2차 세계대전 이후 호주가 자유로운 이민정책을 펼치자, 전쟁으로 폐허가 되어버린 그리스, 이탈리아, 폴란드, 독일로부터 많은 유럽인들이 더욱 밀려들었던 것이다. 이런 경향은 최근 역전되어 동남아시아계의 사람들이 이민자의 대다수를 차지하고 있다. 인종주의가 어느 정도 존재하는 것은 사실이지만 민족혼합정책은 대체적으로 성공을 거두었다고 평가된다. 이러한 사실을 바탕으로 호주인들은 자기 나라가 다양한 민족문화들이 가장 조화롭게 발전된 세계 제일의 나라로 자부하고 있다.

5. 인구 구성

1970년대만 해도 호주인이라면 영국계, 아일랜드계가 주류였으며, 2차 세계대전 이후 호주 정부는 본격적인 이민정책에 의한 동유럽인들과 동양계로서는 소수의 중국인 뿐이었다. 동양인의 인구 분포는 전체인구의 1%에도 이르지 못했다. 그러나 1990년대에 와서는 월남난민(Boat people)과 한국동포를 포함해 호주 전체 인구 중 동양인은 약 4%에 이르고 있으므로 호주의 정체성에 대해서 한마디로 언급하기는 상당히 어렵게 되었다.

대체로 호주인이라 하면 세 가지 인종집단을 생각할 수 있다.

첫째, 호주인으로서 가장 타당한 지위를 인정받아야 할 종족은 원주민으로서 1788년 당시만 해도 25~30만 명에 이르렀으나 현재는 16만 명 정도로 추산되고 있으며, 미국의 '인디언'들과 마찬가지로 이들 원주민은 경제, 사회, 정치적으로 호주사회의 저변에 머무르고 있다.

둘째는 앵글로 색슨계의 백인들인데 잉글랜드계 50%, 아일랜드계 20%, 스코틀랜드계 10%, 웨일즈계가 2%로 집계되었으며, 30~20%가 영국을 제외한 유럽전역 및 아시아 인종으로 추산되고 있다.

물론 이상에서 언급한 비율은 '호주인'들의 혈통 내지는 2세, 3세에 이르는 자손까지 포함해서 제시해 본 것이다. 아래의 표 3-1은 호주 이민자들의 출신국적을 보여주는 자료이다.

우리가 일반적으로 '호주인'하면 으례 백인과 영어를 떠올리게 되는 이유는 호주가 영연방의 하나라는 사실과 인종의 구성분포에 기인한다. 또한 호주 정부가 상당한 노력을 기울이며, '백호주의'는 국가적 정책이 아니라고 부인을 하는데도 불구하고 여전히 이민 대상자들은 백인, 즉 코카시안 인종집단에서 선발되어 온 것이 사실이다.

출 신 지	1981~1985	1991
영국및 아일랜드	25.4	16.2
뉴질랜드	10.6	5.7
피 지	0.8	2.1
이태리	0.9	0.3
유고슬라비아	1.6	2.0
그리스	0.8	0.3
베트남	10.3	9.2
독 일	2.5	0.8
미 국	1.8	1.5
레바논	1.5	2.0
인 도	1.8	5.0
남아프리카	2.7	1.5
폴란드	3.2	1.5
필리핀	3.4	5.5
말레이시아	2.3	3.8
홍 콩	2.2	12.4
중 국	2.1	2.9
대 만	0.2	3.2
기 타	25.9	24.1
총 계	100.0	100.0

<표 3-1> 이민자의 출신국적(비율%)

1851년 노다지 붐(Gold Rush)이 시작되기 전까지 이미 16만 명 이상의 영국 죄수들이 유배되어 온 것은 백인세계의 형성과정과 깊은 관계가 있다. 물론 금을 찾아 자유인들이 들어옴에 따라 백인의 수가 늘어나게 되었으며 주로 영국계, 독일계, 중국계 인종이 대다수를 차지했으나, 그 외에 뉴질랜드, 폴란드, 미국, 스칸디나비아, 헝가리 등에서도 광부들이 몰려들었다. 그런데도 유독히 중국인만을 대상으로 하여 1854년에 중국인 입국 제한법(Chinese Restriction Act)이 제정되었다.

그러나 2차 세계대전 이후에는 국방과 경제의 이유로 적어도 60

여 개국의 나라에서 3백만 이상의 이민이 대거 허용되어, '앵글로색슨'의 비율에도 많은 변화를 가져왔다. 이때에 가장 많이 진출했던 이민자들은 동유럽 계통의 난민들과 경제 이민층에 속하는 지중해 연안의 그리스 또는 이탈리아인들이었다.

세 번째, 인종집단의 구성원인 아시아인들은 아직도 호주 사회에서는 '소수민족 집단'일 수밖에 없다. 그러나 인도차이나 특히 월남 패전 이후 피난민, 또는 피난민을 가장한 경제이민의 대거 진출로 호주인의 외형은 상당한 변화를 거치게 되었다. '호주인'은 반드시 백인만이 아니며, 또 중국인만이 소수민족 집단일 수는 없다. 많은 유럽인종과 아시아 인종이 뒤섞여 '호주인'을 구성하고 있다는 점을 감안할 때 '호주인'이라고 해서 모두 훌륭하고 유창한 영어를 구사한다고 할 수는 없다. 또는 완벽한 영어를 구사하는 백인이라고 해서 '완전한 호주인'으로 인정을 받느냐 하면 그것도 아니다.

호주 인구는 1995년 기준으로 1,800만 명 정도이고 자연증가율, 즉 출생률은 점점 떨어지고 있으며 이민자 수가 점점 많아지고 있다.

참고로 1989~1990년의 1년 동안 한국으로부터 친지초청이 398명, 기술이민이 973명, 기타 7명으로 해서 모두 1,378명이 이주한 것으로 나타났다.

이 외에도 언어연수를 포함한 한국 유학생이 매년 1,500~2,000명 정도 호주를 찾고 있으며, 호주 내의 한국교민은 약 40,000명 정도로 추산되고 있다.

인구의 전반적인 분포를 보자면, 적어도 85.4%의 인구가 도시에 살고 있는 것으로 집계되었고(1986년) 14.5%만이 농촌인구로 나타났으며 도시의 인구는 계속 증가하는 추세를 보이고 있다.

이와 같은 결과로 호주인구의 특성을 한마디로 표현하자면 '호주인'들은 소수민족의 집합체로 구성되어 있다고 할 수 있다. 적어도 한 때는 인종적으로 단일민족국가 - 즉, 피부색은 백인이며, 인종은 앵글로 색슨, 문화는 유럽의 전승, 국가적 이념은 평등을 추구하는 - 를 세우겠다는 야심도 없지는 않았다.

이상에서 언급한 상황 변천들이 호주를 '다문화 사회'로서 발전시켜 놓은 것이다. 다문화 사회(multiculutral society) 또는 문화적 다양성(cultural diversity)을 보고 있다.

이에 따른 더 구체적인 추세를 예로 들어보자. 호주의 엄격한 이민정책에도 불구하고 월남피난민, 특히 1997년 홍콩이 중국 본토에 환원되는 것을 계기로 수많은 중국인들이 '투자이민'의 형식으로 몰려들고 있다. 생각보다 빠른 시일 내에 호주인구의 반은 동양인이 차지하게 될지도 모른다.

6. 세계 문화유산 보호 구역

세계 문화유산 보호협정은 1972년 유네스코에 의해 제정되었다. 이는 세계적으로 중요한 문화유산 및 자연이 보존되어 있는 구역을 보호하기 위한 것이다. 호주는 11개 구역이 이러한 구역으로 선정되었다. 특이한 지형, 원시림, 다양한 생물이 있는 지역이 여기에 포함된다. 4지역(카카두 국립공원, 윌란드라 호수, 태스매이니아 황야, 우룰루카타 튜타 국립공원)은 원주민 문화유산을 보존하기 위해 지정된 구역이다.

(1) 카카두 국립공원

습지대의 풍경과 열대의 화려함을 보여준다. 원주민 예술이 보존된 곳은 원주민과 이 지역이 맺은 관계를 알아볼 수 있는 장소이다.

(2) 윌란드라 호수

4만년 전의 것으로 추정되는 유물들이 발견되었다. 반건조지형과 귀신이 나올듯한 달밤의 풍경이 유명하다.

(3) 타스매이니아 황야

최대의 보호구역, 세계 문화유산 보호 구역으로 지정되기 위한 4개의 자연원칙을 갖추고 있다. 이 지역의 암석은 빙하시대를 위시한 모든 지질학적 시대를 나타내고 있다. 광범위한 식물 분포대는 이 지역의 독특한 점이며, 세계에서 제일 오래된 나무들과 가장 긴 동굴이 있다.

(4) 우룰루타나 튜타 국립공원

두 개의 원주민 구역이 있다. 세계에서 제일 큰 암석이 편평한 사막의 초원 위에 놓여 있는데, 이는 지리학적으로 아주 특이한 현상이다.

7. 서핑과 해변문화

호주는 해변문화의 본거지이다. 거대한 파도가 밀려드는 해변에서부터 시작하여 조그마한 만에 이르기까지 매우 다양한 모습으로 해안이 형성되어 있다. 날씨가 좋으면 전 국민이 모두 '비치'로 향한다고 말해도 과언이 아니다. 거의 모든 호주인들이 해안가에서 차로 2시간 정도면 닿는 곳에 살고 있고, 날이 뜨거워지면 물 속에 들어가 몸을 식히는 것이 거의 제2의 천성이 되어버렸다. 햇볕에 태워서 구리빛이 되어버린 호주인들은 황금빛 모래사장에서 일광욕을 하고 있거나 깊고 푸른 물결에서 놀고 있는 모습을 자주 볼 수 있다. 서핑은 국민스포츠로서 정규적으로 축제무드 속에서 서핑게임이 개최되고 있다.

8. 호주의 생물상

호주 대륙은 4천 년 동안 세계의 다른 대륙과 고립되어 있었기 때문에 진기한 동식물이 매우 많다. 비가 오고 나면 사바나 초원은 야생화와 싱싱한 색깔로 뒤덮인다. 잘 알려진 야생화로는 와라타, 플래늘 플라워, 데저트 피이, 크리스마스 부쉬, 캥거루 포오 등이 있다. 천연적인 수림은 주로 해안 지역의 습도가 높은 지대에 국한되어 있다. 식물학적으로 전혀 관계가 없는 강우림과 경엽수림이 공존하고 있다는 사실은 생태학적으로 매우 진기한 현상이다. 퀸즐랜드 주 북부의 강우림은 꽃피는 식물들의 요람지로 알려져 있다. 가장 많이 알려진 자생나무는 유칼리 나무(고무나무)와 호주 아카시아를 들 수 있는데, 유칼리 나무는 세계에서 가장 큰 나무 중의 하나이며 높이가 90m에 달하는 마운틴 에쉬에서부터 건조지대의 발육이 멈춘 종류에 이르기까지 약 500여 종이 있다. 유칼리 나무의 일종인 자라(Jarh)는 세계에서 가장 딱딱한 나무의 하나로 꼽힌다. 호주의 아카시아 나무는 600종 가량이 있는데, 북아메리카 및 유럽의 미모사와 같은 부류에 속하는 것들이다.

호주에는 다른 곳에서 볼 수 없는 여러 종류의 동물들이 있는데, 특히 새끼를 주머니에 넣어 기르는 포유동물인 유대류가 많다. 호주의 토착적인 포유동물의 절반 가량은 유대류인데 이것은 새끼를 미숙한 상태에서 분만하여 주머니 속에서 키우는 동물류를 뜻한다. 이 대륙에는 약 230종의 포유동물, 약 300종의 도마뱀, 또 140종 가량의 뱀과 2종의 악어, 5종의 바다거북 등이 있다. 이중 잘 알려진 동물로는 캥거루, 코알라, 웜배트, 임고포섬, 듀공, 개미핥기, 오리너구리 등이 있는데 이 오리너구리는 오리와 같은 부리와 물갈퀴 발을 가진 털난 수륙양서 단공류이다. 오리너구리는 알을 깐 후 새끼에게서 젖을 먹여 키운다. 이밖에도 700여 종에 달하는 조류들이 서식하고 있다.

계절, 풍토가 우리와는 전혀 다른 남반구의 대륙, 호주에는 다른 지역에서는 볼 수 없는 진기한 동물이나 새, 초목 등이 있다.

다음은 호주의 대표적인 동·식물에 대한 소개이다.

(1) 유대류

유대류는 포유동물에 속하지만 새끼를 주머니에 넣어 기르는 특징을 지니고 있다. 호주에는 캥거루와 월러비, 코알라, 웜뱃, 포섬, 타스캐니안 데블 등 약 120여 종의 유대류가 서식하고 있다.

(2) 캥거루(Kangaroo)

캥거루

호주 하면 가장 먼저 떠오르게 되는 것 중의 하나가 캥거루이다. 종류도 다양하여 신체 길이 1.0~1.5m에 이르는 캥거루를 비롯하여 붉은 색깔을 띤 캥거루, 다소 체격이 작은 월러, 아주 작은 월러비 등이 있다. 공통적으로 앞발이 짧고 뒷다리가 발달하였으며 도약력이 뛰어나다. 8m는 충분히 뛰어넘을 수 있으며 2.5m 이상의 높이뛰기도 간단하게 한다. 캥거루는 거대한 꼬리로 균형을 잡으면서 껑충껑충 뛰는데 달리는 속도도 매우 빨라 일반적으로 시속 40km 정도는 낼 수 있다고 한다.

(3) 코알라(Koala)

호주의 대표적인 동물로 살아 있는 동물 인형이라고 불린다. 캥거루와 마찬가지로 국가 차원에서 보호하고 있다. 코알라는 물을 먹지 않으면서 생활한다. 수분의 보급은 유칼리의 잎이나 줄기, 꽃봉오리를 먹음으로써 해결된다고 한다. 캥거루와 마찬가지로 복부에 주머니를 갖고 있는데 그 안에서 약 6개월간 새끼를 기른다. 크게 자란 새끼는 주머니에서 나와 약 1년 정도 어미 코알라의 등이나 배에 매달려 생활하다가 독립한다.

코알라

(4) 웜배트(Wombat)

코알라나 캥거루와 같이 유대류이기는 하지만 이것만은 다른 계통으로 분류되고 있다. 코알라보다 크고 곰과 비슷한 모양을 하고 있지만 성격은 매우 온순하다. 낮에는 굴 속에 틀어박혀 있다가 밤이 되면 풀이나 뿌리, 나무껍질, 버섯 등의 먹이를 찾으러 밖으로 나온다.

(5) 커스커스(Cuscus)

뉴기니나 그 주변의 태평양 제도에 많이 살고 있는데 호주에서는 동북부의 아열대 지역, 요크 반도에서 많이 볼 수 있다. 유대류 중에서 가장 못생긴 동물이라고들 한다. 커스커스는 체중이 약 7kg 정도이며 부드러운 털로 뒤덮여 있는 동물로 나무타기를 즐겨 한다. 눈은 튀어나와 있으며 귀는 털 속에 감추어져 보이지 않는다. 고약한 냄새를 풍기는데 이것이 바로 커스커스의 존재를 나타내는 것이다. 매우 느리게 움직이며 낮에는 나무 그늘에서 쉬다가 밤이 되면 활동을 개시한다. 초목을 좋아하는 채식동물로 커스커스의 종류는 44종에 이르는데 대부분이 긴 꼬리를 가지고 있으며 원숭이처럼 손 동작을 한다.

(6) 월러비(Wallaby)
캥거루와 유사하나 몸집이 다소 작고 긴 귀를 지니고 있다. 아가일 월러비(Agile Wallaby)와 록 월러비(Rock Wallaby)가 주류를 이룬다.

(7) 퀘커(Quokka)
쥐라고 착각할 정도로 작은 유대류로 사람과 친해서 먹이를 주기도 쉽다.

(8) 포섬(Possum)
호주 시가지나 교외에 있는 집의 지붕에서도 볼 수 있는 작은 동물로 주로 나무에 살며 1년 내내 새끼를 낳는다. 새끼는 주머니 속에서 자라다가 약 5개월이 지나면 어미의 등에 업힌다. 그 사이에 조금씩 이유를 시켜서 생후 6개월이 되면 독립시킨다.

(9) 롤리키트(Lorikeets)
선명한 색의 날개를 가진 잉꼬이다. 자연보호구와 함께 도시 안에서도 볼 수 있다.

(10) 오스트레일리안 강치(Australian Zalophus)
둥글고 귀여운 눈동자와 익살스러운 몸짓이 귀여운 수중동물이다.

(11) 펠리컨(Pelican)
해안이나 내륙의 습지에서 무리를 이룬다. 저공비행으로 물 속의 물고기를 잡아 부리에 넣은 채 이동한다.

(12) 이키드나(Echidna)
딱딱한 비늘로 뒤덮인 포유류이지만, 알에서 태어나며 모유를 먹고 자란다.

(13) 블랙 스완(Black Swan)
빨간 부리를 가진 흑조로 웨스턴 오스트레일리아의 담수호에서 많이 볼 수 있다.

(14) 타스매니안 데블(Tasmanian Devil)
한때는 호주 대륙 전역에서 발견되었지만 딩고와의 생존경쟁에서 전멸한 후 타스매니아의 숲과 해안 관목지대에서만 개별 서식하는 것으로 알려져 있다. 사납고 험악하게 생긴 야행성동물로, 낮에는 나무 구멍이나 빽빽한 목초지에서 주로 지낸다. 죽은 동물을 주 먹이로 하며 새나 쥐, 파충류, 곤충을 먹고 산다. 31일간의 임신기간을 통해 2~4마리의 새끼가 태어나며, 어린 새끼는 약 15주 동안 어미 주머니에 있는 4개의 젖꼭지를 빨아먹으며 자라난다.

(15) 목도리 도마뱀(Frilled Neck Lizard)
노던 테리토리 지역에 서식하고 있는 호주의 대표적인 도마뱀으로, 우기에 삼림지대에서 쉽게 발견된다. 목 주변에 목도리처럼 접혀 있는 늘어진 피부는 외부로부터 자극을 받으면 주름이 부채처럼 활짝 펼쳐진다. 입을 크게 벌리고 방어하다 상황이 불리해질 경우 몸을 곧추세우고 뒷다리로 전력 질주해 달아나는 모습이 매우 우스꽝스러운 동물이다.

(16) 이뮤(Emu)

타조, 키위와 더불어 날지 못하는 새이고, 키가 2m로 세계에서 두 번째로 큰 키를 자랑하고 있는 조류이다. 최고 시속 50km까지 달릴 수 있고, 타스매니아와 호주 동부해안을 제외한 전 대륙의 메마른 땅에 서식한다. 잡식성으로 나뭇잎과 풀, 씨앗, 곤충, 과일 등을 먹이로 한다.

(17) 페어리 펭귄(Fairy Penguin)

페어리 펭귄

필립 섬에 가면 반드시 보아야 할 것이 펭귄들의 행진이다. 보통 9월경부터 이듬해 3월 말 사이에 매일 16시간씩 바다로 나갔다가 해가 지면 둥지로 되돌아와서 새끼에서 입을 통해 먹이를 건네준다.

먹이를 모은 페어리 펭귄은 약 100마리씩 무리를 지어 해안으로 되돌아온다. 무리는 몇 개의 팀으로 구성되는데 파도가 닿지 않는 곳까지 오면 각 팀마다 점호를 한다. 그리고 대열이 정리되면 뒤뚱거리며 모래밭을 걸어서 둥지가 있는 숲 속으로 사라진다.

(18) 쿠카브라(Kookaburra)

얼굴이 크고 귀엽게 보이지만 모질고 사나운 육식 새로 그 울음소리가 기묘하다.

- 일혈류(Monotremes)

포유류의 일종으로 전 세계에 3종류 밖에 없는 동물이다. 호주에서만 볼 수 있는 일혈류는 오리너구리와 바늘두더지 두 종이다. 배설과 생식이 한 곳에서 이루어질 뿐만 아니라 포유류임에도 불구하고 알을 낳는 특징을 지닌 동물이다. 오리너구리와 바늘두더지는 모두 2000년 시드니 올림픽의 마스코트로 사용됐다.

(19) 오리너구니(Platypus)

오리와 같은 부리를 가지고 있는 양서류로, 물과 땅에서 생활한다. 몸체는 너구리와 닮았으나 물갈퀴가 있어 물에서 생활하기 적합한 특징을 지니고 있다. 수컷은 몸통이 50cm, 꼬리가 10~13cm, 몸무게가 약 2kg으로 암컷보다 큰 몸집을 보인다. 주로 작은 갑각류 곤충과 벌레, 올챙이 등을 잡아먹고 산다. 야행성이어서 쉽게 볼 수 없고 동물원에서만 관찰할 수 있는 동물이다.

(20) 바늘두더지(Echidna)

바늘두더지

짧은 부리를 가진 바늘두더지라는 뜻의 '쇼트 비크트 이키드너(Short-Beaked Echidna)'라 불리며 호주 전역에 걸쳐 서식하는 야행성 동물이다. 우거진 숲과 쓰러진 나무 사이에 숨어서 개별 서식하는 특징을 지닌다. 자기방어 능력이 뛰어나므로 자신의 몸을 공처럼 만들어 굴리거나 땅을 파 몸을 숨긴 채 등에 난 가시만을 밖으로 노출시켜 위험에서 벗어나곤 한다. 날카로운 앞발을 이용해 흰개미 집을 습격한 후 긴 혀를 이용해 개미를 잡아먹는다. 또한 끈끈한 깨꽃의 액을 긴 혀에 묻혀 곤충을 덮어 씌우기도 한다. 7~8월의 번식기를 지나 교배 후 약 2주 뒤에 한 개의 알을 낳아 일시적으로 생긴 주머니에 넣어 품는다.

새끼는 10일 후 부화되어 3개월 가량 어미 주머니에서 지낸다.

(21) 웨지 테일드 이글(Wedge-Tailed Eagle)
아웃백에 서식하는 가장 큰 새로, 수 년에 걸쳐 여러 개의 둥지를 짓고 고치는 일을 반복하면서 쌍을 이뤄 독자영역을 만들어 서식한다. 겨울과 봄의 번식기에는 새로운 나뭇잎을 모아다 둥지를 단장한다. 새끼가 어미로부터 독립하는 시기는 3달 후이다. 창공에서 급강하해 토끼나 새, 파충류를 잡아먹는다.

(22) 레인보 로리킷(Rainbow Lorikett)

레인보 로리킷

동북부와 남동부 일대의 꽃나무가 많은 저지대 숲속에 서식하며, 푸른색 머리와 오렌지색 가슴, 연두색 날개를 지닌 화려한 색상의 새이다. 물가 근처의 나무 구멍에 2~3개의 알을 낳는다. 다른 로리킷과 마찬가지로 혀 표면의 털을 이용해 꽃나무에서 추출되는 꿀과 산딸기, 꽃, 씨앗 등을 먹고 자라며, 작은 곤충도 잡아먹는다.

(23) 래핑 쿠카버라(Laughing Kookaburra)
동부지역에 서식하는 물총새의 한 종으로, 종족간의 영역을 표시하는 큰 울음소리가 매우 독특하다. 늦은 봄에 나무줄기의 구멍이나 나무꼭대기의 오래된 흰개미 집에 1~4개의 알을 낳는다. 주먹이는 곤충과 쥐, 작은 파충류들이다.

(24) 유칼리(Gum Tree, Eucalyptus)
코알라가 즐겨 먹는 호주의 대표적인 나무로 검 트리라고도 불린다. 크게 자라는 나무부터 사막에서 자라는 마리라는 작은 나무에 이르기까지 종류도 다양하여 약 600여 종에 이른다.

지하수까지 뻗을 정도로 뿌리를 깊숙하게 내리는데 잎은 모두 밑을 향하고 자란다. 이것은 수분이 부족한 호주 대륙에서 입에 모아진 밤이슬을 한 방울도 남기지 않고 뿌리로 보내기 위한 것이라고 한다.

9. 한국과 호주의 교역

한국과 호주의 관계는 다른 우방과의 관계만큼이나 돈독하다. 1987년 호주인이 운영하는 병원이 부산에 들어서고, 선교사가 한국 땅을 밟은 이후부터 한호 관계는 시작되었다고 하겠다. 그 이후 호주는 1948년 한국 정부를 합법적인 정부로 승인하고 한국전쟁 때에 지원군을 보냈다. 1960년 이후 호주는 한국에 자금 지원과 경제개발을 위한 기술 지원을 하였고 콜롬보 계획에 따라 호주 정부의 지원으로 한국인 학생들을 호주에서 공부하도록 받아들였다.

그러나 한국의 경제가 발전을 하자 콜롬보 계획의 대상에서 제외하였고, 지금은 대등한 협조자로서 상호 이익을 위해 교류하는 단계로 발전하였다. 1980년대 이후 한국의 계속적인 경제성장, 호주에서의 투자 호기성, 무역 불균형의 장기적 개선 등의 상호보완 관계로 한국의 많은 회사와 금융기관이 진출하였고, 호주의 많은 기업들이 한국에서 활동하고 있다.

문화, 예술 등의 분야에서도 상호교류가 이루어지고 있는데, 지난 1972년 양국간의 문화협정이 체결된 이래로 지금까지 음악, 발레, 예술공예, 미술, 영화제 등 공연과 전시회가 서울에서 열렸으며, 호주에서도 한국의 전통예술을 소개하여 호주인의 높은 관심을 불러일으켰다.

호주에는 2~3만 명 정도의 교포와 수천 명의 유학생들이 민간 외교적 차원에서 호주의 문화를 배우고 한·호 상호간의 앞날에 중추 역할자로서 활동하고 있다. 최근 한국은 호주의 제4의 교역 대국으로 부상했고, 이로 인해 정부적, 민간적 차원서의 교류가 활발하며, 주로 농축산물과 철강 등 금속류의 수출이 주종을 이루고 있다.

10. 호주인들의 장점과 단점

호주인들이 뽑은 호주인들의 8대 장점	호주인들이 뽑은 호주인들의 8대 단점

1. 다양성(Diversity)
2. 관용(Tolerance)
 	
3. 유머(Humour)
4. 가식없는 대화(Plain Talking)
 	
5. 회의적(Scepticism)
 	
6. 겸손(Moderation)
 	
7. 공정함(Fairness)
 	
8. 낙관적(She'll be right, mate)
	1. 적은 인구(Underpopulation)
	2. 지성적이지 못함
	   (Anti-intellectualism)
	3. 남성중심(Male dominance)
	4. 꼼꼼하지 못함
	   (Inattention to detail)
	5. 야망의 부족
	   (Limited Ambition)
	6. 형식에 대한 반발
	   (Regression towards the norm)
	7 관공서의 은폐성을 묵과
	(Putting up with the secretiveness
	of governments, bureaucracies)
	8. 낙관적(She'll be right, mate)

11. 호주 사회의 장점

① 다른 어느 나라보다 행복을 추구하고 인생의 목적을 달성하기 위한 기회의 나라이다. (18%)

② 언론과 이동 및 선택의 자유가 있다. (13%)

③ 자녀양육을 위한 최적의 나라이다. (12%)

④ 인구가 조밀하지 않아서 쾌적한 환경이다. (12%)
⑤ 높은 생활수준 (11%)
⑥ 안전한 사회생활을 즐길 수 있다. (9%)
⑦ 다문화 사회이다. (8%)
⑧ 기후조건 (7%)
⑨ 사람들이 친절하다. (4%)
⑩ 정치적 안정 (4%)
⑪ 운동을 좋아하는 나라 (2%)
⑫ 옛날 구습에 얽매이지 않는 나라 (1%)

제 2 편

관광 정보

제 2 편 관광 정보

제 1 장 연방 수도 특별구(Australia Capital Territory)

여섯 개의 주를 통합하는 연방 정부가 수도 캔버라에 있다.

연방 정부는 주의 독립성이 강해 우리 나라와는 크게 다른 상태이다. 주 수상이라는 호칭도 외국 사람에게는 진짜 연방 정부 수상과 구별할 수 없을 정도이다. 호주인이 ACT(Australia Capital Territory의 약칭)라고 부르는 캔버라는 미국의 워싱턴 DC와 마찬가지로 독립된 행정구역이다. 캔버라의 넓이는 그다지 넓지 않지만 엄영히 뉴 사우스 웨일스 주와는 분리, 독립되어 있다.

캔버라는 허허벌판에 설계된 세계적으로 손꼽히는 계획도시이며 이상적인 자연 도시로 연방 정부의 직원, 외교관, 유학생이 많은 호주 국립대학(국립대학은 단 하나이다) 학생들이 다수를 차지하고 있다.

캔버라는 1900년도 이래 호주의 수도로 지정되어 호주 정부와 국회, 세계 각국의 대사관 등이 밀집해 있는 정치 도시이다. 인구는 30만 명 정도이고 미국의 건축가인 월터 그리핀의 설계로 만들어진 계획 도시이다.

캔버라의 블랙 마운틴 기슭에 있는 호주 국립 식물원들은 전적으로 호주 원산 초목들만을 위한 것이다. 식물원에는 지체 부자유자들을 맞아 그들의 흥미를 북돋아주기 위해 마련된 별도 구역이 있다. 캔버라는 도시 전체를 모든 면에서 아름다운 정원 도시로 가꾸기 위하여 많은 노력을 기울여 왔다.

캔버라에는 유아교육에서 고등교육에 이르기까지 모든 교육기관

이 있다.　　　　　　　　　　　　　　　　　　　　　　주 청사 내

1. 캔버라(Canberra)

완벽한 도시계획의 걸작품으로 알려진 캔버라는 방사선과 직선이 교묘하게 결합된 기하학적인 도시미와 인공적인 건축미가 함께 느껴지는 곳이다. 아시아 태평양 지역의 외교활동 중심지로서 크게 부각되고 있다. 특히 호주 최대 규모의 전쟁기념관과 세계 최고 높이의 국기 게양대에서 펄럭이는 호주기가 도시를 지키듯 내려다보고 있는 국회 의사당 등의 볼거리로 인해 관광객과 전 세계의 외교관의 발길이 끊이지 않는 도시이다.

캔버라는 벌리 그리핀 호수를 가운데 두고 남북으로 양분되어 있다. 남쪽은 각국의 대사관과 행정기관이 밀집되어 있는 관청지구로 캐피탈 힐이라 불린다. 역과 장거리 버스 터미널이 위치해 관광객들의 거점 지역인 북쪽에는 호텔과 레스토랑, 백화점들이 몰려 있는 상업지구 시티 힐이 자리한다.

캔버라는 4계절이 뚜렷하다. 파리가 극성을 부리는 덥고 건조한 여름, 땅이 꽁꽁 얼어붙는 추운 겨울, 그리고 쾌적한 봄과 가을이 있다. 겨울 기온이 0℃ 이하로 떨어지긴 하지만 캔버라 시에서 눈이 내리는 일은 좀처럼 드물다.

1909년 뉴 사우스 웨일즈 주에서 약 2400㎢의 토지를 받아서 탄생한 특별구다.

▷ 볼 만한 곳

　▷ 국립미술관(Australian National Gallery)
　국립미술관은 11개의 전시장에 회화와 조각, 판화, 사진, 장식품 등 10만점 이상의 작품을 소장하고 있다. 애버리지니 아트 컬렉션으로는 세계 최대이며 아프리카와 동남아시아의 컬렉션도 충실하다. 모네의 '수련'과 폴록의 '푸른 기둥'이 유명하며 3ha의 조각정원에 전시된 로댕과 마이욜 등의 작품도 볼 만하다. 호주 원산의 꽃과 나무도 인상적이다.

　▷ 우표전시실(GPO Philatelic Exhibition)
　관광안내소 옆, 앨링거 스트리트와 무어 스트리트의 교차지점에 위치한 중앙우체국 2층에 있다. 호주의 자연과 역사, 문화, 건축물, 동식물 등을 모티브로 한 우표 외에 우표인쇄에 필요한 공구와 자료 등도 전시하고 있다.

　▷ 벌리 그리핀호(Lake Burley Griffin)
　도시계획의 일환으로서 시가를 남북으로 나누기 위해 1964년 몰롱글로 강(Molonglo River)을 막아 만든 인공호수이다. 캔버라를 설계한 미국인 건축가의 이름을 따라 벌리 그리핀 호수로 불리게 되었다. 이 호수의 명물은 캡틴 쿡의 호주 상륙 200주년을 기념하기 위해 세워진 분수(Captain Cook Memorial Water Jet)로 매일 137m나 되는 물기둥을 뿜어낸다. 또 킹스 공원 근처에 있는 아스펜 섬에는 캔버라 정초 50주년을 기념하여 영국에서 기증한 종탑(Carillon)이 있다.
　한편 벌리 그리핀 호수에서는 크루즈도 즐길 수 있다. 호수를 돌면서 캔버라의 거리 풍경을 음미해 보자.

▷ 국회의사당(Parliament House)

국회 의사당 외부

캐피털 힐의 언덕 위에 서 있는 국회의사당은 호주 연방회의, 정치의 중심지로 1988년 완성되었다. 높이 81m의 국기게양대는 스테인레스제로 세계 최대를 자랑하며 갤러리에는 다양한 예술작품  들과 역사적으로 중요한 서류들이 전시되어 있다.

의사당 안에는 영국 여왕을 비롯하여 역대 연방총독과 수상들의 초상화가 걸려 있다. 의원 홀은 일반인에게 공개되지 않지만 가운데가 훤히 뚫린 2층에서 구경할 수 있다. 의원 수는 하원 148석, 상원 76석으로 구성되어 있다.

▷ 최고재판소(High Court)

이곳 국립도서관의 동쪽에 자리잡은 최고재판소는 1980년에 완성되었으며 정면은 40m의 유리로 되어 있다. 3개의 법정이 있는데 견학이 가능하며 한 사람이 10분간만 실제 재판을 공청할 수 있다. 재판관과 변호사는 흰 가발과 검은 옷을 입고 있어 법정 내는 매우 엄숙한 분위기이다. 반면 로비는 회화와 조각으로 장식되어 있고 폭포도 있어 법정이라기 보다는 미술관 같은 느낌을 준다. 법정 내에는 촬영이 금지되고 침묵을 지켜야 한다.

▷ 야랄룸라 대사관 지역(Yarralumla)

전세계 76개국의 대사관과 공관들이 몰려있는 정치외교 구역이다. 특히 각국의 독특한 전통 건축양식으로 인해 세계 건축박람회장을 방불케 하는 곳이다. 대사관 건물 앞 게양대에서 펄럭이는 국기로 해당 대사관을 쉽게 파악할 수 있다. 관광객들에게 가장 인기 있는 대사관으로는 지붕이 아름다운 모자 형태를 한 파푸아 뉴기니 대사관과 붉은 지붕과 담장이 웅장한 중국 대사관을 꼽을 수 있다. 이외에 그 나라의 특징이 가장 잘 표현된 건물로 발리 사원을 본떠 만든 인도네시아 대사관과 화려한 외관을 자랑하는 태국 대사관이 각광을 받고 있다. 일본 대사관은 일본식 연못이 인상적이다.

한국대사관 앞

▷ 전쟁기념관(Australian War Memorial)

호수의 북쪽 지역에 있는 비잔틴 양식의 원형 돔과 대리석 구조의 장엄한 외관이 인상적인 전쟁기념관은 식민지 시대부터 현재에 이르기까지 호주가 참전했던 모든 전쟁의 전사가들을 기리기 위해 1941년 세워졌다. 관내에는 제2차 세계대전 때 사용되었던 대형폭격기와 전차, 군복, 병사의 일기에 이르기까지 전쟁에 관한 자료들이 다양하게 전시되어 있다. 한국전쟁, 월남전쟁 등에

전쟁 기념관

관한 기록물이 많다. 특히 600만 개
가 넘는 조각들로 이루어진 모자이
크 벽화와 스테인드 글라스 창이
아름다운 기념홀(Holl of Memorial)
벽면에는 10만여 명의 전사자 이름
이 새겨져 있어 숙연한 분위기를
자아낸다. 역사 공부의 좋은 산실이다.

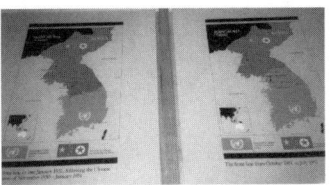

전쟁기념관

▷ 에인즐리 산(Mt. Ainslie)

전쟁기념관 뒤편, 시티 힐 북동쪽 약 4km에 있는 에인즐리 산은 표고 842m, 무성한 나무들로 덮여 있어 산이라기보다는 언덕에 가깝다. 정상에는 전망대가 있어 캔버라의 시가지를 한 눈에 내려다 볼 수 있는데 캔버라의 많은 전망대 중에서도 가장 아름다운 경관을 볼 수 있는 곳으로 알려져 있다.

▷ 국립식물원(National Botanic Garden)

블랙 마운틴의 기슭으로부터 호주 국립대학에 이르기까지 펼쳐지는 넓이 40ha의 광대한 식물원이다. 아카시아, 유칼리 등 호주 원산의 식물이 6,000종 이상 재배되고 있는데 특히 봄에서 초여름(9~12월경)이 가장 아름답다. 원내에는 산책로가 있으며 산책코스를 따라가면 열대우림, 유칼리 숲, 야생조류 등을 볼 수 있다.

2.. Canberra 근교

▷ 티드빈빌라 자연보호구(Tidbinbilla Nature Reserve)

캔버라의 남서쪽, 약 40km 지점에 있는 자연 보호 지역이다.

이곳에는 코알라, 캥거루 등을 풀어놓고 키우는 동물원과 터키 힐 트레일이라는 지질학적으로 유명한 길이 있다. 3억 년 전 이상의 것으로 추정되는 오래된 고대암석이 드러나 있어 흥미롭다.

▷ 무가 레인 동물원(Mugga Lane Zoo)

시티에서 약 7km 지점의 레드 힐에 자리잡고 있는 이 동물원에서는 호주와 열대지역에 서식하는 100종 이상의 동물과 새들을 볼 수 있다. 동물들이 자연에 가까운 상태로 보호되고 있기 때문에 동물원이라기보다는 자연의 세계에 인간이 들어온 듯한 느낌을 받을 정도이다.

▷ 코시어스코 국립공원(Kosciusko National Park)

호주 최대의 국립공원으로 빅토리아 주와의 주 경계에 있으며 해발 2,228m인 코시어스코 산을 중심으로 2,000m급의 산들이 연이어 있다. 봄에서부터 가을에 걸쳐서는 송어낚시와 하이킹, 캠프, 스키를 즐길 수 있다.

제 2 장 뉴 사우스 웨일스(New South Wales)

영국의 캡틴 쿡이 호주 영유 선언을 하고 시드니가 호주 최초의 식민지가 된 시기는 미국 독립선언과 프랑스 대혁명이 일어난 시대와 일치한다. 당시 유럽에서는 '미지의 자유로운 세계에 가서 살고 싶다'는 사고방식이 유행하고 있었다. 남태평양은 그러한 꿈의 세계였다.

1788년부터 시작된 뉴 사우스 웨일스 지역의 중심지 시드니는 당시 영국의 내무대신이었던 시드니 경의 이름에서 비롯된 지명이다.

 뉴 사우스 웨일스는 골드 러시에 의해 더욱 발전하게 된다. 1851년 배서스트에서 금광이 발견되자 신천지인 이곳에도 미국과 같은 골드 러시가 일어나게 되었다.

 뉴 사우스 웨일스가 발전을 하게 된 또 하나의 계기는 1813년 시드니 서쪽으로 블루 마운틴을 넘는 통로가 발견된 것이다. 당일 치기 버스 여행의 코스인 이곳은 호주 유일의 산맥이다. 당시 사람들은 산 저편에는 행복이 있다고 믿었다. 산을 넘는 길 주변으로는 뉴 사우스 웨일스 주의 농경지대인 녹색의 대지가 펼쳐져 있다. 그들은 산을 넘어 서쪽으로 이동을 하였다. 미국의 서부에는 꿈과 발전이 있었으나 호주 서부에는 볼모의 사막만이 있을 뿐이었다. 산의 색깔이 푸른 것은 산을 감싸고 있는 유칼리 나무가 발산하는 알코올 성분 때문이라는 설이 있다.

 남태평양에 면한 보타니 만은 캡틴 쿡의 상륙지로서 그의 상륙을 기념하는 비가 세워져 있다. 보타니란 '식물'이라는 의미인데 연구열이 왕성한 쿡 일행이 이곳에서 식물을 채집하였다고 해서 붙여진 지명이다.

 뉴 사우스 웨일즈 주에는 시드니만 있는 것이 아니다. 장엄한 산맥, 끝없이 펼쳐지는 모래 해변, 역사가 깃들어 있는 시골읍, 매혹적인 와인 재배지역, 그리고 토종 새들과 동물들이 서식하고 있는 세계 유산지의 국립공원 등 끝없는 아름다움에 매혹될 것이다.

1. 시드니(Sydney)

 영국을 관광해 본 사람이라면 시드니 시 가옥의 구조나 거리의 모습, 그리고 지명까지 영국을 그대로 옮겨다 놓은 도시라는 느낌을 받을 것이다.

하이드 파크도 런던을 꼭 빼 닮은 것 중의 하나이다. 조지 스트리트에 위치한 퀸 빅토리아 빌딩은 런던 피커딜리 광장 부근의 고색 창연한 건물들과 닮았으며 그 앞의 시청 역시 19세기 풍의 건물이다.

시드니 전경

비즈니스 거리인 피트 스트리트에는 유리와 콘크리트로 쌓아 올린 현대식 빌딩이 늘어나고 있으나 아직도 고풍스런 빌딩이 많다.

시드니 레이스의 아름다움은 호주가 아니면 볼 수 없는 도시의 미이다. 또한 시드니 레이스는 산업혁명의 상징이라고도 할 수 있다. 산업혁명으로 인해 철 값이 싸지자 목조나 벽돌로 만들어진 주택에 철을 주조하여 장식하는 것이 유행하게 되었다. 빅토리아 왕조의 번영과 호주 골드 러시의 결과로 서민들이 가옥 장식에 몰두하게 된 것인데 당시의 노동자 주택이 지금에 와서는 마치 갑부의 집으로 보일 정도이다.

명소로서는 1973년 개관된 오페라 하우스를 비롯하여 하버 브리지, 하이드 공원, 로얄 식물원, 더록스 등이 있다.

시드니 항은 브라질의 리오데자네이로, 이탈리아의 나폴리와 더불어 세계 3대 미항 중의 하나이다. 한국 교민들의 대부분이 시드니에 거주하고 있어 한국 유학생들은 교민의 가게나 업체 등에서 아르바이트를 할 수 있어 타 도시에 비해 아르바이트를 구하기 쉽다.

2000년 시드니 올림픽 개최지로 유명하다.

▷ 볼 만한 곳

▷ 하버 브리지(Sydney Harbour Bridge)

하버 브리지

현재 시드니의 상징인 이 다리는 시드니 교통에 빼놓을 수 없는 곳으로, 포트 잭슨 만 위에 아치 모양으로 놓여져 있으며 시가와 시드니의 북부를 연결하고 있다. 전체 길이는 1,149m으로 해면에서 가장 높은 부분은 134m다. 싱글 아치 다리 중에서는 뉴욕의 베이온 다리보다 60cm 짧은 세계에서 두 번째로 긴 다리이다. 1923년에 착공해서 10년 가까운 세월을 들여서 1932년에 완성했다.

하버 브리지 건설을 위해서 록스의 많은 부분이 깎여 나갔고 사라져 버렸지만 건설에 의해서 많은 고용이 발생, 노동자 계급의 가족을 대 불황에서 구제했다고 한다. 1992년에는 교통체증 완화를 목적으로 다리 아래에 나란히 하버 터널이 개통됐다.

하버 브리지를 지탱하는 4개의 파일런 중 시내 측(남동쪽)의 파일런에는 올라갈 수도 있다. 록스의 컴버랜드 스트리트 계단을 올라가면 파일런의 입구와 연결되는데 의외로 알려지지 않은 시드니의 색다른 모습을 감상할 수 있다.

▷ 오페라 하우스(Sydney Opera House)

오페라 하우스는 시드니 만에서 빼놓을 수 없는 명물로 하버 브리지와 함께 시드니의 상징이기도 하다. 이 인상적인 홀은 1959년에 착공하여 14년에 걸쳐 1973년 10월에 완성되었다.

거대한 조개 껍질 모양의 지붕은 요트의 흰 돛을 표현한 것이라고 하는데, 사용된 타일의 수는 106만 장이 넘는다. 디자인은 덴마크의 건축가 요른 우츤(Joern Utzon)의 작품이다.

오페라 하우스 내부는 콘서트 홀을 중심으로 4개의 커다란 홀로 나누어져 있다. 2700명의 관객을 수용할 수 있는 콘서트 홀, 1550명을 수용할 수 있는 오페라 극장을 비롯해 영화관, 아트 갤러리 등이 있다.

오페라 하우스에서는 날마다 오페라나 클래식 콘서트 등이 열리고 있으며 입장권도 비교적 쉽게 구할 수 있다. 그러나 정상적으로 티켓을 구입하려면 1장에 대개 $30~150 정도이지만 입석 티켓은 $20~25 정도면 입수할 수 있다.

오페라 하우스 주변은 시드니 최고의 산책코스이다. 특히 포트 데니슨이 바라다 보이는 미세스 맥콰리 포인트 주변은 오페라 하우스와 하버 브리지 전경이 가장 멋진 곳이다. 따라서 관광객들과 현지 신혼부부들의 기념촬영 장소로 각광을 받는 지역으로 잘 알려져 있다.

▷ 록스 스퀘어(The Rocks Square)와 주변

이곳은 시드니 발상지인 록스의 거의 한가운데 있는 벽돌이 깔린 광장이다. 중심에 있는 퍼스트 임프레션이라는 기념물은 죄수, 병사, 개척시대의 가족생활 모습을 각각 새겨놓은 것. 기념촬영지로 애용되고 있다. 광장에서는 많은 퍼포먼스가 연출되어 방문객에게 즐거움을 듬뿍 안겨 준다. 서큘러 키 역에서 걸어서 6분 정도 걸린다.

▷ 웨스트팩 박물관(Westpac Museum)

호주의 대표적인 은행인 웨스트팩에서 운영하는 소규모 박물관이다. 1817년의 웨스트팩 전신인 호주 최초의 은행 창업에서부터 현재에 이르기까지의 호주의 금융재정에 관한 경제성장 과정이 시대별로 전시되어 있다.

아래층의 기념품 판매소에서는 화폐 디자인이 들어간 열쇠고리, 앞치마, 타월 등을 판매하고 있다.

또한 웨스트팩 박물관 앞에는 '퍼스트 임프레션(First Impression)'이라는 커다란 기념탑이 있는데 죄수와 병사, 그리고 자유 이민 가족의 조각들이 3면에 각각 새겨져 있다.

▷ 캠벨 스토어하우스와 메트칼프 스토어(Campbell Storehouse & Metcalfe Stores)

시드니 후미에 옛날에 창고나 채굴장이었던 곳이 세월이 흐르면서 레스토랑이나 공예품점 등으로 바뀌었다. 서큘러 키 웨스트의 북쪽 끝, 강 하구에 위치한 석조 창고가 캠벨 스토어하우스이다. 현재는 관광객들에게 인기를 모으고 있는 레스토랑이 입주해 있으며 하루 종일 젊은 사람들이나 관광객의 발길이 끊이지 않는 장소다.

▷ 천문대(Sydney Observatory)

시드니에서 가장 높은 언덕에 있다. 옛 원주민들은 여기에서 별을 올려다보고 수많은 전설을 이야기했다고 한다. 근대 천문학이 시작된 1858년, 르네상스 양식을 본뜬 우아한 양식의 천문대가 호주 최초로 탄생했다. 당시의 역할은 시티와 시드니 만에 입항하는 배의 정확한 시간을 기록하는 것이었다. 동시에 과학연구, 날씨

관측, 지도 제작 등에도 공헌했다. 그러나 1880년 이후는 도시공해 등의 이유로 관측이 곤란해져 현재는 천문학 박물관으로서 새롭게 단장했다. 천체 망원경을 통해 남반구에서나 볼 수 있는 남십자성과 무수히 많은 아름다운 행성들을 직접 관측할 수 있다. 이를 통해 자신이 남반구에 와 있음을 실감하게 된다.

▷ 피어 원(Pier One)

항구 도시마다 유서 깊은 명물이 있다. 샌프란시스코의 피셔먼즈 워프, 런던의 코벤트 가든, 보스턴의 패뉴일 홀 등 항구 도시에는 지난 시대의 모습을 간직하고 있는 명소가 반드시 있기 마련이다. 시드니에서는 선박이 여행의 주역을 담당하던 시대에 여객 터미널로서 사용되던 건물을 수백만불을 들여서 고친 피어 원이 바로 그것이다. 피어 원은 항구인 시드니의 분위기를 잘 나타내 주고 있다.

건물 안에는 오팔 등을 판매하는 보석 가게, 민예품점, 게임 센터, 식당 등이 입주해 있어 볼거리가 많다.

▷ 현대 미술관(MCA, Museum of Contemporary Art)

이곳은 호주와 전 세계의 현대 미술작품을 보유하고 있는 미술관으로, 1991년에 설립되었으며 약칭으로 MCA로 일컬어진다. 애버리지널 작품을 비롯해 마르셀 듀챔프와 로버느 루센버그, 앤디 워홀 등 당대 유명화가들의 작품을 감상할 수 있다. 특히 창의적인 신인작가의 작품을 과감히 발굴, 진열함으로써 혁신적인 작품이 많은 곳이다. 모든 작품은 정기적으로 교체된다. 작품 수만도 5,000여 점 이상이다. 그 중에는 콘크리트, 물, 초콜릿 등 색다른 소재를 사용한 것도 있다. 그밖에 예술적인 성향이 짙은 영화나

강연 등도 정기적으로 열려 볼거리도 풍부하다.

▷ 다위스 포인트 공원(Dawes Point Park)

이 공원은 록스 북쪽에 위치한 공원. 호주에서 최초로 방어진이 세워졌던 장소로, 아름다운 잔디 위에 대포가 그냥 비치되어 있다. 여기에서 바라보는 항구의 풍경은 각별하다는 평판이 나 있어서 현지 커플이나 사진촬영을 하기 위해 오는 관광객이 많다. 하버 브리지는 여기에서 노스 시드니를 향해 놓여진 다리이다.

▷ 시드니 박물관(Museum of Sydney)

시드니 최초의 정부청사 건물을 개조하여 시드니 개척 당시를 말해 주는 박물관으로 1925년에 개관했다. 호주 원주민, 애버리지니의 생활과 문화 등에 관한 소개에서부터 영국으로부터 이민, 시드니 개척 당시의 모습 등 1788~1850년의 격동적인 시대를 소개하는 새로운 박물관이 바로 이곳이다.

전시방법에 있어서도 일반적인 상식을 벗어나 그림과 조각, 필름과 컴퓨터 영상을 통해서 원주민의 문화, 그 당시의 생태계, 이민자들의 생활, 무역, 법률 등을 설명하고 있어 흥미를 더해 준다. 호주 개척의 역사라고도 할 수 있는 시드니의 개척사를 일별하기에 적당한 장소이다. 3층에 볼만한 것이 많다.

(1) 시드니 하버(Sydney Harbour)

시드니에 온 사람이면 시드니 만의 명소를 돌아보는 것도 중요하지만 하버 크루즈는 반드시 체험해 볼 만한 가치가 있다. 바닷바람이 시원하게 느껴지는 맑은 하늘 아래에서의 하버 크루즈는 시드니의 아름다움을 인상 깊게 심어줄 것이다.

(2) 서큘러 키와 록스(Circular Quay & The Rocks)

서큘러 키의 전경

1788년 1월 죄수들과 사병과 장교를 이끌고 총독 필립이 영국을 출발하여 포트 잭슨에 입항했다. 다음날 아침 일행은 시드니 만에 닻을 내리고 유니언 잭을 게양, 이 땅을 영국령으로 선언했다. 그리하여 처음으로 개척이 시작된 곳이 강 하구 서쪽에 위치한 록스 지구였다. 그러한 연유로 록스는 호주의 발상지로서 널리 알려지게 되었다.

관광객의 대부분이 찾는다고 해도 지나치지 않을 정도로 유명한 관광 명소이다. 시드니 만에 펼쳐진 서큘러 키는 최초의 이민선단이 도착한 장소로, 이곳에 서면 바

록스의 전경

다의 향기가 어렴풋이 난다. 오른쪽으로는 거대한 흰 조개껍질을 연상하게 하는 오페라 하우스를, 왼쪽으로는 '코트 행어'란 애칭을 가진 하버 브리지를 볼 수 있다. 이곳은 단순한 관광 항구는 아니다. 시드니 교외로 가는 페리 승강장과 국제선 여객 터미널도 있으며, 시드니 항의 현관문으로서도 활기찬 모습을 보이고 있다.

서큘러 키의 서쪽, 하버 브리지와 연결되는 브래드필드 하이웨이

의 아래에 바위가 많았던 록스가 있다. 록스는 이민선단으로 도착한 사람들이 최초로 도시를 만들었던 장소이다. 거리 조성에 나선 것은 본국 영국에서 온 유형인들로 이 토지를 다져서 건물을 세우는 작업은 상상할 수 없을 정도로 혹독한 일이었을 것이다.

그 후 19세기에는 시드니에서 포경업이 왕성해 도시는 뱃사람들로 주점, 매춘굴, 여관 등 때문에 크게 붐볐지만, 골드 러시가 시작되자 포경업이 사라지고 흥청거림도 가라앉게 되었다.

황폐해져 있던 록스가 현재와 같은 관광 스포트로 재정비되어 다시 태어난 것은 1970년대의 일, 역사적인 거리를 남기고자 재개발 공단이 발족하여 낡은 창고나 주거지의 수복 및 복원을 개시하였다. 수복된 건물이 부티크나 레스토랑, 선물가게, 갤러리 등으로 활용되면서 현재의 관광 명소 록스가 탄생한 것이다.

록스는 호주 백인의 이민사를 이해하는 데 있어서 빠뜨릴 수 없는 장소다. 시드니에 방문하는 모든 관광객들이 방문하는 명소로 오페라 하우스와 하버 브리지를 한 번에 볼 수 있는 곳이다. 시드니의 역사가 시작되는 곳이라고 해도 과언이 아니며, 쇼핑, 관광, 문화를 한꺼번에 해결할 수 있는 곳이다.

▷ 볼 만한 곳

▷ 캐드만 오두막집(Cadman's Cottage)

사암으로 지어진 이 소박한 오두막집은 현재 시드니 하버 국립공원의 관광안내소 겸 매점으로 활용되고 있다. 1816년 총독소유 요트의 관리인을 위한 막사로 지어진 이 오두막집은 시드니에 현존하는 가장 오래된 거주지이다.

캐드만은 머리를 빗는 솔 하나를 훔친 죄로 7년 유배형을 선고

받은 전과자 엘리자베스 모티머와 1830년에 결혼해서 1846년까지 이 오두막집에서 함께 생활했다. 캐드만의 오두막은 원래 시드니 하버 해안가에 지어졌으나 성공적인 토지간척사업 결과 지금은 해안선에서 멀리 떨어진 곳에 위치하고 있다.

▷ 선원의 집(Sailors' Home)

항해하는 선원들에게 숙소를 제공할 목적으로 1864년에 지어진 이 건물에는 현재 시드니 여행자 센터가 입주해 있다.

선원들은 1980년까지 이 집을 이용했다. 1994년 이 집은 관광안내소 겸 관광예약 시설로서 다시 문을 열었다.

(3) 시티(City)

시티는 시드니 시의 중심부를 차지한다. 시드니의 정치, 경제 중심지인 CBD(Central Business District)는 서큘러 키에서 시청 주변까지 조시 스트리트를 중심으로 하는 일대를 말한다. 고층 빌딩이 들어선 근대적인 거리이지만 뒤편으로 발길을 옮기면 아직도 예전의 정겨운 풍경이 남아 있다.

시의 정치 중심은 시청이며 주의 정치 중심은 매쿼리 스트리트이다.

중앙우체국, 은행, 트래블 센터, 항공사, 그리고 각 주의 정부 관광청도 이 주변에 몰려 있다.

또한 이곳은 면세점이나 모피점, 입생 로랑이나 데이비드 존스 등의 유명 브랜드, 그레이스 플라자 등의 백화점, 스트랜드 아케이드, 원형에 가깝게 복원된 퀸 빅토리아 빌딩 등이 있으므로 쇼핑을 하기에도 좋은 장소이다.

이 부근은 비즈니스 거리이면서도 영화관, 디스코 클럽, 극장 등이 산재해 있는 까닭에 밤이 깊어도 사람들의 발길이 이어진다.

▷ 볼만한 곳

▷ 마틴 플레이스(Martin Place)

사무실이 밀집해 있는 조지 스트리트와 매쿼리 스트리트 사이의 약 500m 거리에 만들어 놓은 마틴 플레이스는 보행자 전용도로이다. 이곳의 중앙우체국은 빅토리아 풍의 건물이다. 점심 시간에는 부근의 사무실에서 근무하는 샐러리맨들이 거리로 나와 점심을 사가는 모습을 볼 수 있다. 광장에는 멋진 꽃가게나 스테인리스제 피라미드 탑 등도 볼 수 있고, 화환이 끝없이 놓여진 전몰자 위령비, 야외극장 등도 있다.

▷ AMP 시드니 타워(AMP Sydney Tower)

이곳은 남반구 최고의 높이를 자랑하는 325m 타워 건물로, 높이 205m의 전망대에서는 시드니 시내와 태평양을 비롯해 청명한 날씨에는 멀리 블루 마운틴과 울렁공, 팜 비치의 전경이 파노라마처럼 펼쳐진다. 타워 상단의 뾰족한 첨탑은 전신 송신탑이고, 전망대와 하단의 쇼핑 콤플렉스를 잇는 중앙부분은 엘리베이터 통로와 총 1,504개의 비상계단으로 이루어져 있다. 전망대에 가기 위해서는 먼저 센터 포인터 쇼핑 콤플렉스에 자리한 입구 엘리베이터를 이용해야 한다.

타워 내부에는 야경을 즐기며 낭만적인 분위기에서 식사할 수 있는 360도 회전식 레스토랑이 자리하고 있다.

▷ 퀸 빅토리아 빌딩(Queen Victoria Building)

이 건물은 시청 맞은편, 조지 스트리트에 있는 양파 모양으로 된 새로운 쇼핑센터다. 19세기 후반에 비잔티움 궁전을 모방하여 세운 건물로 초기에는 시장으로서 번성하였으나 번성기가 지난 뒤에는 오랜 세월을 방치해 두었다. 1984년부터 2년 반에 걸쳐 보수한 결과 현재는 200여 개가 넘는 상점과 레스토랑 등이 입주해 있다. 대부분의 상점이 관광객 상대의 토산품 가게로 켄돈, 위스, 폰드 등 인기 디자이너 상품과 스웨터, 오팔, 모피, 코알라 인형 등이 판매되고 있다.

건물 자체가 세계에서 가장 아름다운 쇼핑 센터라 할 수 있는 곳임으로 쇼핑에 관심이 없는 사람도 한번은 둘러볼 만한 곳이다.

내부에 '행운의 애견' 분수대가 있다. 스테인드글래스가 볼만하고 엘리자베스 2세 여왕의 비공개 편지가 2085년에 가야 공개된다고 한다.

▷ 왕립 식물원(Royal Botanic Gardens)

호주와 세계 각국의 식물 4천여 종이 아름답게 재배되고 있는 30ha 규모의 넓은 식물원이다. 원래 호주 최초의 정착민들이 야채를 재배하던 농장자리이다. 열대수와 푸른 잔디, 장미 정원, 분수 등이 어우러진 녹원으로 도심의 소란스러움에서 벗어나 여유로움을 만끽할 수 있는 오아시스 같은 공간이다. 야자수 사이로 보이는 도심의 마천루 또한 매우 이채로운 풍경이다. 공원 내부는 피라미드 유리돔 양식의 열대센터와 약초 정원, 양치식물 재배소, 식물 정보센터로 구성되어 있다. 또한 방문자 센터와 식물원 레스토랑이 있다. 식물원 내에서는 오페라 하우스와 식물원, 방문자 센터를 오가면서 식물원 관광을 즐길 수 있는 자그마한 무선열차가 운행되고 있다.

식물원의 서쪽에는 1817년 건조된 건물인 주립 음악원 (Conservatorium of Music)이 있으며 북서쪽에는 주 총독관저 (Goverment House)가 있다.

▷ 오스트레일리안 박물관(Australian Museum)

하이드 공원 맞은 편에 있는 호주 제일의 박물관으로 1827년에 세워진 건물의 1층은 호주의 동물과 고대 공룡, 2층은 광석, 3층에는 곤충이나 조류 등이 표본 또는 박제 등으로 소개되어 있다. 1996년부터는 환경에 관한 전시도 시작되었다. 모든 테마는 오세아니아 지역 특유의 자연에 관한 것이므로 호주에 대한 지식을 깊게 하기 위해서는 꼭 들러 봐야 한다. 관내에 있는 박물관 상점에서는 서적, 티셔츠, 포스트, 원주민 아트 등 기념 상품이 많다. 자연 생태계의 의문을 탐색할 수 있는 컴퓨터 자료실도 있다.

▷ 하이드 공원(Hyde Park)

하이드 공원은 시드니 다운타운의 한가운데, 남쪽으로 펼쳐진 공원이다. 산책을 즐길 수 있는 조용한 숲의 분위기로, 이름은 런던의 하이드 파크에서 따 왔다. 이전에는 경마장이나 군사훈련장 등으로 사용되었다가 매쿼리 총독에 의해 시민의 휴식의 장이 되었다. 공원의 한가운데를 동서로 파크 스트리트가 달리고 있어 원내를 이분하는 것 같은 구조로 되어 있다. 크기는 런던 하이드 파크보다 작다.

공원의 중앙에는 영국의 조지 5세와 6세를 기념한 상드링햄 공원이 있다. 또 북쪽에는 아치볼드 분수, 남쪽에는 앤잭 전쟁기념관이 세워져 엄숙한 분위기를 자아내고 있다. 점심시간에 이곳에서 많은 사람들이 식사를 즐기고 있다.

▷ 주의사당(Parliament House)

　호주 최초의 주인 NSW 주 의사당으로 테라스의 흰 벽이 인상적인 건물이다. 회기 중이 아니라면 내부견학도 할 수 있다. 벽에는 의원들의 초상화가 걸려 있고, 주 정치의 직무 등을 소개한 전시품도 있다. 미국처럼 주 자체가 강한 자치권을 갖고 있지는 않지만 호주의 연방제를 이해하는데 도움이 될 것이다.

▷ 주립 도서관(State Library)

　19세기 빅토리아 시대의 건축양식으로 입구의 바닥에 태즈메이니아의 발견자인 네덜란드인 타스맨의 지도 복제가 조각되어 있다. 또한 호주의 역사에 관한 콜렉션이 전시된 미첼 도서실과 딕슨 도서실에서는 100만 점 이상의 도서와 지도, 진귀한 사진, 인쇄물 등 풍부한 수집품을 볼 수 있다. 그리고 영국 영유권을 주장한 쿡 선장의 항해 일지도 볼 수 있다.

▷ 도메인(Domain)

　도메인 북쪽에 왕립식물원 서남쪽에 하이드 공원에 싸인 공원으로 넓은 잔디와 수목으로 둘러싸인 거대한 공원지역이다. 도메인은 원래 '왕의 영지'라는 뜻이다. 1788년에 필립 총독에 의해 설립되었으나 1817년에 맥콰리 총독이 도메인 주변을 벽과 담으로 둘러친 후 시민들의 출입을 통제하였다. 따라서 시드니에서 가장 오래된 수위실이 로지에 세워지게 되었다. 도메인이 일반 시민에게 완전히 무료로 개방되어 휴식처로 자리잡은 것은 1860년부터이다. 가두 연설장인 '스피커즈 코너'가 개최되고 있어 누구나 자유로이 차가하여 자신의 의견을 주창할 수 있다. 시드니 시민들의 최신

이슈를 들을 수 있으므로 잔디에 앉아 경청해 보도록 한다. 부지 내에 있는 뉴 사우스 웨일스 주립미술관도 볼만하다.

▷ 세인트 매리 대성당(St. Mary's Cathedral)
　파리의 노틀담 사원을 모방한 고딕양식의 대성당으로 1822년에 건설된 후 2번이나 화재가 발생, 대부분의 옛 건물은 소멸되었다. 현재 보이는 건축물은 1928년에 복원된 것이다. 당당한 모습을 한 외관도 멋있지만 섬세하게 그려진 스테인드글래스도 우아한 아름다움을 간직하고 있다. 그래서인지 여기에서 결혼식을 하는 것이 꿈이라는 시드니 여성들도 많다. 첨탑의 높이가 45m나 된다.

▷ 세인트 앤드류스 대성당(St. Andrew's Cathedral)
　1819년에 건설이 시작되어 1868년에 완성된 호주 최고의 고딕양식 성당으로 타운 홀 옆에 있으며 시청과 마찬가지로 불그스름한 갈색으로 퇴색한 시드니산 사암으로 만들어졌다. 매년 25만 명 이상의 사람이 방문한다고 한다.

▷ 하이드 공원 바락스(Hyde Park Barracks)
　1818년 건축된 것으로 설계는 죄수 출신 프랜시스 그린웨이가 담당했다. 1848년까지는 남성 죄수들의 숙사, 1846년까지는 이민 여성들의 피난소, 1979년까지는 법률사무소로 이용되었으며, 1990년부터는 박물관으로 개방되고 있다. 옛 죄수들의 방이 재현되어 있어 흥미롭다. 모두 3층으로 되어 있다.

▷ 주립미술관(Gallery of New South Wales)
　호주에서 가장 풍부한 콜렉션이 갖추어진 미술관으로 도메인 안에 있다. 1909년 설립되어 르네상스 양식의 장려한 외관을 자랑한다. 구관과 신관으로 나누어져 있으며, 테마로 구별된 관내에는 고전미술부터 현대 아트까지 호주에서만 볼 수 있는 작품에서부터 유럽이나 아시아 각국으로부터 온 미술품도 있다. 전시물 가운데 특히 호주의 원주민에 의한 애버리지널 아트는 다른 나라에서는 볼 수 없는 작품들이므로 놓치지 않도록 한다. 주기적으로 개최되는 특별전도 흥미를 끄는 테마가 많으므로 들러 보자.

관내에 있는 선물 가게에는 멋진 카드나 소품이 충실하게 갖추어져 있다. 모두 5층으로 되어 있다.

(4) 차이나타운(Chinatown)

서큘러 키에서 조지 스트리트를 따라 남쪽으로 내려가다가 중앙역 앞에서 오른쪽으로 들어가면 차이나타운이 나타난다. 최근에는 조지 스트리트를 넘어선 부근까지 포함하여 넓은 의미에서 이 일대를 차이나타운이라고 한다. 거리에 들어선 상점이나 은행, 레스토랑 등의 간판에는 한자가 많이 적혀 있으며 스치고 지나가는 얼굴도 왠지 정겹게 느껴지는 동양계이다.

좁은 의미에서의 차이나타운의 중심지는 딕슨 스트리트이다. 골번 스트리트와 헤이 스트리트 사이에 있는 쇼핑 몰은 양측에 있는 문이 그야말로 이곳이 차이나타운임을 확실하게 알리는 듯한 중국식 문으로 되어 있다. 길 양쪽에는 소규모 레스토랑, 잡화점, 양복점 등이 늘어서 있고 중국식 액세서리를 파는 노점상들도 많다.

▷ 볼만한 곳

▷ 조지 스트리트 주변

차이나타운의 중심지인 조지 스트리트를 지나면 그 주변에 정육점, 식료품점, 레스토랑 등이 점점이 흩어져 있어 아직 구획 정리가 끝나지 않은 분위기를 곳곳에서 느낄 수 있다. '개발'이 완료된 '청결'한 지역에서는 맛볼 수 없는 독특한 분위기이다. 중고 레코드 가게와 공산당계 서점이 있는 피트 스트리트 주변까지 포함하여 이 주변을 산책해 보는 것도 재미있다.

▷ 엔터테인먼트 센터(Entertainment Centre)
이 건물은 차이나타운의 서쪽에 마치 원반 같이 서 있는 것으로 아이스 스케이팅을 비롯한 스포츠에서 록 콘서트에 이르기까지 다양한 행사가 개최되고 있다. 특히 록 콘서트에는 수많은 사람들이 이곳으로 몰려오는데 12,000여 명까지 수용할 수 있다.

(5) 달링 하버(Darling Harbour)

달링 하버의 야경

건국 200주년 축제가 개최된 1988년에 탄생한 시드니 최신 위락지구로 시티의 서쪽, 코클 베이(Cockle Bay)를 중심으로 컨벤션 센터, 페스티벌 마켓 플레이스, 국립해양박물관, 시드니 수족관 등이 있으며, 관광객은 물론 현지 시드니 사람들에게도 인기를 얻고 있다. 흥미를 자아내는 상점이 150개가 넘는다.

원래 코클 베이는 양모수출항으로 번영했던 장소였지만 그 후 쇠퇴해 버려 줄곧 폐허로 방치되었다가 그것이 1980년대에 재개발이 추진되어 오늘날의 모습이 되었다. 해변 주위에는 붉은 벽돌이 깔린 프롬나드가 있어 여유 있게 산책하기에는 최적이며, 주말에는 퍼포먼스도 많이 벌어져 구경하는 사람들로 붐빈다.
  달링 하버는 아름다운 야경으로 알려져 있다. 페스티벌 마켓 플레이스 중에는 낭만적인 밤을 보낼 수 있는 매력으로 넘치고 있다.
  도시 재개발의 찬반양론 속에서 다시 오픈한 달링 하버는 좋은 의미에서든 나쁜 의미에서든 시드니 시민의 주말 생활에 새로운 공간을 제공하고 있다.
  파나소닉 IMX극장(Panasonic IMX Theatre), 차이니즈 가든(Chinese Garden), 시드니 어퀘어리엄(Sydney Aquarium), 파워하우스 뮤지엄(Powerhouse Museum), 스타시티카지노(Star City Casino), 시가월드(Sega World, 호주에서 가장 큰 실내 테마공원) 모두가 가까운 도보거리의 달링 하버 주변에 있다.

▷ 볼 만한 곳

▷ 시드니 수족관(Sydney Aquarium)

  달링 하버에 왔으면 여기를 빼놓을 수 없다. 기네스 북에 오른 깊이 15m, 길이 140m의 세계 최대 규모의 수족관이다. 세계에서 가장 큰 그레이 널스 상어와 대형 가오리, 악어, 약 5천여 종의 열대어와 물고기, 50여 종의 화려한 색상의 산호초가 진열되어 호주의 해양 생태계를 한 눈에 파악할 수 있다. 즉 오른쪽도 왼쪽도 천장도 모두 바다 속 풍경이다. 몸길이가 3m 이상이나 되는 커다란 상어가 느릿느릿 수영하는 모습을 볼 수도 있다. 머리 위로 상어와 대형 물고기들이 유유히 헤엄쳐 다니는 모습은 마치 용궁에 들어온 듯한 착각을 불러일으킨다. 특히 먹이 주는 시간에는 다이버와 물고기들이 물 속에서 함께 어우러지는 모습이 영화 속의 한 장면 같다.

▷ 중국 정원(Chinese Garden)

중국 정원은 달링 하버의 이색적인 분위기를 풍긴다. 1988년에 뉴 사우스 웨일스 주와 자매결연 관계인 중국 남부의 광동성에서 호주 탄생 200주년을 기념하기 위해 기증한 '우호의 정원'으로, 중국 본토 이외의 지역 중 최대 규모를 자랑하는 중국 정원이다. 전체를 구경하는데 30분 정도 걸린다. 입구 쪽 담장 벽에는 중국과 호주 두 나라간의 우호의 상징인 용이 새겨져 있으며, 5세기 때의 중국 정원의 특징을 그대로 살린 붉은 색 팔각정 누각과 돌로 꾸민 소정원과 석탑, 잉어들이 유유히 노닐고 수양버들이 늘어져 있는 연못 위의 구름다리와 폭포가 아름답다. 내부에는 중국 전통차와 과자를 즐길 수 있는 찻집이 있고, 화려한 자수가 수놓인 중국 전통의상을 입고 기념 사진을 찍을 수 있는 코너도 마련되어 있다. 우리 나라 정원과 비슷한 분위기를 느낄 수 있다.

▷ 호주 국립 해양 박물관(Australian National Maritime Museum)

호주의 해양 역사 발전과정을 살펴볼 수 있는 곳으로, 바다와 불가분의 관계를 맺고 있는 해양국가의 역사가 고스란히 담겨 있는 박물관이다. 호주의 원주민 뱃사람에서부터 초기 탐험가와 정착민들이 부딪혔던 고난의 항해 기록을 상세히 살펴볼 수 있다. 흰색 닻을 본떠 만든 박물관과 코클 베이에 정박해 있는 호주의 구축함 뱀파이어, 러시아 잠수함, 19세기의 등대로 나누어져 있다.

▷ 파워하우스 박물관(Powerhouse Museum)

남반구 최대의 박물관으로 바다에 얽힌 호주의 역사를 배울 수 있는 곳. 옛날부터 현대를 거쳐서 미래까지 유동적인 인류과학을 테마로 한 일종의 과학관이다. 예전의 발전소였던 넓은 건물 안은 20개 이상의 섹션으로 나누어져 과학기술, 장식 아트, 호주의 역사를 소개하는 코너 외에 특별전이나 퍼포먼스 등도 개최되고 있다.

단순히 보는 것에서 끝나지 않고 체험적 요소를 가미한 것이 특징이다. 전시물 중에는 실제로 손으로 만져 보거나 움직일 수 있는 것도 있다. 시드니 수족관의 맞은 편에 있다. 전시관은 모두 4층이다.

(6) 킹스 크로스(Kings Cross)

남반구 최대의 환락가로 시드니에서 나이트 라이프를 만끽하려면 여기를 빼놓을 수 없다. 예전에는 뭔가 어두운 이미지를 가지고 있었지만 현재는 큰 길이라면 관광객이 가도 괜찮을 정도로 깨끗해졌다. 맛을 자랑하는 레스토랑도 많으므로 낮에 찾아도 즐거울 것이다.

이곳에서 남쪽을 향해서 조금 나아가면 윌리엄 스트리트와 만난다. 이 달링허스트 로드와 윌리엄 스트리트의 교차점에 솟은 것이 밀레니엄 호텔(구 하얏트 킹스테이트 호텔)로, 벽에 내걸린 코카콜라 간판은 킹스 크로스의 상징으로서 알려져 있다. 킹스 크로스는 이 간판을 기점으로 북쪽을 향해 펼쳐져 있다.

달링허스트 로드에는 디스코테크와 펍, 섹스 숍 등이 빽빽이 들어서 있다.

헝가리 혁명의 피난민들을 비롯하여 유럽에서 계속 이민자들이 몰려오면서 이 지역에는 델리카테센(Delicatessen, 식탁에 금방 올려 놓을 수 있는 요리를 판매하는 상점)이나 커피숍 등의 상점이 연이어 들어서게 되었던 것이다.

또한 배우나 화가, 작가 등이 이곳에 생활 터전을 잡기 시작하면서 서서히 보헤미안 분위기가 넘치는 거리로 변모하여 시대의 첨단을 걷는 사람들이 모여들기 시작하였다. 그러나 1960년대에 베트남 전쟁의 귀환병사들이 이곳에 들르면서 현재의 환락가로 변하기 시작한 것이다.

지금도 크로스 주변에는 유명 무명 음악가나 화가들이 많이 모여서 살고 있다. 밤낮을 가리지 않고 실직자, 마약 중독자, 가출 청소년, 매춘부들이 거리를 배회하고 있다.

▷ 볼 만한 곳

▷ 울루물루 갤러리(Woolloomooloo Gallery)

니콜슨 스트리트와 다울링 스트리트의 교차점에 위치한 울루물루 갤러리는 호주 화가들의 작품만 전시하고 있다. 이미 상당히 알려진 화가에서 이제 막 예술의 세계에 발을 들여놓은 화가에 이르기까지 다양한 수준의 작품들이 전시되어 있다.

▷ 엘리자베스 베이 하우스(Elizabeth Bay House)

1839년에 세워진 시드니 개척시대 초기의 그리스 부흥양식의 대저택. 장소는 킹스 크로스 변두리, 엘리자베스 베이의 언덕 위이다.

저택을 둘러싼 '식물의 낙원'으로 불리던 50acre의 아름다운 정원은 옛 자취만 아스라이 남아있다. 특히 이층으로 올라가는 완만한 나선형 살롱 계단은 우아한 곡선미의 극치를 보여주며, 이층 침실에서는 엘리자베스 베이의 푸른 물결이 내려다보인다. 각 방에 장식된 가구들은 1839~1845년 당시 맥클레이 가족들이 직접 사용하던 유품들이다. 주요 볼거리로는 1845년 당시의 화려한 은제 식기와 접시들이 전시되어 있는 식당과 램프를 든 여인의 조각상이 있는 살롱, 19세기의 과학서적 약 4천 권이 소장되어 있는 도서관이 있다. 이층 메인 침실에서는 맥클레이가 영국에서 호주로 직접 우송해 온 영국제 대형침대가 전시되어 있다.

(7) 피딩턴, 달링허스트(Paddington, Darlinghurst)

킹스 크로스의 남쪽에는 달링허스트, 달링허스트의 동쪽에는 패딩턴이 펼쳐져 있다. 레이스 무늬로 장식된 깨끗하고 산뜻한 테라스 하우스들이 늘어선 아름다운 이 거리들은 시드니에서도 손꼽히는 패셔너블한 지역이다. 많은 예술가들로부터 사랑을 받아왔다.

패딩턴의 중심거리인 옥스퍼드 스트리트는 세련된 부티크와 카페, 레스토랑이 늘어서 있어 시드니의 유행의 발상지가 되어 있다. 매주 토요일에 개최되는 프리마켓도 유명하다. 또 하나 패딩턴에서 빼놓을 수 없는 것이 게이 거리이다. 매년 2월에는 마르디 그라라고 하는 게이 패스티벌도 이곳에서 열린다. 이곳이 한때는 슬럼가로 변하기도 했다.

▷ 달링허스트

옥스퍼드 스트리트를 남하하는 도중 약간 북쪽 지역으로 들어가면 달링허스트이다. 좁은 도로가 바둑판 모양으로 이 일대를 달리고 있고, 길가에 작은 테라스 하우스나 빅토리아 양식의 집들이 서 있다. 폐가의 계단에 걸터앉아서 악기를 연습하는 젊은 뮤지션도 있어 이국적인 분위기를 풍긴다. 달링허스트는 특히 이탈리아계가 정착했기 때문에 근처에는 이탈리아 요리점이 많다. 최근에는 태국이나 스페인 요리점도 찾아볼 수 있다.

▷ 볼만한 곳

▷ 보클루즈 하우스와 베이(Vaucluse House & Bay)
로즈 베이에서 언덕을 오르기 시작하면 주위는 시드니에서 손꼽히는 고급 주택지 보클루즈로 바뀐다. 왼쪽으로는 하버 브리지, 오페라 하우스 등 시드니 시내가 내려다보인다.
보클루즈 로드 종착지에 보클루즈 베이가 보이면 끝이다. 보클루즈 하우스는 전망이 아름다운 보클루즈 공원 안에 있는데 이곳은 원래 19세기에 뉴 사우스 웨일스 식민지에서 이름을 날리던, 정치가이자 탐험가로 유명하였던 웬트워스의 저택이었다.

(8) 시드니 동부(East Sydney)
시드니 동부는 시티에서 동쪽으로 차를 타고 1시간 정도 가면, 관광객뿐만 아니라 시드니 주민들에게도 인기가 있는 해변이 계속 이어진다.

▷ 볼 만한 곳

▷ 더블 베이(Double Bay)
시드니 동부 포트 잭슨 주변은 고급 주택가로 알려져 있는데 그 중에서도 빼놓을 수 없는 곳이 더블 베이이다. 수려한 전망을 지닌 고지대에는 울창한 가로수가 늘어선 보도와 스페인 풍의 대저택이 늘어서 있고 눈 아래 만에는 여러 종류의 요트가 정박해 있다. 이곳에 사는 사람들은 의사나 변호사, 기업의 중역 등 고소득층이라고 한다. 세계 유명인들이 이곳 호텔에 머문다.

▷ 와트슨 베이(Watsons Bay)

보클루즈 하우스를 둘러본 후에는 와트슨 베이로 발길을 옮겨보자. 버스 정류장을 사이에 두고 맞은편에 힘든 노동과 가난과 고독에 절망한 많은 죄수들이 몸을 던졌던 자살 명소로 유명한 갭 공원이 나타난다. 약 100여 미터 높이의 단애 절벽에 서면 바다 속으로 빨려 들어갈 듯한 느낌을 받는다. 이 절벽에는 산책로가 이어져 있는데 스릴을 즐기는 사람에게 좋은 산책로가 될 것이다.

(9) 본다이와 서던 해변(Bondi & Southern Beachs)

시드니의 해변은 크게 두 지역으로 나뉘어진다. 포트 잭슨을 끼고 시티 쪽(남쪽)에 위치한 해변이 서던 비치, 북쪽에 있는 것이 노던 비치이다. 서던 비치는 교통이 편리하여 인기가 많고 그 중에서도 본다이 비치가 가장 인기 있다.

본다이 해변

본다이 비치는 직접 태평양에 접해 있어 파도가 높은 것이 특징이다. 여름철에는 우리 나라의 해운대만큼이나 인산인해를 이루는 해변이다. 반달같이 타원으로 굽은 해변의 눈부시게 흰 모래는 밀가루보다 더 고운 입자를 가지고 있다.

토플러스 차림의 여성도 대담하게 활보하며 어딘지 화려한 분위기도 느껴진다.

▷ 볼 만한 곳

▷ 타마라마 해변(Tamarama Beach)

이곳은 본다이의 남쪽에 있는 해변으로, 조용해서인지 일광욕을 하는 사람들도 꽤 많아 비교적 호주다운 분위기를 지니고 있다. 서핑은 금지되어 있지만 해변에 늘어선 가게로부터의 풍광은 최고이다. 본다이에 가는 것보다 이쪽이 훨씬 좋다고 하는 현지인들도 많다. 이곳 해변에는 토플리스(Topless) 차림이 정상이다.

▷ 쿠지 해변(Coogee Beach)

최근에 시드니에서 가장 급부상한 해변이다. 쿠지 비치 근처의 NSW 대학 학생들이 바닷가에서 노트를 펼치고 있는 모습도 자주 눈에 띈다. 수영을 즐기고 싶은 사람은 해변의 북쪽 끝에 있는 풀장을 이용하는 것이 좋다.

▷ 캡틴 쿡 상륙지점(Captain Cook's Landing Place)

1770년 영국의 탐험가 캡틴 쿡은 보타니 만(Botany Bay)의 카넬 반도(Kurnell Peninsula)의 끝부분에 상륙, 여기에서 호주가 영국령이라는 것을 선언했다. 1967년, 이것을 기념해서 작은 박물관이 만들어졌고 주위는 공원이 되었다. 피크닉하는 기분으로 방문해 보면 좋을 듯한 곳이다. 맞은편의 베어 섬과 헨리 헤드의 절벽, 그리고 멀리 보이는 시티를 조망하는 것도 즐겁다. 맞은 편에는 캡틴 펠루즈(블란서 탐험가)가 쿡보다 6일 후에 도착한 곳이 있다.

(10) 시드니 북부(North Sydney)

포트 잭슨을 끼고 시티의 맞은 편에는 오피스가가 펼쳐져 있고, 그것을 둘러싸듯이 벽돌로 지어진 고급주택들과 주민들의 요트가 떠 있다. 멀리에서 보이는 시드니 북부의 전망은 암스테르담의 운하에 서 있는 아름다운 집들을 연상시킨다.

▷ 볼 만한 곳

▷ 타롱가 동물원(Taronga Zoo)

1916년에 문을 연 호주에서 최대규모를 자랑하는 동물원. 노스시드니의 경사지를 이용해서 만들어졌다. 부지 면적 약 30ha에 2500종류 이상의 동물을 사육하고 있다.

이곳에는 코알라, 웜뱃, 오리너구리, 에뮤, 캥거루, 딩고(개의 일종) 등 호주 특유의 동물들 외에 세계 각국으로부터 온 코끼리, 사자, 호랑이 등 많은 동물이 모여 있다. 그 가운데 여기에서만 볼 수 있는 것은 수륙양생인 포유류, 오리너구리(Platypus)이다. 오리너구리가 있는 곳은 세계에서도 몇 곳 없기 때문에 이 코너는 매우 인기가 있다. 단 하루 종일 거의 잠만 자고 있으므로 먹이를 주는 낮 무렵에야 볼 수 있다. 야행성이기 때문에 어둡게 한 관내에서 보는데 오리너구리가 수조 안을 헤엄치는 모습을 볼 수 있다.

▷ 코리아타운 캠시(Koreatown Campsie)

이곳은 시의 남쪽 캔터베리에 위치한 한국인 밀집지역으로, 호주 교민 3만5천여 명 중 약 50% 이상이 이곳에서 한국 식당과 노래방, 식품점, 여행사 등을 운영하며 생활터전을 다져나가고 있다. 교민신문과 법률상담소, 병원 등의 전문업체도 지속적으로 늘어나는 추세이다. 거리 곳곳에서 들려오는 한국어와 한글 간판들은 마치 서울 한복판을 거니는 듯한 착각에 빠져들게 할 정도로 정겨움이 넘친다. 그러나 최근엔 아랍계 이민자들이 점점 거점확보에 주

력함으로써 우범지대로 악명을 떨치는 곳이기도 하다. 따라서 한인타운은 스트라스필드와 뉴타운, 뱅스 타운 등지로 점차 지역을 확대해가고 있는 실정이라 한다.

▷ 시드니 올림픽 공원(Sydney Olympic Park)

시드니올림픽 공원

2000년 9월 15일에 시드니 올림픽이 열린 주 경기장으로, 시내에서 서쪽으로 14km 떨어진 홈부시 베이에 위치한다. 홈부시는 원래 파라매타강의 진흙과 열대 우림에 묻혀있던 미개발지였다. 1800년대 초에는 농작용 토지 760ha가 개간된 이래 벽돌 제조장과 도축장, 산업 쓰레기 폐기장으로 사용되던 곳이다. 그후 1960년대에 육상 코스가 생기면서 기적과도 같이 급속히 발전하게 되어, 현재는 11만 개 좌석의 대형 스타디움을 갖추고 있다. 그밖에 15,300여 명의 선수를 위한 선수촌, 올림픽 빌리지, 수상 경기장, 국제 육상 경기장, 하키 필드, 주립 스포츠센터, 야구장, 골프 드라이브 레인지 등의 초대형 올림픽 공원이 들어서 있다.

(11) 맨리(Manly)

천연의 항구 시드니 만은 대륙에서 남태평양을 향하여 돌출 되어 있는 두 개의 반도 사이에 끼여 있는 바다이다. 이 두 반도는 북쪽을 노스 헤드, 남쪽을 사우스 헤드라고 부르는데 맨리는 노스 헤드에 위치한 휴양 도시로 세계 3대 미항 중 하나다.

맨리항구의 항공사진

맨리는 3명이 바다인 반도 형태이다. 주변에는 18개의 해수욕장이 있는데, 주 해변인 맨리 비치는 약 1.5km의 백사장이 펼쳐져 있어 서핑을 즐기기에 최적의 장소이다.

▷ 볼만한 곳

▷ 노스 헤드

맨리의 동쪽 바다를 향해 돌출된 노스 헤드에서 멋진 풍경을 감상할 수 있다. 맞은 편 해안의 사우스 헤드, 포트 잭슨, 남태평양 등 웅대한 경관이 끝없이 이어진다.

▷ 아트와 크래프트 마켓(Art & Craft Market)

맨리 비치에 있는 노스 스타인(North Steyne)에서는 매주 토요일, 일요일에 노천 시장이 들어선다. 아트 & 크래프트 마켓이라는 이름에 어울리게 대부분 손으로 만든 액세서리나 가죽 제품, 티셔츠, 양복, 인형 등을 취급한다. 수공예품이 중심을 이루고 있기 때문에 생각지도 않던 독특한 물건을 발견하게 되는 경우가 많다.

▷ 맨리 미술관과 박물관(Manly Art Gallery & Museum)
　맨리 베이가 보이는 곳으로 오션 월드 맞은편에 있다. 이곳에는 호주의 회화, 도자기, 만화, 사진 등이 전시되어 있는데 대부분이 20세기 초기부터 중기에 이르는 해변 풍경이다. 수영복 차림을 한 젊은 남녀의 일러스트, 해변에서 뛰노는 어린이들의 사진 등 포스터로 만들어 자신의 방에 걸어두고 싶을 정도로 다스한 분위기의 그림들이 많다. 입구 옆에 있는 선물가게의 엽서는 기념품으로 인기가 있다.

▷ 맨리 오션월드(Manly Oceanworld)
　맨리 선착장에서 서쪽으로 1~2분 간 곳에 벽돌지붕을 한 건물이 오션 월드로 수심 6m의 깊이로 만들어진 바다 속 수족관이다. 관내는 3개의 층으로 나누어져 있으며 아래층에는 약 100m나 되는 투명한 수중 터널이 있다. 상어, 노랑가오리, 물고기 무리 등이 천천히 헤엄치는 모습을 가까이 에서 볼 수 있어 꽤 흥미롭다. 100m의 수중 터널을 빠져 나오면 본관에 도착한다.
　지상층에서는 그레이트 베리어 리프의 열대어나 산호초를 볼 수 있다. 인기 있는 것은 매일 몇 차례 행해지는 상어 먹이주기와 물개 쇼 등을 볼 수 있다.

▷ 맨리 해변(Manly Beach)
　맨리 비치는 본다이 비치와 함께 인기 있는 해변 리조트로 세련된 분위기가 감돈다. 맨리의 파도는 강하고 크게 물결치는 것으로 알려져 있어 본다이와 마찬가지로 서핑의 메카가 되어 있다. 그렇지만 서퍼만 찾는 것은 아니고 1.5km나 이어지는 해변에서는 일광욕, 독서, 산책 등을 하며 각자의 시간을 즐긴다.

(12) 시드니 근교

▷ 볼 만한 곳

▶ 헉스베리 강(Hawkesberry River)

시드니 남부 해안

시드니에서 쉽게 갈 수 있는 관광지로써 북쪽으로 약 50km 떨어진 곳에 위치. 블루 마운틴에서 브로큰 베이로 흐르는 강으로, 상류는 네비안 강이라 부른다. 상류와 하류가 따로따로 발견되었기 때문에 지금도 다른 이름으로 구별되어 있다. 여기에서는 특히 크루징이 인기가 있는데, 절벽과 짙푸른 삼림이 어우러진 변화가 풍부한 강변은 찾는 이들의 눈을 즐겁게 해준다.

강을 건넌 곳의 다러그 국립공원(Dharug National Park)은 1만 년 전에 애버리지니가 조각했다는 암석의 작품을 감상할 수 있다.

▶ 헌터 밸리(Hunter Valley)

헌터 밸리는 남오스트레일리아의 바로사 밸리와 함께 호주 와인 산지로 유명한 곳이다. 시드니에서 북쪽으로 160km에 있는 헌터 밸리는 기복이 심한 구릉지대이다. 포도 재배가 매우 활발하다.

헌터 밸리의 포도원

호주 와인은 역사가 깊지는 않아 독일과 프랑스 와인에 비하면 아직 충분히 알려져 있다고는 할 수 없다. 하지만 와인 맛은 꽤 좋아 최근에는 국제적인 상도 많이 받았으며, 유럽을 비롯해 세계 각국에 널리 수출되고 있다.

▷ 올드 시드니 타운(Old Sydney Town)

올드 시드니 타운은 19세기 초기의 시드니를 그대로 복원한 곳으로, 호주판 '민속촌'인 셈이다. 입구에 발을 디디면 200년 이전의 식민지 대 유물들이 남아 있고, 거리를 걷는 사람들도 모두 당시의 복장을 하고 있다. 넓은 부지 내에서는 가는 곳마다 손님들로 북적거리는 어트랙션이 펼쳐지는데 군대가 마을 안을 행진하거나 죄를 지은 사람들에게 채찍을 가하는 등 박력 있는 장면을 보여 준다.

(13) 동물원

대자연이 살아 있는 시드니 교외에는 진귀한 동물을 만날 수 있는 동물원이 많다.

▷ 볼 만한 곳

▷ 페더데일 야생동물원(Featherdale Wildlife Park)

시드니 교외 블랙타운 부근에 있는 민간인이 경영하는 곳으로서는 주 최대의 규모를 자랑하는 곳으로 시드니 중심부에서 비교적 가깝고, 언제 가도 코알라를 안을 수 있는 곳으로 유명한 야생동물원이다. 코알라는 야행성이기 때문에 주간에는 대부분 잠을 자는 경우가 많지만, 이곳의 코알라는 사람들에게 익숙해져 있어서 깨어 있는 경우가 많다. 코알라 외에 캥거루, 월래비, 웜뱃, 크로커다일 등 호주에서만 볼 수 있는 동물들이 가득하다. 특히 호주에서도 드문 흰 캥거루 등도 직접 손으로 만질 수 있다.

▷ 호주 야생동물원(Australian Wildlife Park)

시드니 서부 루티 힐(Rooty Hill)에 위치한 유원지로 1990년 말에 오픈한 야생동물원으로 오스트레일리안 원더랜드 안에 있다. 코알라와 캥거루, 태즈매이니안 데블, 에뮤, 페어리 펭귄 등이 사육되고 있으며, 코알라를 안고서 촬영을 할 수 있다. 방목 코너는 언제나 사람들로 붐비는데 캥거루와 에뮤가 있어 직접 손을 뻗어 만져볼 수 있다. 그 외 뱀과 코알라의 이벤트도 즐길 수 있다. 수중에는 담수악어와 5개나 되는 거대한 염수악어도 볼 수 있다.

(14) 국립공원

▷ 볼 만한 곳

▷ 로열 국립공원(Royal National Park)

1878년에 국립공원으로 지정된 곳으로 호주에서 가장 오랜 역사를 자랑한다. 세계적으로 볼 때도 미국의 옐로 스톤에 다음 갈 정도로, 100년 전부터 그 아름다움이 사람들에게 감동을 주고 있다. 지금은 드라이브의 최적지로서도 인기를 얻고 있으며, 쉽게 원내로 들어갈 수 있도록 되어 있다. 공원 내의 드라이브 웨이는 원내를 남북으로 흐르는 호킨 강 연변을 달리고 있어 차창으로부터 뛰어난 경관을 즐길 수 있다. 이곳에서는 무지개 잉꼬, 쿠카바라, 왈라비, 바늘두더지 등 놀랄 정도로 다양한 종류의 새들과 동물들을 찾아볼 수 있다.

▷ 쿠링가이 체이스 국립공원(Ku-ring-gai Chase N.P.)

위에서 기술한 로열 국립공원에 버금가는 대표적인 국립공원. 시드니의 북쪽 25km, 팜 비치의 서쪽에 있다. 면적 1만 6천ha로 시드니 부근에서는 최대의 면적이다. 넓은 대자연 속에서 뛰노는 캥거루와 에뮤, 날아다니는 야생 조류, 군생하는 다양한 식물은 신선함을 맛보게 되는 아름다운 광경이다.

▷ 오스트레일리안 원더랜드(Australia's Wonderland)

총 면적 2.19km²라는 남반구 최대의 유원지로 원 내에는 골드러시, 메디벌 페어, 한나 바바라의 3개 영역으로 나누어져 있으며, 스릴 만점의 최첨단 놀이기구들이 배치되어 있다.

2.. 카툼바와 블루 마운틴(Katoomba & Blue Mountains)

카툼바는 시티에서 서쪽으로 약 100km 정도 떨어진 지역에 펼쳐진 구릉지대이다. 동해안과 내륙을 끼고 빅토리아에서 퀸즐랜드까지 이어지는 대분수령 산맥(The Great Diving Range)의 일부로서 협곡이나 폭포 등 변화무쌍한 풍경을 감상할 수 있다.

모든 산을 뒤덮은 유칼리 잎이 강한 태양 빛에 반사되어 푸르게 보이기 때문에 블루라는 이름이 붙었다. 국토 전체가 평탄한 호주에서 1000m급의 구릉이 이어지는 이 일대는 협곡, 폭포, 기암 등 경관은 변화무쌍하여 쾌

블루 마운틴

적한 당일치기 드라이브 코스와 시민의 휴양지로서 널리 알려져 있다.

시드니에서 차로 90분만 가면 조용하고 아름다운 블루 마운틴스가 있다. 가을의 황금빛, 겨울의 상쾌한 산 공기, 봄의 꽃들, 한가한 여름날들의 로맨스 등에 관한 이야기들로 블루 마운틴스는 해외 관광객들의 입에 가장 많이 오르는 관광지이다. 관광객들을 맞이하는 숙소는 아담한 여관에서 호화로운 호텔에 이르기까지 그 종류가 아주 다양하다. 블루 마운틴스 관광의 하이라이트로는 에코우포인드(Echo Point)의 세 자매봉(The Three Sisters), 제미슨 벨리(Jamison Valley)를 가로지르는 케이블카와 시닉 레일웨이(Scenic Railway), 그리고 카툼바의 경치 중심부에서 제놀란 케이브까지 이어지는 40km 거리의 식스푸트 트랙(Six Foot Track)등 호주에서 가장 좋은 등산길들이 있다.

▷ 볼 만한 곳

▷ 카툼바(Katoomba)

카툼바는 블루 마운틴 관광의 기점이 되는, 인구 약 2만 명의 작

은 마을이다. 일년 내내 기온이 온난하고 또한 영국풍의 거리를 비롯해 풍광이 밝고 아름답기 때문에 해외에서 오는 많은 관광객을 포함해 연간 100만 명 이상이 이곳을 찾는다.

▷ 에코 포인트(Echo Point)

이 지점은 카툼바 역으로부터 남쪽으로 걸어서 20분 정도 걸리는 곳. 연간 100만 명 이상의 관광객이 찾는, '리틀 그랜드 캐년'이다. 짙은 원시림으로 뒤덮인 한편에는 전망대가 있다. 여기에서 보는 세 자매 봉우리의 기암이나 재미슨 밸리의 숲은 절경이다. 이곳에서 원주민도 만날 수 있다.

▷ 사이크로라마 포인트(Cycrorama Point)

이곳에는 눈 아래로 펼쳐진 깊고 푸른 숲의 경관을 마음껏 즐기기 위한 공중 케이블과 시닉 레일웨이 등이 있다. 공중 케이블은 500m 정도를 가는데, 공중에서 바라보는 파노라마가 멋있고, 세계 제일의 경사를 자랑(약 40도)하는 시닉 레일웨이는 거리는 짧지만 절벽을 거꾸로 떨어지는 기분을 만끽할 수 있다.

▷ 세 자매 바위(The Three Sisters)

이곳에서 세 자매라는 기암과 첫 대면을 하게 된다. 이 기암이 세 자매라고 불리게 된 것은 애버리지니의 전설과 관련되어 있다.

세자매 바위

▷ 공중 케이블(Skyway)

카툼바 계곡 위 약 300m의 상공에서 공중 케이블을 타고 블루 마운틴을 감상한다. 이 케이블이 연결하는 거리는 500m 정도이며 360° 사방으로 펼쳐지는 블루 마운틴의 파노라마는 매우 신기하다.
공중 케이블에서 내려 카툼바 역까지는 데이트리퍼를 이용할 수도 있으며 걸어갈 수도 있다.

▷ 제놀란 동굴(Jenolan Caves)

제놀란 동굴

카툼바에서 남서쪽으로 80km 정도 더 들어간 곳에 있는 큰 종유동굴로 가장 인기가 높은 불커스 동굴을 비롯해 9개 동굴로 이루어져 있으며 내부는 아주 복잡해서 지금까지 탐색하지 못한 곳도 있을 정도이다. 혼자서는 들어갈 수 없으므로 가이드와 함께 가는 투어에 참가하는 것이 좋다. 내부에는 종유석과 석순이 만들어 낸 신비의 세계가 넓게 퍼져 있는 가운데, 관광객용 길과 조명 시설이 있는데 서로 뒤얽혀 있기 때문에 마치 환상의 세계로 들어서는 것 같다. 이곳은 100년 전 처음으로 공개된 이래 300만을 넘는 견학자가 찾았다.

3. 울런공(Wollongong)

시드니에서 남쪽으로 80km 정도의 거리, 로열 국립공원의 남쪽 입구에 있는 벌드 힐(Bald Hill)에서 제로아(Gerroa)까지 29개의 해변과 4개의 국립공원, 울창한 숲, 황금 모래사장 등의 변화무쌍한 자연이 펼쳐진 이 일대를 일라와라스 레저 코스트(Illawarra's Leisure Coast)라고 부른다. 이 곳의 중심지가 울런공이다.

울런공 시내 전경

뉴카슬과 함께 호주 최대의 제철도시로 발전하였다. 울런공의 서쪽에서는 양질의 점결탄이 생산되고 있어 포트켐블라에 큰 제철소가 세워질 수 있었다.

▷ 볼 만한 곳

▷ 울런공 해변

울런공의 대표적인 볼거리는 수산물 시장과 신선한 시푸드 레스토랑, 그리고 마을 끝의 옛 등대(Old Light-house)이다. 울런공 마을의 문화와 역사를 말해 주는 갤러리와 역사박물관도 있다. 마을 북쪽의 노스 비치는 남부 해변보다 파도타기에 좋아 여름에는 각지에서 서퍼들이 몰려든다.

▷ 울런공 식물원(Wollongong Botanic Garden)

중심가에서 약 4km 떨어진 지점, 울런공 대학 맞은편에 플레전트 산이 바라다 보이는 곳에 있다. 총 면적 27ha의 넓은 부지에는 선인장 등 건조 지대 식물에서 열대우림의 식물에 이르기까지 각

양각색의 수목과 꽃들이 자라고 있다.

▷ 무라마랑 국립공원

울런공 남쪽의 해안은 아직은 관광객이 적은 NSW 비장의 장소이다. 서핑 비치가 있으며 서쪽에는 캥거루나 야생 조류의 보고(寶庫)로 알려져 있는 무라마랑 국립공원(Murramarang National Park)이 있다.

4. 북부 해안 지대(North Coast of NSW)

NSW 북부에는 아직 외국인들에게 널리 알려지지 않은 휴양지가 많다. 여름철이 되면 강렬한 햇볕이 내려 쬐는 해변에서 수상 스포츠를 즐기기 위하여 호주인들이 많이 몰려드는 곳으로 보다 호주적인 리조트를 즐길 수 있는 곳이다.

▷ 볼만한 곳

▷ 포트 스티븐스(Port Stephens)

시드니 북쪽으로 약 200km, 뉴캐슬에서 약 20km 북쪽에 있는 넬슨 베이(Nelson Bay)를 중심으로 하는 반도 일대를 통칭 포트 스티븐스라고 부른다. 시드니에서 비교적 가까운 거리에 위치한 까닭에 시드니 시민들의 주말 리조트 타운으로 알려져 있으며 백패커스 호스텔에서 홀리데이 플랫, 일급 리조트 호텔에 이르기까지 다양한 숙박시설이 있다.

▷ 뉴캐슬(New Castle)

뉴캐슬은 뉴 사우스 웨일스에서 두 번째로 큰 도시이자 호주에서 가장 큰 항구이다. 시드니에서 북쪽으로 167km 떨어진 헌터 강 하구에 있는 이 도시는 거대한 제강소를 비롯해서 중공업 공장들이 밀집한 산업과 상업 중심지이다. 또한 헌터 밸리에서 나는 석탄의 수출항이기도 하다.

▷ 포트 매쿼리(Port Macquary)

뉴 사우스 웨일스 북부 해안에 있는 최대의 휴양지로 시드니에서 남쪽으로 430km 지점에 있다. 1821년 건설된 호주에서 가장 오래된 도시의 하나인데 1840년까지는 죄수들의 정착지였다. 현재 인구는 3만 명이다.

당시의 모습을 전해 주는 헤이스팅 역사 박물관(Hasting Historical Museum)이 시내 중심의 클라렌스 스트리트(Clarence St.)에 있다.

▷ 해변 열대림 센터(Sae Acres Rainforest Centre)

이곳은 다양한 종류의 수목이 서식하고 있는, 72ha 규모의 광대한 열대림 자연학습장이다. 30cm의 키 작은 나무에서부터 하늘을 가리는 높이 7m의 거인 나무를 가까이 에서 관찰하기 좋은 곳이다. 가장 볼 만한 나무는 수령 300년이 넘은 '캐비지 트리 팜(Cabbage Tree Palm)'과 140만년 전 공룡이 즐겨 먹던 '볼와라 나무(Bolwarra Tree)'이다. 숲 속에는 108종의 야생조류와 포유류 22종, 파충류 16종이 함께 공존한다.

▷ 코프스 하버(Coffs Harbour)

포트 매쿼리에서 150km 정도 떨어진 곳에 위치한다. 이곳 역시

NSW 북부 해안 리조트 중심지의 하나로 수영이나 서핑, 스쿠버 다이빙 등의 수상 스포츠는 물론이고 교외에 있는 님보이다 강(Nymboida River)에서는 급류타기(Rafting)도 즐길 수 있다. 그야말로 수상 스포츠의 천국이라 할 수 있다. 인구 약 6만 명으로 부근에서는 비교적 규모가 큰 마을이다.

1800년대 말에는 연필과 침목, 가구의 주재료인 연필향나무가 대량 재배되어 목재산업이 활기를 띠었다. 뿐만 아니라 아보카도와 블루베리 등의 과일 재배로 호황을 누리게 되었다. 그 중에서도 바나나 산업이 호주 최대 규모로 번창함으로써 이 일대가 '바나나 코스트'라 불리게 되었다.

▷ 빅 바나나 농장(Big Banana)

코프스 하버에서 퍼시픽 하이웨이를 따라 시내의 북쪽 3km 지점에 위치한 45acre 규모의 바나나 농장이다. 입구에 전시된 대형 바나나는 콥스 하버의 애칭인 바나나 코스트가 연상될 정도로 거대한 크기를 자랑한다.

▷ 바이런 베이(Byron Bay)

이곳은 시드니에서 약 800km. 대륙의 최 동부에 해당하며 해안선의 경관이 멋지다. 여기까지 가면 분위기는 더욱 골드 코스트에 가까워진다. 지명에 나타난 바이런은 영국의 시인인 바이런의 조부 이름을 딴 것으로 1760년대에 바이런의 조부와 함께 이곳으로 항해를 했기 때문에 제임스 쿡 선장이 이 이름을 붙였다.

바이런 베이는 전체 동쪽 해안 중 관광객들의 발길을 가장 많이 붙잡는 매력적인 곳이다. 뛰어난 해안 경치와 쾌적한 기후를 가진 작고 평화로운 해안 도시이다. 이곳은 자연을 보존하려는 환경운동이 적극적으로 벌어진 곳이다.

▷ 바이런 곶 등대(Cape Byron Lighthouse)
 호주 대륙 최 동단에 위치한 등대로, 호주에서 가장 밝은 빛을 내는 등대 중 하나이다. 바이런 곶은 1768~1771년 제임스 쿡 선장이 이곳을 탐험할 때 해양 탐험가인 친구 존 바이런(영국의 시인인 바이런의 조부)의 이름을 따서 지은 지명이다. 푸른 물결과 어우러진 하얀 등대가 빛을 받아 눈이 부실 정도이다.

▷ 두보(Dubbo)
 시드니에서 420km쯤 떨어진 곳인 두보에서는 옛 가옥들과 대규모의 농업 지대, 양과 소를 치는 목장이 있는 전형적인 농촌이다. 인구는 약 4만 명.

▷ 두보 구 감옥(Dubbo Old Gaol)
 1887~1966년까지 죄수들이 수감되었던 감옥으로, 호주에서 세 번째로 큰 규모를 지닌 수용소이다. 원래 법정으로 사용되던 건물을 1863년에 법정이 근처로 이전하면서 감옥으로 활용되었는데, 1866년에 조니 더나라는 죄수가 탈출하자 정문과 담장을 새로이 축조하여 공식적인 두보 감옥으로 문을 열게 되었다.

▷ 웨스턴 플레인 동물원(Western Plains Zoo)
 호주에서 가장 큰 동물원으로, 두보 관광의 하이라이트이다. 시내에서 서남쪽으로 5km 떨어져 있다. 300ha나 되는 넓은 규모에 벵갈 호랑이와 아이새틱 사자, 아프리카 코끼리 등을 비롯해 약 800여 마리 이상의 동물이 사육된다. 동물원 내부는 총 6km의 순

환도로로 이어져 있다. 두보로 이동이 힘들 경우 자전거를 대여하거나 자가운전으로 둘러볼 수 있다.

5. 서부(West of NSW)

▷ 볼만한 곳

▷ 바터스트(Bathurst)

NSW의 서부도시 바터스트를 비롯한 카우라(Cowra), 오렌지(Orange), 파크스(Parkes) 등 시드니 서부의 중앙평야는 농업, 목양지대로서 알려져 있다. 그 가운데 시드니에서 210km에 있는 바터스트는 호주에서 가장 오래된 내륙 마을로, 일찍이 골드 러시의 중심지였기 때문에 지금도 빅토리아 시대의 거리풍경이 비교적 원상 그대로 남아 있다.

6. 스노위 마운틴(Snowy Mountains)

대분수령 산맥의 남부, 호주 최고봉인 코시우스코 산(Mt. Kosciusco, 2,228m)을 중심으로 펼쳐지는 스노위 마운틴은 호주 최고의 스키 리조트로써 주목을 받고 있다.

▷ 볼 만한 곳

▷ 쿠마(Cooma)

인구 약 8000명의 작은 마을이지만 코시우스코 국립공원(Kosiousko National Park)과 스노위 마운틴으로 갈 때는 반드시 여기를 통과해야 하기 때문에 관광객으로 늘 붐빈다.

마을에서 인상적인 것은 시내의 국기거리(The Avenue of Flags)로 27개국의 국기가 게양되어 있다. 이 국기들은 스노위 마운틴에 최초로 만들어졌던 댐, 스노위 마운틴 수력발전소(Snowy Mountains Hydro-Electric Scheme) 공사 때 세계 27개국에서 이곳으로 일하러 온 사람들에 대한 우정과 감사의 상징이다. 쿠마 주변에 13개의 댐으로 만들어진 호주 최대의 수력발전소가 있다.

▷ 스노위 마운틴(Snowy Mountains)

호주에서 가장 큰 코시우스코 국립공원의 일부인 험준한 산악지대. 특히 스키 리조트가 많은 것으로 그 이름이 알려져 있다. 북반구에서 오는 여행자에게 있어서는 7~9월에 스키를 탈 수 있는 것이 가장 큰 매력이다. 유럽 각국의 내셔널 팀도 여기에 캠프를 친다.

제 3 장 빅토리아(Victoria)

1835년 태즈메이니아 섬에 살던 이주민들은 고래잡이와 탐험가들로부터 '녹음이 풍요로운 땅이 있다'라는 이야기를 듣고 바다를 건너서 야라 강기슭에 정착하기 시작하였다. 뉴 사우스 웨일스 총독은 불법 점거라고 비난을 하였으나 이주자는 계속 늘어나 1851년에는 빅토리아 주로서 인정을 받음. 빅토리아 주는 지금도 호주에서 영국의 분위기가 가장 많이 남아 있는 지역이다. 주도인 멜버른은 런던을 옮겨 놓은 듯한 인상이며, 야라 강은 마치 템스 강과 같은 느낌을 준다.

태즈메이니아 다음으로 작은 주이지만 주도인 멜버른은 캔버라가 수도로 지정되기 이전엔 1926년까지 호주 연방의 수도였고 빅토리아 주의회 의사당은 당시의 국회의사당이었다. 멜버른의 시민은 시드니나 캔버라에 대한 라이벌 의식이 강하고 플레밍턴 경마장의 멜버른 컵 레이스나 멜버른 크리켓 그라운드는 호주를 대표하는 곳이라는 자부심이 대단하다. 국영 방송인 라디오 호주(ABC)의 본거지 역시 멜버른에 있다.

빅토리아를 지탱해 주는 것은 멜버른을 중심으로 하는 산업 자본과 머레이 강 주변의 농목 지대이다.

멜버른 심포니나 미술관, 극장 등의 문화적인 수준도 호주에서 가장 높다. 전통을 자랑하는 빅토리아이지만 한편으로는 시대의 첨단을 걷는 근대적인 도시이며 국제적인 도시이기도 하다.

빅토리아 주는 호주에서 가장 경관이 뛰어난 해안선을 따라 있는 그레이트 오우션 로드(Great Ocean Road), 골드 러시 시절에 번창했던 금광마을, 포도농장, 고원지대 등을 자랑한다. 인구는 약 450만 명이다.

빅토리아 주에서는 만 6~15세 사이의 의무 교육이 실시된다. 초, 중등교육 기관으로는 수업료가 없는 공립학교(2,118개)와 주로 카톨릭 교회에서 운영하는 734개 사립학교가 있다.

대학은 멜번 시와 그 밖의 여러 농촌 도시에 있으며 대학(University of Melbourne, Monash University, La Trobe University, RMIT University, Victoria University of Technology, Deakin University)의 학생 수는 4만여 명이 된다.

1. 멜버른(Melbourne)

호주의 시드니를 남태평양의 뉴욕이라고 한다면 멜버른은 남태평양의 런던이라고 할 수 있다.

인구가 330만 명 정도 되는 호주 제2의 도시로 캔버라가 탄생하기 이전까지는 호주 연방의 수도였다. 바둑판 무늬로 세워진 도심에는 빅토리아 양식의 중후한 건물들이 늘어서 있으며, 거리에는 영국풍 신사와 숙녀, 그리고 제복을 입은 명문교 학생들의 모습이 눈에 많이 띈다.

멜버른 시내와 야라 강

멜버른에는 아직도 트램(시가 전차)이 남아 있다. 경적 소리를 내면서 천천히 시가지를 달리는 트램의 모습은 멜버른의 상징이라고 할 수 있다. 트램의 차창 밖으로 보이는 거리의 모습은 마치 영국을 그대로 옮겨다 놓은 듯하지만 그 트램을 운전하는 운전기사나 차장 중에는 남 유럽계, 중국계, 중근동계 출신이 많다.

이곳은 '가든 시티'라는 별칭에 알맞게 수많은 초록빛 정원이 있어 편안하고 밝은 인상을 준다. 야라 강을 중심으로 남북으로 갈라져 있다.

멜버른은 문화, 예술, 금융분야에서 세계적 중심지로 알려져 있다. 1956년 올림픽 개최지인 멜버른에서는 일년 내내 미술 전시회, 연극, 음악 공연 등이 끊임없이 열리며, 특히 세계 4대 테니스 대회인 호주 오픈, 포뮬라 1 그랑프리 자동차 경주대회, 그리고 호주 전역이 몇 분 동안 숨죽이고 관전하는 경마 대회인 멜버른 컵 등은 멜버른을 국제적인 도시로 알리는데 기여하였다.

▷ 볼 만한 곳

▷ 시내 중심

플린더스 스트리트를 중심으로 한 시내는 멜버른에서 가장 번화한 상업지역일 뿐만 아니라 구 건축물이 많이 남아 있는 역사적인 명소이다. 구 건축물에 대한 상세한 정보는 관광 안내소에 비치되어 있는 'Heritage Walk' 브로셔를 참조한다. 시내 중심 관광 코스는 플린더스 스트리스 역 출발→세인트 폴 성당→시티 스퀘어→타운 홀→버크 스트리트 몰→멜버른 센트럴→주립도서관→빅토리아 국립박물관→구 멜버른 감옥→차이나타운→중국박물관→주 의사당→재무성 빌딩→세인트 패트릭 성당→파리엔드 쇼핑 거리→피츠로이 가든→리얄토 전망대 혹은 소피텔 호텔 35층 야경→크라운 카지노로 이을 수 있다.

▷ 피츠로이 정원(Fitzroy Gardnes)

피츠로이 정원

시내 동쪽에 있는 아름다운 정원으로 예전에는 이곳이 블루 스톤의 채석장이었다고 한다. 공원은 제임스 싱클레어에 의해 설계되었는데 영국 국기 유니언 잭을 본뜬 레이아웃이 독특하다. 소피텔 호텔 35층 레스토랑 창가에서 보면 유니언 잭과 유사한 공원의 모습을 확인할 수 있다. 원내에는 16세기 영국 튜더 양식의 교회, 집 등의 미니어처를 전시한 튜더 빌리지(Tudor Village)와 사시사철

열대식물의 꽃이 피는 온실(Conservatory), 또 유칼리 나무에 동화 속 요정과 동물들을 조각한 요정의 나무(Fairy Tree), 1만 장 이상의 타일로 장식한 멜버른 예술의 길(Melbourne Arts Paths) 등 볼거리가 풍부하다.

또 이곳에는 호주를 발견한 캡틴 쿡의 집(Captain Cook's Cottage)이 있다. 제임스 쿡이 유년시절을 보냈다고 하는 이 집은 원래 영국 요크셔에 있었던 것이지만 1934년 빅토리아 주 백년축제를 기념하여 이축하였다. 18세기 중반 영국 북부민가의 전형적인 모습을 보여 주는 석조가옥 내부는 당시 모습 그대로 재현되어 있으며 쿡의 애장품도 전시되어 있다. 영국에서 오두막집을 수송한 경로들이 자세히 기록되어 있다.

▷ 리얄토 전망대(Rialto Towers)

이곳은 콜린즈 스트리트에 있는 전망대로, 남반구에서 가장 큰 55층의 오피스 빌딩의 높이인 253m에서 멜버른 시내를 360도로 관찰할 수 있는 곳이다. 특히 멜버른 공원과 MCG, 크라운 카지노 등이 한 눈에 시원스레 펼쳐지는 광경을 볼 수 있다.

▷ 플린더스 스트리트역(Flinders Street Station)

멜버른의 트램과 어우러져 고풍스런 분위기를 자아내는 건물로, 르네상스 풍의 외관이 아름다운 이 역은 1910년에 세워졌으며 현재 역사 이전의 구역에서는 1854년 호주 최초의 기차가 출발하기도 하였다. 역사의 돔은 런던의 성 바오로 성당을 본떴는데 바로 동쪽에 있는 프린세스 다리의 아치와 어우러지면서 영국적인 이미지를 자아내고 있다. 한편 정면입구에는 오래된 시계탑이 있는데 시계탑 밑은 'under the Clock'이라 하여 남녀의 만남의 장소로 인기가 높다.

▷ 구 재무성 빌딩(Old Treasury)

구 재무성 빌딩은 관청이 밀집된 지역에 1862년부터 5년에 걸쳐 완성된 신 고전양식의 건물이다. 멜버른의 특산품인 블루 스톤과 벽돌로 건조되어 멜버른에서 가장 아름다운 건축물로 일컬어지며 입구의 계단과 가로등이 특히 아름답다. 건물 뒤쪽으로는 신 재무성을 비롯한 연방정부의 현대적인 빌딩가가 형성되어 있어 대조적인 모습이다.

▷ 성 바오로 성당(St. Paul's Cathedral)

이 성당은 1891년 완성된 멜버른의 수많은 교회 중에서도 19세기 고딕 재흥기에 만들어진 건축물의 걸작 가운데 하나다. 설계자는 건축가 윌리엄 버터필드. 전형적인 고딕 양식의 첨탑을 가지고 있으며 교회 내부는 세밀한 그림이 그려진 타일 바닥과 스테인드글래스로 장식되어 있어 멜버른의 여러 성당 중 가장 우아함이 돋보인다.

▷ 세인트 패트릭 성당(St. Patrick's Cathedral)

호주 최대의 카톨릭 성당으로, 1863년에 세인트 폴 성당을 설계한 윌리엄 버터필드에 의해 건축된 고딕 양식의 건물이다. 블루 스톤과 내부의 스테인드글래스가 아름답게 조화를 이루었으며, 첨탑의 높이는 무려 103m에 이른다. 밤에 비치는 조명은 환상적인 미를 나타낸다.

▷ 주 의사당(Parliament House)

그리스 풍의 중후한 석조건물 정면에 있는 9개의 도리아식 기둥이 웅장한 멋을 풍기는 건물이다. 1851년에 빅토리아 주가 뉴 사우스 웨일스 주로부터 분리된 후 1856년에 건립되었는데, 당시 빅토리아 지역의 골드 러시로 인한 경제적 부흥을 그대로 반영한 건축물로 내부 장식도 상당히 호화롭게 꾸며져 있다. 호주 최초의 주 의사당으로 1901년부터 호주 연방이 성립되어 수도를 캔버라로 이전한 1926년까지 연방 국회 의사당으로 사용되던 곳이다.
1926년 이후부터 빅토리아 주 의사당으로 사용되고 있다. 의회 개회 중 이외에는 내부 견학이 가능하다.

▷ 타운 홀(Town Hall)

빅토리아 양식의 건축물로, 우뚝 솟은 시계탑이 인상적이며 야간 조명이 아름다운 곳이다. 2층에는 관공서가 있으며 1층에는 빅토리아 관광청과 콘서트 홀, 전시관이 자리하여 시민들을 위한 문화 공간으로 활용된다. 1867년에 착공하여 3년만에 완성된 건물이다.

▷ 구 멜버른 감옥(Old Melbourne Gaol)

1851년에 세워져 1941년까지 감옥으로 사용된 곳으로 당시 골드 러시에 의한 범죄가 증가하자 이 죄수들을 수용하기 위해 세워졌으며 폐쇄될 때까지 5만 명의 죄수가 이곳에 있었다. 현재는 문과 독방 등 일부만 남아 박물관으로 공개되고 있다. 이곳은 호주 범죄사상 가장 유명한 의적 네드 켈리(Ned Kelly)가 처형된 장소로도 유명한데 내부에는 그의 데드마스크를 비롯해 고문도구와 교수대 등도 전시되어 있다. 켈리는 은행에서 훔친 돈을 가난한 이웃들에게 나누어주고 사람을 죽이지 않는 의적으로 알려졌다.

▷ 파리 엔드(Paris End)

콜린스 스트리트에서도 러셀 스트리트와 스프링 스트리트 사이를 파리 앤드라고 한다. 이곳은 100년이 넘은 플라타너스 나무들 아래로 아름다운 상점들과 유럽풍의 카페테라스가 이어진 쇼핑의 거리. 특히 저녁 무렵이면 다양한 조명시설이 펼쳐내는 일루미네이션이 무척이나 아름답다.

액시비션 스트리트 근처에는 높이 182m, 52층의 위용을 자랑하는 나우루 하우스(Nauru House)가 있다. 8각형의 모던한 외관이 독특한 이 건물은 나우루 공화국의 링 광석회사가 설립하였으며 지하에는 쇼핑가가 형성되어 있다. 또 맞은편에는 고급 쇼핑 센터와 일류상점들이 밀집한 콜린스 플레이스(Collins Place)도 있다.

▷ 빅토리아 국립박물관(National Museum of Victoria)

1854년에 설립된 역사와 기술, 지질학, 고고학 등의 자연과학을 총망라한 전시품으로 인기 있는 박물관이다. 내부에는 고대 이집트에서 발굴된 소장품을 비롯해 애버리지널 문화와 생활풍습을 알 수 있는 자료들이 광범위하게 전시되어 있다. 2층 플라네타륨에서는 우리 나라에서는 볼 수 없는 남십자성과 마젤란 성운 등 아름다운 남반구의 별자리를 감상할 수 있다.

박물관에서 가장 볼 만한 구경거리는 호주 경마 사상 최다 우승으로 유명한 명마 파랩(Phar Lap)의 박제품이다. 연간 50만 명이 관람하며 1,200만점이 수집되어 있다.

▷ 주립도서관(State Library)

주립도서관은 국립박물관에 인접한 그리스 양식의 건물로 1854년에 개관하였다. 건물은 4개 층으로 되어 있으며 거대한 천장과 탁 트인 중앙 홀이 장엄한 분위기를 풍긴다. 100만 권 이상의 서적을 소장하고 있으며 특히 6만 부 이상의 신문 컬렉션과 세계 최대 규모의 8각형의 열람실이 있는 것으로 유명하다. 그밖에 지도나 회화, 멜버른의 역사적인 인물들이 사용했다고 하는 책상 등도 전시하고 있다. 이곳에서 인터넷을 무료로 사용할 수 있다.

▷ 차이나타운(Chinatown)

이곳은 1850년대에 골드 러시 붐을 타고 이주해 온 중국 이민자들에 의해 형성된 중국인 거리로, 두 개의 붉은 색 기둥이 떠받치고 있는 이주문이 차이나타운임을 알리는 현판 구실을 하고 있다. 좁은 골목 사이에는 중식 식당과 한약방, 중국 식품점 등이 빽빽이 들어서 있다.

중호 역사박물관도 있는데 이곳에 중국 유물이 많다. 또한 세계에서 가장 큰 용을 볼 수 있다.

▷ 미트 마켓 공예센터(Meat Market Craft Centre)

거의 100년의 역사가 있는 멜버른 육류시장 건물을 개조한 공예센터이다. 내부에는 세라믹과 가죽, 유리, 금속, 섬유, 목재 등 다양한 재료의 호주 고급 수공예품을 직접 제작, 전시, 판매하는 공방이 있다. 독특한 모양을 지닌 작품들이 많은 곳으로, 호주인들의 예술에 관한 애착을 살펴볼 수 있는 곳으로 공예품을 구입할 수도 있다.

▷ 왕립 멜버른 동물원(Royal Melbourne Zoological Gardens)

이곳은 시에서 북쪽으로 4km, 로열 공원 근처에 있으며, 1862년에 개원하여 세계에서 세 번째로 오래된 동물원이다. 22ha의 광대한 원내에 336종, 약 3,000마리의 동물, 조류, 나비류가 사육되고 있는데, 캥거루나 에뮤를 가까이 에서 동물들의 생태를 관찰할 수 있다. 특히 야행성인 동물로 어두운 수조 속에서 헤엄치는 오리너구리가 인상적이며 코알라 등 호주의 동물 이외에 마운틴 고릴라도 볼 만하다. 그 외에 이곳에는 호주에서 하나밖에 없는 나비 하우스(Butterfly House)가 있는데 온실 속에서 아름다운 꽃들 사이로 날아다니는 수많은 나비들의 환상적인 모습을 관찰할 수 있다.

▷ 플래그스태프 공원(Flagstaff Gardens)

시내의 북서쪽, 약간 높은 구릉 위에 있는 공원으로 옛날에는 백인 이주민들이 묻혔기 때문에 베리얼 힐(Burial Hill)이라고 불렸다. 멜버른 항구가 내려다보이는 이곳에 출항, 입항을 알리는 신호소가 세워졌다. 1850년에 빅토리아 식민지의 탄생(NSW로부터 분리)을 발표한 것도 바로 이 공원에서이다.

공원 앞으로 저 멀리 항구의 맞은편에 있는 거대한 다리는 웨스트 게이트 브리지이다. 이곳에서 최근 뉴스가 많이 교환되고 있다.

▷ 야라 강(Yarra River)

야라 강을 사이에 두고 북동쪽에는 야라 공원, 국립 테니스센터, 플린더스 공원, 올림픽 공원, 엔테테인먼트 센터 등이 있으며, 강의 맞은 편에는 도메인(Kings Domain), 왕립 식물원(Royal Botanic Gardens) 등이 위치한다. 이 일대는 빅토리아 주의 애칭 '정원의 주(Garden State)'라는 별명이 꼭 들어맞는 곳이다.

스포츠 공원 일대의 맞은 편에도 총면적 100ha이상 되는 공원이 펼쳐져 있다. 북쪽으로부터 알렉산드라 공원, 퀸 빅토리아 공원,

도메인, 왕립 식물원 등으로 이어진다. 세인트 킬더 로드(St. Kilda Rd.), 도메인 로드(Domain Rd.), 야라 강으로 둘러싸인 일대가 전부 공원이다.

▷ 멜버른 콘서트 홀(Melbourne Concert Hall)

이곳 콘서트 홀은 멜버른 교향악단의 본거지로 5,800명을 수용할 수 있는 커다란 홀이다. 내부는 호주 대륙을 상징하는 편안한 색상으로 통일되어 있다. 퍼포밍 아트 뮤지엄(Performing Art Museum)에서는 무대의상과 포스터, 무대장치의 모형 등 2만여 가지의 소품들을 전시하고 있다.

▷ 왕립식물원(Royal Botanic Gardens)

자연환경이 아름다운 영국식 정원으로 1845년에 개원하였다. 약 41ha의 광대한 부지에는 연못과 산책로 등이 아름답게 배치되어 있으며, 호주 유칼리를 시작으로 세계에서 모인 1만 2,000종의 식물이 재배되고 있다. 연못에서 노는 오리와 흑조의 모습도 관찰할 수 있다.

▷ 킹스 도메인(Kings Domain)

이곳은 야라 강 남쪽에 있는 광대한 정원으로 왕립 식물원, 퀸 빅토리아 공원과 맞닿아 있다. 공원 내에는 1만 명의 관객을 소화할 수 있는 야외 음악당인 '시드니 마이어 뮤직 볼(Sydney Myer Music Bowl)'이 있다. 킹스 도메인의 주요 볼거리는 빅토리아 초대 총독 관저인 '라 트로브 저택(La Trobe Cottage)'으로, 1839년에 영국에서 축조된 건물을 선박으로 우송해 온 목조 오두막집이라 한다.

▷ 코모 하우스(Como House)

왕립식물원 남쪽에 있는 테라스 하우스의 원형으로 코모라는 이름은 북 이탈리아의 호수에서 따온 이름이다. 1840년대에 세워진 이래 1959년 문화재단인 내셔널 트러스트가 매입하기까지 멜버른의 상류층 인사에 의해 소유되어 왔다. 내부 장식이나 가구는 당시의 모습 그대로 보존되어 있으며 매일 밤 80명 이상의 손님을 초대했었다는 무도회장은 매우 화려하다. 2층으로 올라가면 어린이 놀이방이나 침실 등이 있다. 특히 주목할 곳은 휴대용 화장실이 있는 침실이다. 또한 차고에 있는 클래식 카도 볼 만하다. 또한 어린이 방, 19세기의 고가구 등이 인상적이다.

▷ 멜버른 센트럴(Melbourne Central)

주립박물관 맞은 편에 있는 멜버른 최대의 쇼핑센터이다. 1991년 완성된 곳으로 역사는 짧지만 원추형의 지붕은 멜버른의 새로운 얼굴로 자리를 잡고 있다. 리틀 론스데일 스트리트(Little Lonsdale St.)를 사이에 두고 남쪽에 세워진 쇼핑센터와 2층의 통로로 연결되어 있다. 거기서 또 다시 한 블록 남쪽에 위치한 마이어 백화점과도 통로가 연결되어 있어 그야말로 세 블록에 걸친 거대한 쇼핑센터를 형성하고 있다.

멜버른 센트럴에는 150여 개가 넘는 전문 상점과 레스토랑이 입주해 있으며 그밖에 탁아소, 수유실, 여성 전용 휴게실, 유모차 대여점 등 서비스 시설도 구비되어 있다.

▷ 퀸 빅토리아 마켓(Queen Victoria Market)

엘리자베스 스트리트와 빅토리아 스트리트의 교차로에 있는 시장으로 멜버른에서 가장 오래된 것이다. 1859년 멜버른 노스게이트에 야채시장으로 건설된 뒤 점차 말과 양, 돼지 등의 교역장으로 이용되다가 1869년 현재와 같은 벽돌 건물로 모습을 드러냈다. 6.5ha의 부지 내에는 고기, 생선, 야채 등의 신선한 식료품을 시작으로 일용품, 의류를 파는 상점이 500곳 이상이나 늘어서 있는데 종류가 다양하며 값도 무척 저렴하다. 또 일요일에는 골동품 시장이 열린다.

▷ 빅토리아 아트센터(Victorian Arts Centre)

빅토리아 아트센터

멜버른 야라 강 남쪽에 있는 멜버른의 종합 문화센터로, 3개의 극장과 콘서트홀, 빅토리아 국립미술관으로 나누어져 있다. 높이 115m의 백색 첨탑이 인상적인 건물로 트램과 함께 멜버른의 상징이다. 특히 야경이 아름답기로 유명한 곳이다. 백색 첨탑은 설계자 로이 그라운스가 발레리나의 무용 스커트를 형상화한 것이다. 빅토리아 주 예술활동의 중심지가 되고 있다.

▷ 빅토리아 국립박물관(National Gallery of Victoria)

호주 최대의 미술관. 물위에 떠 있는 듯한 이미지의 건물 자체도 뛰어나지만 정면에 있는 아치와 연못, 3개의 아담한 정원이 무척 아름다우며 특히 7,000조각의 스테인드글래스로 장식된 중앙 홀의 둥근 천장은 놓칠 수 없는 볼거리다.

관내에는 애버리지니 아트를 시작으로 콜로니얼 풍 오스트레일리아 아트, 렘브란트, 모네, 세잔 등의 유럽 회화, 아시아의 조각, 현대미술, 잉카. 마야 등 고대 유적물 등 2만 5,000점 이상의 컬렉션이 소장되어 있다. 특히 피카소의 '울고 있는 여인(Weeping Woman)'은 인기가 높다. 중앙정원에는 로댕과 무어의 조각도 있다. 호주 최고 화가들의 작품들도 많다.

▷ 웨스트게이트 다리(Westgate Bridge)

길이 2,852m, 폭 37.34m로 호주에서 가장 긴 다리다. 1978년에 개통되었는데 원래는 2개의 고속도로였던 것을 연결해서 하나의 다리로 만들었다. 멜버른과 남서에 있는 항구마을 절롱을 연결하고 있다.

▷ 리폰 리(Rippon Lea)

리폰 리는 시에서 남쪽으로 8km 떨어진 곳에 있는 5.3ha 규모의 아름다운 정원에 지어진 빅토리아 양식의 호화저택이다. 1868년에 사업가 프레드릭 토마스 서굿에 의해 15개의 방을 갖춘 로마네스크 양식의 저택으로 축조되었다. 그 후 1930년대에 33개의 방과 무도장, 수영장을 갖춘 대규모 저택으로 증축되었다. 코모 하우스에 비해 월등히 화려한 면모를 갖춘 저택으로 내부에는 고급 골동품 가구와 장식품이 놓인 거실과 식당, 침실, 욕실 등이 고루 갖춰져 있다.

그밖에 스테인드글래스가 특히 볼 만하다. 리폰 리의 주요 볼거리로는 호수와 폭포, 온실, 장미 정원 등이 아기자기하게 꾸며져 있는 우아한 분위기의 정원을 들 수 있다.

2.. 멜버른 근교(Around Melbourne)

멜버른 근교에는 풍요로운 자연과 함께 코알라에서 페어리 펭귄에 이르기까지 진귀한 동물들을 만날 수 있는 관광명소들이 많다.

▷ 볼 만한 곳

▷ 단데농 산(Mt. Dandenong)

시에서 동쪽으로 60km 떨어진 표고 633m 높이의 단데농 산 정상에는 전망대가 있어 멜버른 시가와 포트 필립 만을 한 눈에 내려다볼 수 있는데 특히 야경이 매우 아름답다. 레스토랑도 있으므로 야경을 바라보며 디너를 즐길 수도 있다.

한편 전망대에서 조금 내려가면 윌리엄 리케츠 자연보호구(William Ricketts Sanctuary)가 나온다. 고사리와 유칼리 나무가 무성한 6ha의 원내에는 세계적인 조각가 윌리엄 리케츠의 작품인 애버리지니 두상이 전시되어 있다.

▷ 펭귄 퍼레이드(Penguin Parade)

필립섬의 펭귄 퍼레이드

필립 섬에서의 관광은 매년 50만 명의 관광객이 찾아드는 페어리 펭귄 퍼레이드가 단연 으뜸이다. 먹이를 찾으러 바다로 나갔다가 해가 지면 둥지로 되돌아오는 작은 펭귄들의 뒤뚱거리는 행진은 귀엽기 그지없다. 서머랜드 비치에 있는 펭귄 보호구(Penguin Reserve)에서 볼 수 있는 페어리 펭귄은 크기가 30~50cm에 불과한, 세계에서 가장 작은 펭귄으로 '리틀 펭귄'이라고도 불린다.

▷ 야생 코알라 보호구역(Koala Reserve Centre)

섬의 동쪽, 하비슨(Habison)과 필립 아일랜드 로드 사이에는 야생 코알라의 보호구역이 있다. 산책로를 따라 심어져 있는 나무 위로 코알라가 있는 것을 쉽게 찾아볼 수 있는데 코알라가 가까이 있더라도 만져서는 안 된다.

3. 필립 섬(Phillip Island)

멜버른의 남동쪽 122km, 웨스턴 포트 만에 더 있는 필립 섬은 길이 22km, 폭 9.5km, 면적 약 1만ha의 아담한 섬이다. 페어리 펭귄이 서식하는 곳으로 유명하지만 섬의 동부에는 야생 코알라 보호구역이 있고 서쪽의 실 록에서는 야생 바다표범도 볼 수 있다. 또 월래비와 에뮤 등을 기르는 야생 동물 공원(Wildlife Park)도 있어 동물을 좋아하는 사람이라면 꼭 한번 가볼 만한 섬이다.

▷ 볼 만한 곳

▷ 야생 동물 공원(Wildlife Park)

이 야생동물원은 캥거루, 에뮤, 사슴, 웜배트, 코알라, 태즈메이니안 데블 등의 동물을 자연 속에 풀어놓고 기르는 공원이다. 인간과 매우 친숙해진 동물들이 두려움 없이 다가오곤 한다.

▷ 실 록 크루즈(Seal Rocks Cruise)

필립 섬이라고 하면 사람들은 멜버른에서 출발하는 펭귄 투어를 생각한다. 그러나 이곳에서는 페어리 펭귄이나 야생 코알라뿐만 아니라 물개도 구경할 수 있으므로 물개 크루즈에도 참가해 보자. 섬 앞 바다에 떠 있는 실 록은 약 5,000마리나 되는 물개가 서식하고 있는 야생의 낙원이다.

4. 소브린 힐(Sovereign Hill)

소브린 힐의 축제

이곳은 골드 러시 시대의 거리를 재현해 놓은 곳으로 학교와 은행, 우체국, 호텔과 레스토랑 등 옛 모습 그대로의 건물들이 늘어서 있고 당시의 복장을 입은 사람들이 거리를 활보하고 있다. 한 모퉁이에는 금 채굴현장도 있어 실제로 사금채취도 해볼 수 있다. 역사 관련 전시관들이 볼 만하다.

골드박물관(Gold Museum)은 발라렛 현지에서 채굴한 금괴와 금화, 사금을 전시한 박물관으로, 소브린 힐 맞은편에 있다. 발라렛 최초의 도시 모습과 유레카 반란에 대한 자료들이 볼 만하다. 광부로 중국인들이 활동한 모습도 볼 수 있다.

5. 벤디고(Bendigo)

멜버른의 북서쪽 150km 지점에 위치한 벤디고는 인구 6만 6천 명으로 빅토리아 주에서 네 번째로 큰 도시이다. 금광의 도시이며 농업 목축지이기도 하다.

1851년 처음으로 금광이 발견되었으며 1954년 마지막 금광이 폐쇄되었으므로 103년에 달하는 금광의 역사를 지니고 있는 도시이다. 거리 곳곳에는 골드 러시로 번영했던 시대에 건축된 고딕 양식의 우아한 건물들이 당시의 화려한 생활 모습을 실감하게 한다. 그밖에 금광으로 몰려들었던 중국인들이 세운 절도 있어서 이국적인 모습도 띠고 있다. 중국인들의 폭동에 의해 백인 우월주의가 발생한 역사도 있다. 또한 벤디고는 빅토리아 주 북부에 펼쳐진 비옥한 농업, 목축 지대의 관문이기도 하다.

▷ 볼 만한 곳

▷ 센트럴 데보라 금광(Central Deborah Gold Mine)

벤디고의 많은 금광 중에서 1954년에 폐광될 때까지 약 500m 깊이에서 1,000kg의 금을 채굴했던 벤디고 최후의 금광이다. 1970년에 골드 러시 당시의 모습 그대로 복원되어 벤디고 최고의 관광명소로 손꼽히는 곳이다. 금광 내부에서는 19세기 당시의 작업 사진과 기기 등이 전시되어 있는 박물관을 비롯해 지하광산을 고루 둘러볼 수 있는 투어를 운영하고 있다.

투어에 합류하면 가이드의 안내로 엘리베이터를 이용해 지하 61m 깊이까지 하강한다. 갱도에서는 금맥을 직접 만져볼 수 있을 뿐만 아니라 당시의 진동과 소음이 엄청난 구식기계로 재연되는 작업 광경을 지켜볼 수 있다. 투어가 끝나고 나오면 관광기념증서도 준다.

▷ 중국 조스 하우스(Chiness Joss House)

골드 러시 당시 중국인 금광 노동자들을 위해 1860년대에 설립한 중국 사원. 중국을 상징하는 붉은 색으로 단장된 사원에는 12지상과 중국 등잔, 동양화들이 전시되어 있다. 고즈넉한 분위기의 정원에 아름다운 연꽃 연못이 자리하고 있다. 당시 빅토리아 주로 이주한 중국인 3,500명 중 약 2,000명이 벤디고 금광에서 일했다.

▷ 골든 드래건 박물관(Golden Dragon Museum)

골드 러시 때부터 현재에 이르기까지의 중국인들의 역사와 생활 모습을 전시해 놓은 박물관이다.

가구와 장식품, 세밀한 자수가 수놓인 깃발과 의류 등 귀중한 소장품이 많다. 그 중에서도 매년 벤디고의 부활절 축제 퍼레이드에 사용되는 거대한 용이 특히 눈길을 끈다. 길이가 무려 100m를 초과하는데 박물관의 건물 일부가 원통형으로 되어 있는 것도 그 때문이라고 한다. 이외에 박물관 내에는 중국 정원과 갤러리, 사찰 관인사, 기념품점이 있다.

6. 빅토리안 알프스(The Victorian Alpse)

빅토리안 알프스는 대 분수령 산맥의 남부에 위치하며 여름철에는 하이킹과 피크닉, 겨울철에는 스키라는 식으로 일년 내내 레저를 즐길 수 있는 곳이다.

즉, 마운트 불러(Mt. Buller)는 호주 최대의 스키장으로 멜버른에서 거리상으로도 가까워 주말에는 많은 사람들이 몰려온다. 마운트 불러 스키장의 기점이 되는 마을은 47km 정도 거리에 있는 맨스필드(Mansfield)이다.

7. 머레이 강과 에추카(Murray River & Echuca)

머레이 강의 순항관광

머레이 강은 호주 알프스의 파일럿 산(Mt. Pilot) 중턱을 기점으로 해발 1,800m 이상에 있는 모든 물이 함께 모아져 흐르는 강이다. 도중에 시드니 만의 여섯 배나 되는 거대한 인공 호수, 흄을 지나 NSW 주와 Victoria 주의 경계를 흘러간다. 나아가 SA 주에 이르러서는 640km에 이르는 대 하천 지역, 리치 리버 플레인(Rich River Plains)을 통과하고 알렉산드라 호수를 거쳐서 바다로 흘러 들어간다.

에추카 강

한편 에추카는 머레이 강과 캄파스페 강 (Campaspe River)이 합류하는 지역이다. 그러한 지리적 특성을 살려서 19세기 후반에는 호주에서 가장 번성한 내륙 도시로서 수백 척의 외륜선(Paddle Steamer)이 이곳을 드나들었다. 지금은 교통이 내륙 깊숙이 연결되고 있다.

▷ 볼 만한 곳

▷ 에추카 부두박물관(Echuca Whart Museum)

이곳은 머레이 에스플레네이드 연변의 스타 호텔(Star Hotel), 브리지 호텔(Bridge Hotel)과 에추카 부두로 구성된 거대한 박물관이다.

스타 호텔과 브리지 호텔은 에추카 전성기에 세워진 역사적인 건물로 당시의 생활이나 거리 풍경, 여러 가지 장면이 재현되어 있다.

8. 밀두라(Mildura)

밀두라 근처의 선박 관광

밀두라는 시드니와 애들레이드의 중간지역으로 빅토리아 선레시아(Sunraysia) 지역의 대표적인 농업도시이다. 뉴 사우스 웨일즈 주와 빅토리아 주의 경계가 있는 머레이 강변에 자리한다.

현재 밀두라에서 생산되는 주요 농산물은 오렌지와 아보카도, 포도이다. 또한 전 호주에 공급되는 건조과일의 80%가 밀두라에서 생산된 것들이다. 따라서 포도따기가 시작되는 2~3월부터 오렌지를 따는 수확기까지 일년 내내 일자리를 찾는 구직자들이 농장으로 몰려든다. 최근에는 퀸즐랜드 주에 있는 브리즈번이나 골드코스트보다 많은 일조량으로 인해 태양을 즐기려는 남부의 태즈메이니아 사람들이 즐겨 찾는 휴양지로 급부상하고 있다.

밀두라의 도시 구조는 반듯한 사각형으로 이루어져 있다. 뿐만 아니라 도로가 7~14까지의 번호로 명명되어 있어 방향 잡기가 매우 수월하다. 또한 농업도시의 특징을 살려 올리브, 파인, 라임, 오렌지, 레몬, 망고 등의 과일 이름이 붙여진 거리 이름도 재미있다.

▷ 볼 만한 곳

▷ 밀두라 미술관(Mildura Arts Centre)

이곳은 호주에서 브랑윈과 오르펜의 작품이 가장 많이 소장되어 있는 미술관으로, 이곳에서 가장 주목받는 작품은 시가로 약 1,200만 달러나 되는 에드가 드가의 곡선미가 뛰어난 파스텔 누드 'Femme A La Baignoire Se Coiffant'이다. 이는 한 여인이 욕조에서 목욕하는 뒷모습을 푸른색과 붉은 색 톤으로 간결히 그려낸 작품이다. 미술관 외부 정원에는 '하나의 태양과 지구, 평화'라는 주제 아래 1995년에 조성된 조각공원이 있어 볼 만하다.

제 4 장 태즈메이니아(Tasmania)

세계 관광인은 물론 호주인도 보고 싶어하는 태즈메이니아는 호주 본토와 남극 사이에 놓인 섬으로, 총면적 6만8천㎢에 인구 47만명이 거주하는 세속화되지 않은 순박한 땅이다. 호주에서 가장 작은 주. 3천여 개의 호수와 강, 에메랄드빛 해변, 휴온 소나무가 빽빽이 들어서 있는 눈 덮인 삼림

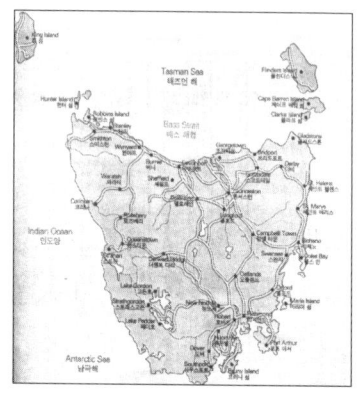

태즈메이니아

사이로 캥거루와 태즈메이니아 데블 등의 야생동물이 뛰노는 모습은 호주 어디에서도 볼 수 없는 경관이다.

태즈메이니아는 사과의 명산지로서 '사과의 섬'으로도 불린다. 또한 끝없이 펼쳐진 푸른 초원지대에서는 유명한 '태즈메이니아 울'을 생산하는 흰 양떼들이 젖소들과 무리 지어 구름처럼 이리저리 이동하는 전원풍경을 감상할 수 있다.

주도 호바트에는 남극 관측본부가 있고 참치잡이 어선기지이기도 하다. 과거에 죄수들의 유배지로 호주에서 또 죄를 지었을 때 이곳에 보냈기에 지옥의 섬이라고도 한다.

현재는 '보물섬(Treasure Island)'이라는 주 정부 관광국의 캐치프레이즈 아래 아름다운 국립공원과 각종 스포츠 행사 등 다양한 볼거리로 많은 관광객을 끌어들이고 있다.

태즈메이니아의 서남부 지역은 숲이 울창하고 습하며 접근 또한 어려워 모험스포츠를 즐기기에 이상적이다. 이 지역은 또한 낚시, 등산을 즐기기에는 더할 나위 없는 곳이다.

태즈메이니아는 해양기후를 지녔으며 호바트의 여름 평균 기온은 섭씨 22도, 겨울 평균 최저 기온은 4도이다. 태즈메이니안 데블 등 진귀한 동물과 조류가 많으며, 동물학과 남극 근처라는 위치를 살려 남극 연구와 지질학에서 권위를 자랑하는 태즈메이니아 대학이 있다.

교육은 1869년 대영 제국 식민지 중에서 최초로 의무 교육을 실시했다. 오늘날 6~16세까지는 의무 교육의 대상이다.

호주의 다른 주와 마찬가지로 정부에 의한 초, 중등교육은 자유롭고 비종교적이며, 대체로 남녀공학으로 실시되고 있다. 사립학교나 교회 기관에 의해서도 초, 중등교육이 실시되고 있다.

고등교육은 전통적으로 학문 연구를 중시하는 University of

Tasmania, 직업 훈련에 중점을 둔 TAFE Tasmania, 호주에서 해운 분야 연구의 중심이 되고 있는 Australian Maritime College 등이 맡고 있다. 다양한 분야에 걸쳐 덜 구조화 된 과정을 제공하는 성인 교육 기관도 있다.

1. 호바트(Hobart)

태즈메이니아의 주도인 호바트는 인구 약 20만 명으로 더웬트 강 유역에 펼쳐진 아름다운 항구도시. 호주에서 시드니에 이어 두 번째로 오래된 도시여서 거리 곳곳에서 역사의 향기를 느낄 수 있다. 옛날 고래잡이의 중심지답게 유물들이 많이 남아 있다.

식민지 당시에 지어진 조지아 양식의 우아한 건축물이 무려 90여 채나 지금까지 그대로 남아 있어 고풍스런 멋을 자아내고 있으며, 특히 웰링톤 산 정상이 흰눈으로 뒤덮이는 겨울철에 시내의 구 건물 좁은 골목 사이로 바라보이는 산의 설경은 신비로움 그 자체이다.

▷ 볼 만한 곳

▷ 콘스티튜션 독(Constitution Dock)

콘스티튜션 독

브루크 스트리트 부두(Brook St. Pier)에서 왼쪽으로 해안을 따라 걸으면 콘스티튜션 독에 이르게 된다. 예전에 포경선의 모항으로 번성했던 이곳은 오래된 건물들이 많이 남아 있어 당시의 모습을 엿볼 수 있다.

또한 이곳은 시드니~호바트 요트 경주의 도착지이기도 하다. 매년 크리스마스 다음날 아침 시드니에서 출발한 요트는 12월 31일 전후로 호바트에 도착하여 이곳에서 새해를 맞이한다.

현재 컨스티튜션 독 주변에는 해산물 전문 레스토랑과 카페들이 들어서 있다. 또한 선상에서 신선한 어물을 파는 어선들이 정박해 있어 항구 분위기가 물씬 풍긴다.

▷ 태즈메이니아 박물관과 미술관
 (Tasmanian Museum & Art Gallery)

헨리 헌터에 의해 설계된 건물이다. 박물관에는 태즈메이니아의 각종 동물과 해양생물을 비롯해 태즈메이니아 유형 죄수들의 수갑과 족쇄, 전 세계의 화폐와 동전, 의상 등과 함께 애버리지널 관련 자료들이 전시되어 있다. 백인들의 무모한 수렵행위로 1961년에 완전 멸종된 것으로 알려진 태즈메이니아 호랑이의 박제가 눈길을 끈다. 이밖에 19세기초 여성들의 화려한 이브닝 드레스와 웨딩 드레스, 무대복, 외출복, 파티복들이 시대별로 전시되어 있는 장식 예술관(Decorative Arts)도 볼 만하다.

또 한 가지 재미있는 곳은 Mega Fauna 전시실이다. 빙하기에 호주에 서식하고 있었던 포유류의 화석을 기초로 제작된 실물 크기의 복제품이 전시되어 있다.

▷ 살라망카 플레이스(Salamanca Place)

주 의사당(Parliament House)은 1840년에 건축된 것이다. 사암으로 지어졌기 때문에 차분한 느낌을 준다.

앞에는 녹음이 무성한 광장, Parliament Square가 있다. 이곳에서 항구를 따라 오른쪽으로 가면 살라망카 플레이스가 나온다.

이 거리에 줄지어 있는 창고들은 1835~1836년에 사암으로 지어진 건물이라 식민지시대의 정취가 물씬 풍겨진다. 고래잡이 전성기에 세워진 이 창고는 현재 화랑과 부티크, 미술 및 공예품 가게, 특산품 가게, 골동품 가게, 술집과 레스토랑 등으로 사용되고 있다.

그리고 유명한 살라망카 마켓은 매주 토요일 열리는 노천시장으로 신선한 야채와 과일에서부터 액세서리, 각종 공예품과 민예품 등을 취급하는 몇백 개에 이르는 노점들이 줄지어 들어서 있다.

▷ 바테리 포인트(Battery Point)

과거 고래잡이가 왕성했던 시절에 선원들의 주거지역이 있던 구릉지로, '바테리 포인트'라는 지명은 1818년에 영국 식민지 부대가 프랑스군을 방어하기 위해 '포대(Gun Battery)'를 이곳에 설치한 데서 유래하였다. 현재 개조된 옛 건물들에는 대부분 갤러리와 호텔, 레스토랑, 골동품점들이 들어서 있는 쇼핑 지역으로 각광을 받고 있다. 살라망카 플레이스와 더불어 호바트의 대표적인 구 시가지로서 일대에는 빅토리아 양식, 조지아 양식의 오래된 집들이 아름답게 늘어서 있고 개척시대를 떠올리게 하는 시가지가 이어져 산책 코스로도 좋다. 낡은 저택을 이용한 카페나 레스토랑도 있다.

▷ 태즈메이니아 해양박물관(Maritime Museum of Tasmania)

개인저택을 개조한 세슈론 로드에 있는 이 박물관은 식민지시대부터 현재에 이르기까지 태즈메이니아의 항해사에 관련된 자료들을 소개하고 있는 곳이다. 1831년에 세워진 조지아 양식의 건물 내에는 돛대의 모형과 포경선, 여객선의 그림과 사진, 포경기지로서 번영했던 호바트의 풍경을 그린 그림 등 다양한 소장품이 전시되어 있다. 녹색지붕과 잔디 정원이 아름답다. 1층 전시관과 지하 전시관이 있다.

▷ 주 의사당(Parliament House)

머레이 스트리트(Murray St.)의 막다른 곳에 호바트에서 가장 오래된 사암 건축물 중 하나로 중후한 건물이 주 의사당이다. 1840년에 건조되어 호바트에서 가장 역사가 오래된 건물 중의 하나이다. 호바트의 오래된 건물들에 사용된 사암은 모두 이 땅으로 유배된 죄수들이 파낸 것이라고 한다. 의사당 앞의 광장 공원은 휴식처로 활용되고 있다.

▷ 반 디멘스 랜드 기념 민속박물관
　(Van Diemen's Land Memorial Folk Museum)

보통 '나리나(Narryna)'라고 불리는 이 건물은 1836년에 세워진 개척자의 저택인데 네덜란드 동인도회사 총독인 반 디멘의 이름을 붙여 민속박물관으로 사용되고 있다.

내부에는 부엌과 식당, 침실 등이 당시 모습 그대로 남아 있으며 가구나 식기 등의 생활용품, 회화 등을 전시하고 있어 볼 만하다.

▷ 앵글시 바락(Anglesea Barrack)

호주에서 가장 오래된 병영으로, 총 45채의 병영으로 이루어져 있으며, 현재까지 태즈메이니아의 군 본부로 사용되고 있다. 호주 국기가 걸려 있는 본부 건물은 일반인의 출입이 통제되고, 내부 관광이 허용되는 곳은 1846년에 군 감옥으로 지어진 현 군인 박물관 한 곳 뿐이다.

▷ 왕립 태즈먼 식물원(Royal Tasman Botanical Gardens)

시내 중심가에서 태즈먼 하이웨이(Tasman Hwy)를 따라 북쪽으로 2km 지점인 퀸스 도메니(Queen's Domain)에 1818년에 오픈한 식물원이다. 3.5ha로 규모는 작지만 휴온 파인과 레더우드가 무성한 태즈메이니아의 깊은 숲을 재현해 놓은 펀 하우스(Fern House) 등 태즈메이니아의 독특한 식물을 한 눈에 볼 수 있는 장소이다. 온실, 허브, 선인장, 장미 온실에 수련 연못도 있으며 식물의 종류도 풍부하다. 시내에서 식물원으로 가는 버스는 여름철에만 운행한다.

가장 볼 만한 곳은 1939년에 문을 연 온실(Conservatory)과 붉은 색 벽돌기와 정문과 작은 연못에 소담스레 걸쳐 있는 붉은 나무 교각이 인상적인 일본 정원이다.

▷ 쇼트 타워(Short Tower)

채널 하이웨이(Channel Hwy) 근처에 있는 이 탑은 탄환제조를 위해 1870년에 세운 것이다. 옛날에 쓰던 탄환은 지금과는 달리 둥근 모양이었는데 이 탑의 정상에서 용해시킨 철을 한 방울씩 아래에 있는 물웅덩이로 떨어뜨리면 공기의 저항에 의해 완벽한 구형의 탄환을 만들 수 있었다고 한다.

엘리베이터가 없기 때문에 정상까지는 287개의 계단을 걸어서 올라가야 하는데 높이 48m의 탑 정상에서 펼쳐지는 전망이 무척 아름답다. 287개의 계단을 내려와 무사히 밑에 도착하면 'I made it to the Top'이라고 쓰인 기념 스탬프(seal)을 받을 수 있다. 1층의 박물관에서는 비디오로 탄환제조과정을 볼 수 있다.

▷ 캐스케이드 양조장(Cascade Brewery)

시에서 남서쪽으로 4km 떨어진 곳에 있는 양조장. 태즈메이니아에서 가장 인기 있는 맥주는 캐스케이드 맥주이다.

캐스케이드 양조장은 1832년에 창업한, 호주에서 가장 오래된 양조장으로 당시 그대로 남아 있는 석조 건물이 눈길을 끈다. 도로를 사이에 두고 그 반대쪽에는 캐스케이드 박물관이 있으며 그 이웃에는 아름다운 우드스톡 정원이 있다. 내부 견학시 시음도 가능하다.

▷ 마운틴 넬슨 시그널 스테이션(Mt. Nelson Signal Station)

표고 340m의 넬슨 산에서는 호바트 시가와 항구, 더웬트 강, 타스맨 다리가 아름답게 펼쳐져 있는 모습을 볼 수 있다. 정상의 자그마한 흰색 건물은 1811년에는 더웬트 강으로 들어오는 선박의 입항을 알리는 신호소(Signal Station)가 있던 곳이다. 1820년에 각국의 선박을 상징하는 고유 신호기가 세계 최초로 사용된 역사적인 곳으로 알려져 있다. 1969년에 호바트 마린 보드에 새로운 첨단 전자시설을 갖춘 신호소가 생김으로써 158년간의 긴 역사를 마감하게 되었다.

▷ 웰링톤 산(Mt. Wellington)

높이 1,271m의 산이다. 호바트 시내가 한 눈에 내려다보이는 스펙터클한 전망을 즐길 수 있다. 날씨가 청명한 날에는 호바트의 해안선과 만, 곶, 타즈메이니아 반도 및 주변의 작은 섬들이 멀리 파노라마처럼 생생히 펼쳐진다.

2. 호바트 근교

▷ 볼 만한 곳

　▷ 리치먼드(Richmond)

　리치먼드는 호바트에서 북동쪽으로 약 24km 떨어진 곳에 있는 오래된 도시로 조지아 양식의 건물이 많이 남아 있어 1829~1830년대 당시 모습을 곳곳에서 느낄 수 있다.

　도시를 흐르는 콜 강(The Coal River)에는 호주에서 가장 오래된 석조다리인 리치먼드 다리가 세워져 있다. 1823~1825년에 세워진 이 다리는 유형 당한 죄수들에 의해 건설되었다고 한다. 호주에서 가장 오래된 다리이다.

　▷ 리치몬드 감옥(Richmond Goal)

　포트 아서 감옥이 생기기 5년 전인 1825년에 설립된 감옥으로, 현존하는 호주 감옥 중 가장 오랜 역사를 지닌 곳이다. 호바트에 온 죄수들에 의해 현지의 사암으로 지어진 이 감옥은 1928년까지 사용되었다.

　주로 독방이며 조리장에서 사용하던 아궁이, 수동식 세탁기 등이 남아 있다. 야외에는 죄수에게 채찍질했던 못 박힌 형구도 놓여 있다. 정원에 있는 아몬드 나무는 수령이 160년으로 지금도 연한 핑크색 꽃을 피우고 있다.

　▷ 보노롱 공원 야생 동물 센터(Bonorong Park Wildlife Centre)

　호바트에서 약 25분, 리치먼드에서 약 15분 거리에 있는 브라이턴(Brighton)이라는 마을에 위치한 야생 동물원이다. 태즈메이니안 데블, 웜배트, 캥거루, 월러비 등 귀여운 동물들이 자연 환경에서 뛰놀고 있다.

3. 포트 아서(Port Arthur)

포트 아서

호바트에서 남동쪽으로 100킬로 떨어져 있는 곳으로 감옥의 도시로 유명하다. 1830년부터 1877년까지 '감옥 속의 감옥'으로써 다른 식민지에 유형된 죄수가 다시 죄를 지으면 이곳으로 보내졌다.

고문이나 심한 중노동은 다반사였으며 총독을 실은 열차를 끌게 하는 등의 비인도적인 처사도 행해졌다.

타스맨 반도는 상어가 들끓는 바다로 둘러싸인 데다 '이글호크 넥'이라는 좁은 길목으로 연결되어 있어서 탈옥이 거의 불가능한 '천연 감옥'으로서의 천혜의 조건을 지닌 땅이다.

▷ 볼 만한 곳

▷ 태즈메이니안 데블 공원(Tasmanian Devil Park)

호바트에서 80km 떨어진 울창한 열대림에 둘러싸인 동물원으로 상처를 입었거나 부모에게서 떨어진 동물을 보호하기 위해 설립된 동물원이다. 희귀한 태즈메이니안 데블을 보기에 가장 좋은 곳이다. 태즈메이니아나 호주에서 밖에 생식하지 않는 동물과 새를 사육하고 있으며 지금은 멸종되었다고 하는 태즈메이니아 호랑이의 귀중한 필름도 볼 수 있다.

4. 론서스턴(Launceston)

론서스턴은 호주에서 시드니와 호바트에 이어 3번째로 오래된 역사를 지닌 태즈메이니아 제2의 도시이다. 론서스턴을 끼고 북부 해안으로 흘러드는 타메르 강과 주변을 둘러싸고 있는 타메르 계곡은 와인 생산지로 유명할 뿐만 아니라 12~1월에는 보랏빛 라벤더 꽃이 화려하게 수놓아져 환상적인 꿈의 나라로 다가서는 느낌이 드는 곳이다.

과일과 목재의 적재항구로 번성하는 한편 양모의 도시로도 계속 발전해왔다. 인구는 9만 명에 불과하지만 놀라울 정도로 잘 보존된 옛 모습과 공원은 이곳의 자랑이다. 19세기 전반에 영국의 시골을 본떠서 건설되었기에 소박하면서도 우아한 모습을 띠고 있는 도시이다. '공원의 도시(Garden City)'라는 별명에 어울리게 거리 곳곳에 공원이 많다.

▷ 볼 만한 곳

  ▷ 캐터랙트 계곡(Cataract Gorge)

론서스턴에서 가장 중요한 관광 하이라이트로 약 700~800만 년 전에 형성된 계곡이다. 시내에서 남서쪽으로 걸어서 20분 거리에 있는 캐터랙트 계곡은 도시에서 가까운 곳인데도 놀라울 정도로 잘 보존된 대자연의 모습을 만끽할 수 있는 곳이다. 1863년에 세워진 킹스 다리(King's Bridge)에서부터 2개의 산책로가 나 있는데 북쪽 길을 캐터랙트 메인 워크(Cataract Main Walk), 남쪽 길을 지그재그 트랙(Zig Zag Track)이라고 한다. 다리에서부터 약

20분 정도 걸으면 퍼스트 베이슨(First Basin)이라고 하는 아름다운 호수에 다다른다. 호주 주변은 공원으로, 레스토랑과 수영장 등이 있다. 한편 양 절벽 사이는 베이슨 체어리프트(Basin Chairlift)로 이동할 수 있는데 길이 약 450m에 달하는 세계에서 가장 길다고 하는 거리를 리프트로 이동하는 동안 눈 아래로 펼쳐지는 계곡의 아름다움과 스릴을 느껴볼 수 있다.

▷ 퀸 빅토리아 박물관, 미술관과 매쿼리 하우스
 (Queen Victoria Museum & Art Gallery) and (Macquarie House)
 박물관과 미술관을 겸한 거대한 석조 건물로 100여 년 전에 세워졌다. 박물관의 소장품은 과학, 생물, 역사 등 폭넓은 장르에 걸쳐 있으며 플라네타륨도 병설되어 있다. 미술관에는 이주 당시의 도시와 농촌의 풍경을 그린 그림과 애버리지니의 미술 작품도 많다.

▷ 페니 로열 월드(Penny Royal World)
 캐터랙트 계곡 바로 앞에 위치한 유원지로 원내에는 옛날 화약공장(Gunpowder Mills)을 재현해 놓은 미니어처 마을과 제분소(Commill), 풍차(Windmill) 등이 있으며, 수로가 있어서 곤돌라를 타고 화약제조과정을 견학할 수도 있다. 목재로 지어진 제분소는 1825년에 세워졌던 것을 복제한 것으로, 수차의 힘을 이용하여 밀을 빻는 모습을 볼 수 있다. 또 벽돌로 만들어진 풍차의 발코니에서는 론서스턴의 시가지가 한 눈에 내려다보인다.

5. 데번포트(Devonport)

인구 2만여 명의 데번포트는 페리로 해협을 건널 때의 발착장이 므로 태즈메이니아의 바다의 현관이라고도 할 수 있다. 즉, 이곳 은 태즈메이니아의 서북쪽 관문으로 호주 본토의 멜버른을 잇는 페리 '스피릿 오브 태즈메이니아'의 출항지로 알려진 항구도시로, 원래는 머시 강을 중심으로 동쪽 토쿼이(Torquay) 지역과 서쪽 폼 비(Formby) 지역으로 양분되었던 곳이다. 그 후 1890년에 이르러 두 지역이 하나로 통합됨으로써 '데번포트'가 탄생하게 되었다. 현 재 머시 강 동쪽은 페리가 도착하는 해상수송의 주요 거점으로, 서 쪽은 상업 중심지로 각기 역할이 나누어져 있다. 데번포트는 유명 관광지는 없지만 태즈메이니아로의 여행 시발지가 되는 도시이다.

▷ 볼 만한 곳

▷ 티아가라 문화예술 센터(Tiagarra Culture & Art Centre)

데번포트의 중심지에서 북쪽으로 2km 떨어진 머지 곶 등대 근 처에 있다. 태즈메이니안 애버리지니의 문화 예술유산을 소장하고 있어 고고학적으로도 매우 중요한 미술관이다. 전시품 중에서 바 위에 새겨진 뱀 그림이 볼 만하다. 한편 주변에는 등대와 전망대, 해수가 솟구치는 구멍(Blowhole) 등이 아름다운 풍경을 이루고 있 으며 여름에는 해변에서 해수욕도 가능하다.

▷ 돈 리버 철도(Don River Railroad)

머지 강에서 서쪽으로 3km 정도 떨어진 곳에는 돈 강이 흐르고 있는데 이 강을 따라 관광용 증기 기관차가 운행되고 있다. 강 하 구에서 3km 상류에 있는 돈 리버 철도박물관에서 출발하여 배스 해협에 면한 콜스 비치(Coles Beach)까지 운행된다. 거리의 모습도 예전 그대로여서 시간을 거슬러 올라간 듯한 느낌을 갖게 한다.

▷ 스탠리(Stanley)   스탠리 바위 산 너트와 북서 해안

데번포트에서 서쪽으로 127km에 있는 스탠리는 1826년부터 이민이 시작된 역사가 오랜 도시다. 목축업으로 발전하였으며 이후에는 포경선의 모항으로, 그리고 골드 러시 시대에는 빅토리아 주에 식량을 운송하는 화물선의 항구로서 번성하였다. 항구 주변에는 당시의 모습이 남아 있는 오래된 건물들이 많다.

한편 마을 앞쪽에는 높이 152m의 바위산 너트(The Nut)가 있다. 정상까지는 걸어서도 올라갈 수 있으나 체어리프트를 이용하면 편리하다. 면적 35ha의 정상에서는 360도로 펼쳐진 전망은 각기 다른 경치를 즐길 수 있다.

▷ 비체노(Bicheno)

동해안에서 가장 인기 있는 동부 최대 휴양지로 호바트에서 북쪽으로 253km에 있다. 1803년 고래잡이 항구로서 출발했으나 최근 리조트 개발이 진행되면서 휴양지로 자리 잡았다. 태즈먼 하이

웨이가 거의 직각으로 구부러지는 지점이 중심가로, 대부분의 숙박 시설이 걸어갈 만한 거리에 있으며 레스토랑과 상점, 수족관 등이 있는 쇼핑몰 시 라이프 센터(Sea Life Centre)도 가까이에 있다. 인구는 750명 정도이지만 여름 바캉스 철에는 5천 명의 피서객이 모여든다.

볼거리로는 중심지에서 북쪽으로 2km에 자리잡은 동해안동물원(East Coast Bird Life & Animal Park), 1902년에 만들어진 범선 엔터프라이즈호 등이 있으며 두 개의 전망대에서 아름다운 휴양지 비체노와 해안선의 경치를 감상할 수 있다. 주변에 해변 산책로도 있다.

6. 크레이들 산과 세인츠 클레어 국립공원

크레이들 산

크레이들 산과 세인트 클레어 국립공원은 수많은 태즈메이니아의 국립공원 중에서 최고의 경관을 자랑하는 곳이다. 여름은 삼림산책에 최적이며 송어낚시와 캠프 등도 즐길 수 있다. 단 기후의 변화가 심하므로 여름에도 두꺼운 옷을 준비하도록 한다.

마운틴 그레이들-레이크 세인트 클레어 국립공원은 1982년 12월에 세계 자연보호 유산지역으로 지정된 곳이다. 세계적으로 명성이 높은 국립공원으로, 총 면적이 1,262㎢이다. 표고 1,545m인 크레이들 산을 비롯해 태즈메이니아 최고봉인 높이 1,617m의 오사

산(Mt. Ossa) 등 수많은 봉우리와 협곡, 강, 깊은 산 속의 맑은 호수들이 삼림과 어우러져 장관을 이룬다. 여름에는 주변 야생화들로 인해 그윽한 꽃향기가 넘쳐나고, 겨울에는 눈 덮인 크레이들 산이 하얗게 흰 모자를 쓰고 호수에 그림자를 드리우는데, 그 모습이 한 폭의 수채화 같다. 또한 '야생동물의 천국'으로 알려졌다.

▷ 볼 만한 곳

▷ 식물 생태계

지상 50m 정도의 저지대에는 태즈메이니아 알파인 옐로 검 화이트(Tasmanian Alpine Yellow Gum White)와 탑트 스트링바크(Topped Stringbark)가 가장 많다. 1,000m 이상의 고지대에서는 스노우 검(Snow Gum)이 자란다. 습한 고지대에서는 12m가 넘는 나무도 발견된다. 특히 도브 호수로 가는 무어랜드에는 노란색의 버튼잔디(Buttongrass)가 많아 주변을 온통 황금색으로 물들이는 장관을 연출한다. 또한 도브 호수에는 크리스마스 벨(Christmas Bells)이라는 아름다운 야생화를 비롯해 선명한 노란 꽃과 붉은 색 열매가 열리는 마운틴 로켓(Mountain Rocket)이 많이 분포하고 있다.

▷ 동물 생태계

척추동물로 20여 종의 포유류와 10여 종이 양서류를 비롯해 베넷 월러비(Bennett's Wallaby)와 포섬이 많이 몰려 있다. 야생조류는 본토와는 특이하게 구별되어 블랙 코카두와 옐로 와틀 버드를 비롯한 약 80여 종의 새들이 서식하는 것으로 알려진다. 이밖에 태즈메이니아 3대 뱀에 속하는 타이거 스네이크와 화이트 립트

(White-Lipped), 쿠퍼헤드(Copperhead)가 공원 내에 있으므로 주의를 요한다.

제 5 장 퀸즐랜드(Queensland)

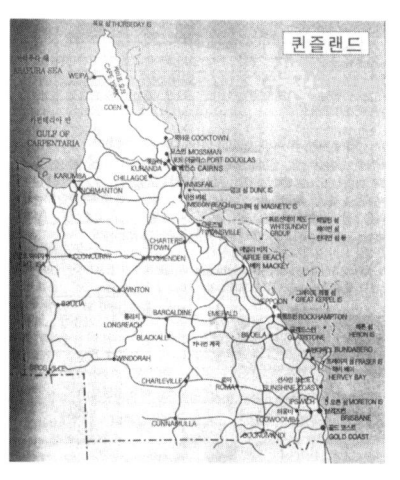

큰즐랜드 지도

퀸즐랜드는 열대 우림과 마린 리조트의 파라다이스이다. 퀸즐랜드라는 지명은 빅토리아 여왕의 토지라는 의미이다. 또한 이곳은 남회귀선이 통과하는 열대 지역으로 일명 선샤인 스테이트(Sunshine State)라고도 불린다. 산호 바다와 면한 연안 지대에서는 파인애플, 망고, 파파야, 아보카도 등의 열대성 과일이 수확된다. 산호 바다에서 파푸아 뉴기니까지 이어지는 산호초의 길이는 무려 2,000km에 달한다.

브리즈번 강은 퀸즐랜드 사이를 마치 뱀처럼 구불구불 흐르고 있다. 뉴 사우스 웨일스에서 북상한 이주자들은 브리즈번 강 하구 부근의 모튼 만에 정착하기 시작하였다.

한편 퀸즐랜드는 남부의 시드니나 멜버른에 대하여 강한 라이벌 의식을 갖고 있다. 예전에는 그들에 비하여 상대적으로 낙후지 취급을 받았으나 현재는 석탄, 우라늄, 동, 알루미늄, 광석 등의 광물 자원 수출로 호주 외화의 25% 이상을 벌어들이고 있어서 '자본 지역'으로서의 자부심을 갖고 있다.

인구는 약 321만, 주도는 브리즈번, 호주에서 두 번째로 큰 주로 그레이트 배리어 리프나 골드 코스트 등 관광자원이 풍부한 지방이다.

퀸즐랜드의 지형, 동물, 식물은 수백에 달하는 국립공원에서 보호, 보존되고 있다. 공원의 규모와 환경은 작은 산호초에서 방대한 사막지대에 이르기까지 다양하다.

야생동물은 보호 구역, 금렵구, 피난처 등에서 보호된다. 해안 도시의 주 소유 삼림은 모두 금렵구이고 그밖에도 수백에 달하는 사설 금렵구가 있다. 이런 장소에서 동물을 사살하거나 덫으로 잡는 것은 불법이다. 퀸즐랜드에는 1,000여 종 이상의 토착 척추 동물이 있다. 이중 86종은 퀸즐랜드에만 있는 특이종이다. 조류는 572종, 어류는 1,600종이 있다. 나무캥거루 등 많은 동물들은 특수한 서식처에서만 생활한다. 이런 동물들의 생존은 그들 특유의 환경을 주의 깊게 보존해 주는데 달려있다. 퀸즐랜드의 식생은 해안 지역의 열대 우림에서부터 남서부의 반 건조한 미첼 초원에 이르기까지 다양성을 보인다. 식물의 종류는 호주 고유의 뱅크시아 관목과 유칼리 나무에서 동남 아시아 전체를 통해 흔히 볼 시 있는 열대 식물에 이르기까지 다양하다.

1. 브리즈번(Brisbane)

호주에서 세 번째 큰 도시로, 인구 130만 명의 퀸즐랜드 주의 주도이다.

시드니 등에서는 한여름이 되면 나뭇잎이 떨어지는 것이 일반적인 현상이다. 간신히 살아 남는 초목은 유칼리나 잔디 정도이다. 브리즈번 만큼은 몬순 지대의 아시아와 비슷한 습도를 지닌 지역이기 때문에 언제나 녹음이 우거져 있는 도시이다.

브리즈번

　브리즈번 중심가의 도로 이름은 다른 지역과는 달리 독특한 방식으로 지어져 있다. 즉, 시티의 남북으로 나 있는 도로는 여성명, 동서로 나 있는 도로의 이름은 남성명으로 되어 있다. 그 중에서도 퀸 스트리트가 가장 번화한 거리이다.

　시내는 브리즈번 강이 감싸듯 흘러내리며, 19세기와 20세기초의 고풍스런 구 건축물이 현대 건물과 어우러져 눈부신 조화를 이룬다. 브리즈번은 남쪽 골드 코스트의 서퍼스 패러다이스와 북쪽의 선샤인 코스트로 향하는 관문으로서 동부해안을 여행하는 모든 이들의 발길이 머무는 곳이다. 브리즈번은 CBD(Central Business District)와 포티튜드 밸리, 페트리 테라스와 밀턴, 사우스 브리즈번 지역으로 나누어진다. 시내의 중심인 행정, 상업 지구 CBD에는 관공서와 사무실, 항공사, 대형 백화점이 몰려있고, 시내 한복판에는 쇼핑 중심지로 가장 번화한 퀸 스트리트 몰이 자리한다.

　브리스베인에는 3개의 종합대학이 있다. 그 대학들은 University of Queensland, Griffith University, Queensland University of Technology이다. 퀸즐랜드에는 음악학교, 퀸즐랜드 박물관, 브리스베인 시민 미술.박물관이 있으며, 이 밖에도 민간에서 운영하는 브리스베인 예술센터, 미술관, 연극전문극장 등의 문화시설이 있다. 도서관으로는 주립 도서관, 존 옥슬리 도서관, 2개의 대학 도서관 등이 있으며, 이 박에도 시내와 교외에 23개 시립 도서관들로 구성되는 시의회의 무료 도서 열람 서비스도 있다.

▷ 볼 만한 곳

 ▷ 식물원(Botanic Garden)
 20ha의 넓은 부지에 하이비스커스, 야자수 같은 아열대 식물이 무성하게 우거진 곳으로, 400m에 달하는 맹그로브 산책로가 볼 만하여 도심 속의 편안한 휴식처를 제공하고 있다. 원래 1828년에 모어튼 베이에 유배된 죄수들에게 과일과 야채를 공급하기 위해 만들어진 농지였던 곳이다. 정문은 앨버트 스트리트와 앨리스 스트리트가 교차하는 곳에 있다.

 ▷ 풍차 오두막(The Old Wind Mill)
 브리즈번에서 가장 아름다운 거리로 알려진 곳이 시청사의 북서쪽에 있는 윅캄 테라스(Wickham Terrace)다. 시내를 전망할 수 있는 고지대에 예쁜 꽃들이 피어 있고, 고무나무 가로수가 늘어서 있어 산책하기에 좋다. 이곳에는 석조의 풍차 오두막이 있는데, 1829년 식민지 시대 죄수들이 세운 것이다. 그러나 설계상의 실수로 풍차가 제대로 돌지 않자, 죄수들의 형벌을 겸한 디딤 물레방아로 사용되었다. 실제로 죄수들이 채찍질보다 더 심한 고통스러운 중노동이었다고 한다. 현재는 천문관측소(Observatory)로 알려져 있다.

 ▷ 시청사(City Hall)
 킹 조지 광장에 자리잡고 있는 시청사는 1930년에 완성된 건물로, 브리즈번의 심벌이다. 중앙에 있는 92m 높이의 시계탑은 전망대 역할을 하고 있는데, 엘리베이터를 타고 올라간다. 이곳에서 브리즈번 강과 시가지, 그리고 바로 눈 아래 킹 조지 광장의 푸른 잔디와 시원한 분수가 내려다보인다.

르네상스 양식의 중후한 외관과 모자이크, 대리석을 사용한 내부도 볼거리이다. 청사 안에는 미술관, 박물관, 콘서트 홀, 도서관 등이 있다.

▷ 뉴스테드 하우스(Newstead House)

호주의 대표적인 고급 호화 주택으로 1846년에 세워진 총독관저. 브리즈번에서 가장 오래된 건물이다. 식민지 시대에 사용했던 가구와 소품, 실내장식 등이 그대로 재현되어 있어, 당시 상류계급의 생활상을 알 수 있다. 시티의 중심부에서 북동쪽으로 2km 정도 떨어져 있다.

▷ 퀸즐랜드 원주민 전시관(QLD Aboriginal Creations)

호주의 역사는 200여 년에 불과하지만 애버리지널 원주민의 역사는 4만 년 이상이나 된다.

조지 스트리트에 위치한 애버리지널 크리에이션은 대외 선전용이지만 관광객이라면 한번은 반드시 둘러볼 만한 가치가 있는 곳이다. 이곳에서는 부메랑 등의 수렵 도구, 민예품 등을 통하여 애버리지니의 생활을 엿볼 수 있다.

백인의 손길이 뻗어 오기 이전에는 고유 문화를 간직하고 자연과 더불어 생활해 오던 원래 주인인 애버리지니들이 지금은 사회로부터 격리되어 고통스러운 생활을 하고 있는 현실을 보면 역사의 모순을 느끼게 된다.

▷ 퀸즐랜드 박물관. 미술관, 퍼포밍 아트 센터

(Queensland Museum. Art Gallery, Performing Art Centre)
　시내 서쪽, 브리즈번 강의 맞은편 해안에는 각종 문화시설이 있다. 퀸 스트리트를 따라 서쪽으로 곧장 걸어서 빅토리아 브리지를 건너면 바로 눈앞에 나타나는 종합예술관이다. 주립이므로 도서관, 박물관(실물 크기의 공룡모형과 발자국 등), 미술관(피카소 등 세계적인 화가의 그림) 등의 모든 시설에 무료로 입장할 수 있다. 전시 내용도 매우 풍부하여 예술을 사랑하는 사람이라면 하루 종일 구경을 해도 지루하지 않을 정도이다.

▷ 론 파인 코알라 보호구역(Lone Pine Koala Sanctuary)
　시내에서 남서쪽으로 약 11km 떨어진 곳에 있으며, 호주의 코알라 보호구역 중에서 가장 크고 오래된 곳이다. 원 내에는 100마리가 넘는 코알라 외에도 캥거루, 웜버트, 에뮤, 포섬 등 호주 특유의 동물들이 많다. 특히 세퍼드의 등에 매달린 코알라의 모습은 다른 곳에서는 볼 수 없는 진기한 광경이다. 이곳에서 코알라와 같이 사진도 찍을 수 있다.

▷ 사우스 뱅크 파크랜드(South Bank Parkland)
　퀸즐랜드 박물관, 미술관 맞은편에 있다. 브리즈번 광장의 하이라이트로, 1988년에 국제 엑스포가 열렸던 행사장을 도심 속의 휴식공간으로 재구성한 것이다. 사우스 뱅크 파크랜드는 신년 축제와 브리즈번 요트 레이스가 열리는 브리즈번의 대표적인 축제장이다. 입구 분수대에는 엑스포 참가국 국기가 게양되어 있으며, 우리 나라의 태극기도 눈에 띈다. '사우스 뱅크 크랩트 빌리지'라는 주말시장이 열리는 휴일에는 음악회를 비롯한 다채로운 이벤트 공연이 함께 펼쳐져 활기를 더한다.

공원 내에서의 주요 볼거리는 300여 종의 조류와 파충류, 악어, 코알라 등 야생동물이 서식하고 있는 '곤드와나 야생동물 보호구역(Gondwana Wildlife Sanctuary)'과 화려한 색상을 지닌 나비를 관찰할 수 있는 '나비와 곤충의 집(Butterfly and Insect House)'이다. 그밖에 인공으로 만들어진 '코닥 비치(Kodak Beach)'가 인상적이다.

▷ 오스트레일리안 울셰드(The Australian Woolshed)

이곳은 양과 관련된 각종 쇼가 행해지는 공원이다. 1일 2회의 쇼 타임에는 다양한 종류의 양들이 등장하여 양털깎기 쇼를 보여준다. 또한 양떼를 모는 개들의 쇼도 구경할 수 있다. 그밖에 캥거루에게 먹이주기, 코알라와의 즉석 기념 사진 찍기 등이 있다.

▷ 마운트 쿠사(Mount Coot-Tha)

시티에서 서쪽으로 7km 떨어진 곳에 솟아 있는 표고 276m의 마운트 쿠사. 이곳 전망대에서는 구불구불 흐르는 브리즈번 강을 비롯하여 시내 전경을 한눈에 내려다볼 수 있으며, 날씨가 좋은 날에는 모턴 만에 떠 있는 섬까지 보인다. 이곳에서 바라보는 야경도 일품이다.

기슭에는 거대한 열대식물의 돔을 가진 마운트 쿠사 식물원과 호주 최대의 토머스 브리즈번경 천문관(Tomas Brisbane Planetarium)이 있다.

2.. 모튼 섬(Moreton Island)

브리즈번의 동쪽, 365개의 크고 작은 섬들이 점점이 흩어져 있는 모턴 만(Moreton Bay)에 있다. 그 가운데 몇몇 유인도는 휴양과 수상 스포츠의 메카가 되고 있다.

모튼 섬의 탕가루마 아일랜드 리조트(Tangalooooma Island Resort)는 브리즈번 시민들이 즐겨 찾는 휴양지이다. 브리즈번 시내의 동쪽 변두리, 게이트웨이 브리지(Gateway Bridge) 부근의 홀트 스트리트 부두(Holt St. Wharf)에서 매일 1회씩 고속 쌍동선(Catamaran)이 출발한다. 리조트까지는 약 75분 정도 소요된다.

모튼 섬은 면적 약 2,000ha의 모래섬이다. 섬의 해안선은 아름다운 백사장으로 이어져 있으며 중앙에는 거대한 사암이 있다. 탕가루마 리조트에는 숙박시설 이외에 풀장, 레스토랑, 바, 온천, 다이빙 기구 대여점, 스쿼시코트, 테니스 코트 등 다양한 시설이 있다. 또한 섬을 일주하는 각종 투어도 준비되어 있다. 한편 섬 주변에 있는 침몰선은 다이빙 명소로 인기를 얻고 있다.

3. 골드 코스트와 서퍼스 파라다이스
   (Gold Coast & Surfers Paradise)

서퍼스 파라다이스

브리즈번의 남쪽, 총 길이 약 42km에 달하는 해안선이 길게 펼쳐진 골드 코스트는 호주 최대의 리조트 지역으로 각광받는 곳이다.

서퍼스 파라다이스는 퀸즐랜드 제2의 도시로, 국제적인 명성을 지닌 휴양도시이다. 한 해의 유동인구가 무려 70

만 명이 넘을 정도로 서퍼스 파라다이스는 피서객이 많이 드나드는 곳이다. 또한 북쪽의 사우스 포트에서부터 남쪽의 쿨랑가타까지 이어지는 약 43km의 새하얀 모래사장이 눈부신 골드 코스트의 중심도시이다. 서퍼스 파라다이스에서는 상의를 걸치지 않은 건장한 체구의 남자와 비키니 수영복에 핫팬츠만 입고 거리를 활보하는 탄력 넘치는 젊은 여자들의 자유분방한 모습이 전혀 낯설게 느껴지지 않는다.

골드 코스트는 하와이나 캘리포니아의 휴양지와는 달리 화려하지는 않으나 길게 이어진 모래사장과 호주 특유의 한가로운 분위기로 여행자들이 느긋하게 바다를 즐기기에 좋은 휴양지이다.

골드 코스트에서 일단 여장을 풀고 나면 다른 여행지로 이동할 마음이 생기지 않는다는 말이 나올 정도로 이곳은 매력적인 휴양지이다. 낮에는 남태평양의 호쾌한 파도를 즐기고 밤이 되면 퀸즐랜드의 밤하늘을 장식하는 무수한 별들을 감상하면서 골드 코스트에서 휴가를 만끽해 보자.

이 도시는 북쪽의 사우스 포트와 서퍼스 파라다이스, 버리헤드, 쿨랑가타 등 4개의 도시로 이어져서 구성되어 있다. 이곳에는 Bond University가 있다.

▷ 볼 만한 곳

▷ 씨 월드(Sea World)
메인 비치에서 북쪽으로 3km 정도 떨어진 곳에 있는 호주 최대의 해양공원이자 골드 코스트에서 가장 인기 있는 테마 파크이다. 입구의 스탠드에서 하루에 두 차례 펼쳐지는 화려한 수상스키 쇼를 비롯하여 돌고래의 점프와 코믹한 물개 쇼가 열리며, 분화하는 화산 밑을 탐험하는 공포의 버뮤다 트라이앵글, 스릴 넘치는 수상 제트코스터, 점보 슬라이딩, 바이킹, 회전목마, 아이맥스 영화관 등 놀이시설도 다양하다.

▷ 골드 코스트의 할리우드, 워너 브라더스 무비 월드
  (Warner Brothers Movie World)

골드 코스트의 북쪽, 옥센포드(Oxenford)에 위치한 곳으로 영화 팬이라면 빠뜨릴 수 없는 파크이다. 415에이커나 되는 넓은 공원에는 영화 폴리스 아카데미나 베트맨, 카사블랑카 등에 등장하였던 세트 장치가 그대로 재현되어 있다. 공원 안에서는 폴리스 아카데미 쇼나 서부극의 쇼를 구경하고 스튜디오를 견학할 수 있다. 스튜디오 견학은 매일 1~2회 가이드의 안내에 따라 출발한다. 관객이 함께 참여하는 무비 매직 투어도 행해지고 있는데 영화 촬영에서 사용되는 블루 스크린 효과, 효과음 입력, 특수 촬영 기술 등을 실제로 체험할 수 있다. 이 외에도 영화 속에 등장했던 동물 캐릭터의 쇼, 유명 영화의 뒷장면을 보여주는 극장 등 다양한 볼거리와 즐거움이 있다.

▷ 웨트 앤 와일드(Wet 'n' Wild)

서퍼스 파라다이스 시의 북쪽 무비 월드 옆에 위치한, 물놀이와 관련된 모든 시설이 갖추어진 테마 파크이다. 보기만 해도 아찔할 정도로 급경사 진 스릴 넘치는 물 미끄럼대와 거대한 파도가 출렁이는 '웨이브 풀'을 비롯한 다양한 물놀이 기구가 있다. 새로 선보인 '클립소 비치(Calypso Beach)'에서는 일광욕을 즐기는 연인들의 모습이 눈에 띈다. 수영장 한쪽에서는 19m×10m의 대형 스크린을 설치하여 물 속에서 영화 감상이 가능하도록 한 독특한 영화관인 '다이브 인 무비(Dive-in Movies)'를 선보인다. 그밖에 7층 건물 높이의 슬라이드에서 시속 70km로 내려오는 '공포의 스턴트 쇼'는 놓치지 않도록 한다.

어린이를 동반한 가족에게는 풀 안에 범선과 동굴, 분수를 뿜는 고래 등이 있는 버커니어 베이(Buccaneer Bay)를 권한다.

▷ 드림월드(Dreamworld)

서퍼스 파라다이스와 브리즈번 사이의 쿠메라(Coomera)에 있는 놀이공원으로, '호주의 디즈니랜드'다. 녹음이 우거진 공원 안은 미니 증기 기관차와 스카이링크 체어리프트를 이용하여 이동한다.

골드 러시 컨트리는 호주가 황금으로 전성기를 누리던 시대의 마을을 재현해 놓은 곳. 이 외에도 대형 풀과 워터 슬라이더가 있는 블루 라군, 드림월드에서 가장 인기 있는 로그 라이드(Log Ride)가 있는 로키 할로, 청룡열차가 있는 컨트리 페어 등 다양한 어트랙션을 갖춘 테마 동산이 있다. 또 리버 타운에서는 캡틴 스터트 호 증기선에 올라 호주의 정서를 만끽하고, 코알라 컨트리에서는 코알라를 안고 기념사진을 찍거나 캥거루에게 먹이를 줄 수 있다.

이외에도 다양한 종류의 놀이기구와 코알라 컨트리, 타이거 아일랜드 등의 동물을 주제로 한 볼거리들이 있다. 아이맥스 영화관도 자리한다. 코알라 인형이 돌아다니며 어린이들의 사진 촬영 모델이 되어주기도 한다.

▷ 커럼빈 야생조류 보호구역(Currumbin Sanctuary)

서퍼스 파라다이스에서 남쪽으로 18km 떨어진 커럼빈에 있는 야생조류 보호구역이다. 27ha의 넓은 공원 안에는 2,500여 마리의 야생조류와 캥거루, 코알라, 크로커 다일 등 호주 특유의 동물이 살고 있다. 특히 아침, 저녁으로 이루어지는 동물들에게 먹이주기가 인기 있는데, 먹이접시를 들고 서 있으면 앵무새들이 직접 날아와 머리나 어깨 위에 앉기도 한다.

공원의 견학 투어는 하루에 두 차례 이루어지며, 무료로 운행하는 미니 기차를 타고 돌아볼 수 있다.

▷ 내추럴 브리지(Natural Bridge)

서퍼스 파라다이스에서 네랑, 누민바 밸리를 벗어나 자동차로 약 1시간 거리이다. NSW 주와의 경계선 부근에 있는 내추럴 브리지에는 흙개똥벌레(Glow-worm)가 생식하고 있다.

흙개똥벌레란 빛을 발하는 벌레로 뉴질랜드의 와이트모, 테 아나우와 호주의 내추럴 브리지, 태즈메이니아 등의 극히 한정된 지역에서만 생식한다. 과거 와이트모 케이브에서 처음으로 흙개똥벌레를 발견한 버나드 쇼가 '세계 8대 불가사의'의 하나로 꼽은 벌레이다. 수명은 불과 1~5일에 지나지 않으며 꼬리 끝에 있는 발광 기관에서 청백색의 빛을 발한다.

내추럴 브리지 공원의 주차장에서 10분 정도 걸으면 폭포가 나타나는데 그 폭포 뒤에 있는 동굴이 흙개똥벌레의 서식처이다. 동굴 천장에 가득 달라붙어 있는 흙개똥벌레의 아름다운 빛을 구경하려면 주변이 어두워야 한다.

▷ 브로드 해변 (Broad Beach)

서퍼스 파라다이스의 남쪽에 있는 브로드 비치가 최근에 주목을 받고 있다. 브로드 비치가 휴양지로써 빛을 발하게 되자 콘라드 인터내셔널 호텔이 제일 먼저 이곳에 주피터 카지노를 세웠다.

위풍당당한 모습의 콘래드 호텔과 마주보고 있는 거대한 쇼핑센터, 퍼시픽 페어 역시 브로드 비치의 얼굴이라 할 수 있다. 이곳에는 관광객뿐만 아니라 현지인들도 많이 방문한다.

▷ 부시레인저 컨트리 리조트(The Bushranger Country Resort)

서퍼스 파라다이스에서 남쪽으로 2시간, 뉴 사우스 웨일스의 머윌럼버에 있는 리조트로 카우보이 복장의 목장 주인이 손님을 맞이한다. 넓은 부지 내에는 숲과 강을 건너는 1시간의 승마 코스가 있으며 카누, 수영, 양궁, 테니스 등이 스포츠도 즐길 수 있다. 목장 주인이 카우보이 복장으로 친절히 인도한다.

4. 선샤인 코스트(Sunshine Coast)

자연 그대로의 백사장과 아름다운 바다가 펼쳐져 있는 선샤인 코스트는 매력으로 관광객들의 사랑을 받고 있는 휴양지이다.

선샤인 코스트는 브리즈번 북쪽 약 110km 지점의 브라이비 섬(Bribie Island)에서 칼로운드라(Caloundra), 마루키도르(Maroochydore), 누사(Noosa), 틴 칸 베이(Tin Can Bay)에 이르기까지 아름다운 해안이 끝없이 펼쳐진 지대이다.

이곳은 골드 코스트와 같이 화려한 아름다움은 없으나 자연 그대로의 아름다움을 만끽할 수 있는 곳이다. 특히 노후를 여유 있게 보내고 싶은 사람들의 별장지로 많이 이용된다.

▷ 볼 만한 곳

▷ 칼로운드라(Caloundra)

칼로운드라는 선샤인 코스트 제2의 도시로, 인구는 약 5만 5,000명. 힌터랜드라 불리는 내륙부에는 글라스하우스 마운틴스를 비롯한 대자연의 파노라마가 펼쳐진다. 칼로운드라 주변에는 킹스(Kings), 딕키(Dickey), 불콕(Bulcock), 골든(Golden),모패트(Moffat), 셸리(Shelly) 등 6개의 비치가 약 30km에 걸쳐 이어져 있다.

불콕 비치와 골든 비치는 파도가 잔잔하여 수영하기에 적당하다. 특히 메인 비치인 불콕 비치에는 피크닉 공원과 바비큐 시설이 있으며, 해변에는 산책로가 있다. 딕키 비치는 피크닉 지역과 어린이를 위한 플레이 그라운드가 있으며, 낚시도 할 수 있어 가족동반에 적당하다. 킹스 비치에는 무료 해수 풀이 있고, 스노클링을 즐길 수 있으며, 셸리 비치에도 바위로 만든 풀이 있다. 파도가 높아 서퍼들에게 인기 있는 곳은 모패트 비치로 대신 수영에는 적당하지 않다.

▷ 마루키도르(Maroochydore)

칼로운드라에서 북쪽을 향하여 차로 약 30분, 마루키 강 하구에 자리잡은 선샤인 코스트 최대의 도시다. 시즌이 되면 요트, 낚시, 서핑, 수영 등 다양한 마린 스포츠를 즐기려는 호주인들로 붐비는 리조트 타운이다.

주요 볼거리와 비치는 도시 주변에 퍼져 있다. 북쪽으로 약 15km 떨어져 있는 쿨룸 비치(Coolum Beach)에는 하얏트 리젠시 쿨룸이 세워져 새로운 리조트 타운으로 각광받고 있다. 또 내륙으로 15km 정도 들어간 곳에 위치한 남부어(Nambour)에는 파인애플 농장 선샤인 플랜테이션이, 남부어의 북쪽 얀디나(Yandina)에는 진저 팩토리 등의 볼거리가 있다.

나부어에서 브루스 하이웨이(Bruce Hwy)를 따라 남쪽으로 6km 정도 내려가면 열대 우림에 둘러싸인 넓은 과수원이 있다. 입구에 있는 거대한 파인애플 모형은 선샤인 플랜테이션의 심벌이다. 파인애플은 물론 망고, 파파야, 바나나, 아보카도, 마카다미아 너트 등 진기한 열대과일이 재배되고 있는 원 내는 미니 열차 견학 투어가 있다.

▷ 누사(Noosa)

선샤인 코스트의 가장 번화한 누사는 인구 2만 9,000명의 작은 도시이지만, 고급 호텔과 콘도미니엄, 모텔, 백패커스 등의 풍부한 숙박시설과 레스토랑, 쇼핑 센터가 많아 선샤인 코스트 관광의 거점이 되고 있다.

시내를 누비듯이 흐르는 누사 강을 중심으로 누사 헤즈(Noosa Heads), 누사빌(Noosaville), 테완틴(Tewantin) 세 지역으로 나뉘며, 도시의 동쪽에는 477ha의 넓은 부지에 원시림이 우거진 누사 국립공원이 자리잡고 있다. 공원 안에는 2.7km의 산책로가 조성되어 있는데, 그 중에서도 북쪽 해안의 누사 곶까지 계속되는 코스트 트랙(Coast Track) 코스가 전망이 좋다. 또한 공원 중앙에 있는 작고 높은 언덕 누사 힐은 아름다운 해변과 바다, 시가지가 한눈에 내려다보이는 전망 포인트다.

누사에서는 건물의 높이가 야자나무의 높이를 넘으면 안 된다는 제한이 있어 리조트 도시이면서도 자연미가 살아 있는 도시다.

5. 물루라바(Mooloolaba)

칼로운드라의 북쪽 약 20km에 위치하는 물루라바는 퀸즐랜드

주 굴지의 어항으로 알려져 있으며, 매년 시드니~물르라바 요트 레이스가 개최되어 세계적인 요트맨들이 몰리는 마을이다. 요트 항 내에 있는 더 워프(The Warf)는 물르라바의 빼놓을 수 없는 관광 명소다.

▷ 볼 만한 곳

▷ 더 워프(The Warf)

이곳 요트 항 내에 있다. 약 100년 전의 조선소를 개축한 것으로, 시푸드를 비롯한 레스토랑과 다양한 숍이 있다. 그 가운데 선샤인 스테이트 프로듀스(Sunshine State Produce)는 과일과 커피 등 현지에서 생산되는 특산품을 가공한 식품과 선물용품을 취급하고 있다.

▷ 언더워터 월드(Underwater World)

언더워터 월드는 더 워프 바로 앞에 있는 수족관. 80m 길이의 해중 터널로 된 아치형 통 안을 무빙 로드를 타고 이동하면서 유리관 너머로 100여 종류가 넘는 열대어와 산호초, 거대한 상어, 신비한 심해어 등을 관찰할 수 있다. 상어 먹이주기, 물개 쇼 등 흥미 있는 프로그램도 볼 수 있다.

6. 프레이저 섬(Fraser Island)

이 섬은 선샤인 코스트의 북부, 허비 베이 앞바다에 떠 있는 세계 최대의 모래섬이다.
남북으로 약 124km, 동서로 약 20km, 면적 163,000ha의 섬으로 약 80만 년 전, 현재 NSW 주 북부의 고지대로부터 거대한 강에 의해 밀려 내려온 모래에 의해 이루어졌다.

섬 표면에는 아열대 우림의 숲이 무성하게 우거져 있으며 토대는 완전한 모래이다. 현재는 그레이트 배리어 리프, 에어즈 록, 카카두 국립공원과 함께 호주의 4대 세계 유산의 하나로 지정되어 철저하게 그 자연이 보호되고 있다.

프레이저 섬의 매켄지 호수

하얀 모래밭이 끝없이 펼쳐진 해변과 깎아지른 듯한 절벽, 바람에 의해 형성된 모래구릉, 수정같이 맑은 200여 개의 호수와 더불어 딩고와 포섬 같은 호주산 동물과 약 290여 조의 야생조류를 볼 수 있는 천혜의 땅이 바로 프레이저 아일랜드이다.

▷ 75마일 해변(75 Miles Beach)

섬 동남쪽에 75마일 길이로 장대하게 펼쳐진 해변이다. 75마일 해안을 따라 사륜 구동차로 달리노라면 유롱에서 북쪽으로 약 30km 떨어진 일라이 크릭을 시작으로 볼거리들이 이어진다.

▷ 실리카 샌드(Silica Sand)

이 프레이저 섬에는 여러 개의 아름다운 호수가 있다. 대표적인 호수로는 남부의 매켄지 호수(Lake Mackenzie), 부마진 호수(Kae Boomajin), 비라빈 호수(Lake Birrabeen), 중부의 가라윈게라 호수(Lake Garawongera), 북부의 와비 호수(Lake Wabby), 보와라디

호수(Lake Bowarrady) 등을 꼽을 수 있다.

이들 호수 주변에는 순백색의 실리카 샌드의 해변이 펼쳐져 있다.

7. 그레이트 배리어 리프(Great Barrier Reef)

그레이트 배리어 리프의 산호초

퀸즐랜드 주의 동해안, 북쪽은 파푸아 뉴기니의 남쪽 토러스 해협(Torres Strait)에서 남쪽은 번다버그(Bundaberg) 앞바다까지 약 2,000km에 걸쳐 이어지는 세계 최대의 산호초 지역이 그레이트 배리어 리프이다. 1만 5,000년 전부터 산호가 조금씩 성장하여 형성된 이 지역은 세계에서 처음으로 해양공원으로 지정된 곳이다. 350종이 넘는 산호초와 2,000종이 넘는 열대어가 살고 있어 해양학적으로도 매우 중요하며, 또한 에어즈 록과 함께 호주를 대표하는 관광지이자 리조트 지역이다.

그레이트 배리어 리프에는 크고 작은 700여 개의 섬들이 있는데 그 중에서 몇 개의 섬은 휴양지로써 관광객들을 유혹하고 있다.

▷ 볼 만한 곳

▷ 그레이트 케펠 섬(Great Keppel Island)

대륙 연안에서 불과 13km 떨어져 있는 그레이트 케펠 섬은 1400ha에 이르는 광대한 부지에 22개의 아름다운 해변을 가진 리조트 섬으로, 특히 젊은 층으로부터 사랑 받는 곳이다. 섬 내에는 망그로브 나무가 우거진 습지대와 모래언덕, 강, 산 등 오염되지 않은 아름다운 자연이 남아 있다.

섬 주변에 산호가 상당히 발달되어 있다. 삼림욕과 일광욕을 할 수 있는 자연환경이 있다.

▷ 헤론 섬(Heron Island)

헤론 섬

호주의 리조트 섬 가운데 유일하게 국제선 제트기가 이·착륙하는 해밀턴 섬은 그레이트 배리어 리프 최대의 리조트 섬이다.

글래드스톤의 동쪽 약 73km 지점에 위치한 헤론 섬은 걸어서 30분 정도면 다 돌아볼 수 있는 작은 섬이다. 그러나 섬 주변에는 3,750ha나 되는 광대한 면적의 산호초가 둘러싸고 있으며, 섬 자체도 산호초로 이루어진 섬이다. 맑고 투명한 바다에는 1,500여 종류의 열대어가 서식하고 있으며, 잠깐의 잠수에도 800여 종류의 물고기는 쉽게 관찰할 수 있어 다이버의 천국이라 불린다. 매년 10~11월에 열리는 이 섬의 다이빙 페스티벌은 30년의 역사를 가지고 있으며, 이 기간에는 세계의 유명한 다이버들이 이곳으로 몰려든다.

국립공원으로 지정되어 있는 이곳에서는 동·식물이 철저하게 보호되고 있다. 이 섬 이름의 유래가 된 독수리의 일종인 리프 헤론을 비롯하여 수많은 야생조류가 서식하고 있으며, 한여름(11~12월) 밤에는 수백 마리의 바다거북이 모래사장에서 산란하는 모습을 볼 수 있다.

▷ 브램프턴 섬(Brampton Island)

브램프턴 섬

이 섬은 매카이에서 32km 정도 떨어진 작은 섬으로 옛날에는 코코넛 농장이었으며, 지금도 작은 열차가 달리고 있다. 섬 안에는 진귀한 야생조류와 야생동물이 많이 서식하고 있어 버드 워칭도 가능하다. 섬 둘레에 7개의 조용한 비치가 있으며, 간조 때가 되면 근처에 있는 칼라일 섬까지 걸어서 건널 수 있다. 메인 비치와 칼라일 섬 사이에는 넓은 산호초가 자리잡고 있으며, 이곳에서 스노클링과 다이빙, 글래스 보텀 보트로 신비한 바다 세계를 산책할 수 있다.

8. 번다버그(Bundaberg)

브리즈번에서 자동차를 타고 북쪽으로 5시간 정도 가면 끝없이 펼쳐진 사탕수수밭 저편으로 인구 33,000명의 번다버그가 나타난다. 번다버그는 그레이트 배리어 리프의 남쪽 입구로 알려져 있는 도시이기도 하다. 이 도시의 외항, 버네트 헤즈(Burnett Heads)에서는 레이디 머스 그레이브 섬이나 레이디 엘리오트 섬으로 향하는 크루즈가 출발하고 있다. 또한 8~10월 사이에는 고래 관찰도 즐길 수 있어서 1년 내내 관광객들에게 사랑을 받고 있는 도시이다.

▷ 볼 만한 곳

▷ 고래 관찰 크루즈

8~10월 사이에 남극에서 새끼를 낳기 위해 흑동고래 무리가 수온이 높은 프레이저 섬 부근과 하비 베이, 번다버그의 버네트 헤즈 부근으로 몰려온다.

번다버그의 버네트 헤즈 항구에서는 일주일에 3번, 고래를 관찰하기 위한 크루즈선이 출항하는데, 매우 가까운 위치에서 고래가 해면 위로 치솟거나 물을 뿜는 멋진 모습을 목격할 수 있다.

▷ 몬 레포스 해변(Mon Repos Beach)

몬 레포스 해변은 매년 11~2월에 산란을 하러 바다거북들이 몰려온다. 바다거북은 모래밭에 보통 50~150개의 알을 낳는다. 그러나 산란은 주로 밤에 이루어지므로 렌터카를 이용하거나 시즌 중에 번다버그의 모텔에서 실시하는 바다거북 투어에 참가하는 것이 편리하다. 거북은 산란시 눈물을 흘린다.

9. 록햄프턴(Rockhampton)

남위 23° 26′30″인 록햄프턴은 남괴귀선이 통과하는 도시이다. 브리즈번 이북에서는 타운즈빌 다음 가는 커다란 도시로 인구는 약 56,000명이다. '로키(Rocky)'라는 애칭을 갖고 있는 아름다운 도시로 그레이트 케펠 섬으로 가는 입구이기도 하다.

카프리콘 코스트 전 지역에 걸쳐 3백만여 마리 이상의 소가 방목되고 있어 '소의 수도(Beef Capital)'로 알려져 있다. 설립 초기에 골드 러시가 일어나 한동안 번성을 구가하기도 하였으나, 현재는 목축업이 산업의 중요한 부분을 담당하고 있다. 현재 호주 최대 규모의 쇠고기 가공 수출 공장이 자리하고 있다. 시내 곳곳에는 초기 개척자 시대부터 식민지 시대에 이르기까지의 유서 깊은 건축물들이 잘 보존되어 있다.

▷ 볼 만한 곳

▷ 드림타임 문화센터(Dreamtime Cultural Centre)

록햄프턴 북쪽으로 6km 떨어진 브루스 하이웨이에 위치한 호주 최대 규모의 애버리지널 문화센터이다. 4만 년 전의 호주 최초의 원주민인 중앙 퀸즐랜드 애버리지널과 토레스 해협 아일랜더들의 전반적인 생활 문화양식 자료가 진열되어 있다. 특히 원주민들의 사물인지 해석 방식과 도구 제작 과정, 불씨 만들기 방법 등에 대한 관련 자료들은 눈여겨볼 만하다.

이외에 애버리지널 특유의 문양이 담긴 조각품과 그림, 유물을 통해 원주민의 예술세계를 직접 느껴볼 수 있다.

옥외 전시장에는 당시의 가옥이 재현되어 있는데, 집안 곳곳에는 생활이나 사냥에 사용되었던 각종 도구들이 놓여 있다.

▷ 식물원(Botanic Garden)

시티의 남쪽, 머리 라군(Murry Lagoon)에 면한 38ha의 식물원은 시민의 휴식처로써 사랑 받고 있는 공원이다. 머리 라군에 떠다니는 물새, 보행자 도로를 둘러싸듯이 서 있는 대나무 숲의 평화로운 모습은 이곳을 찾아 온 사람들에게 한가로이 휴식을 취할 수 있는 분위기를 만들어준다.

또한 병설된 동물원에서는 캥거루, 에뮤, 웜배트, 민물악어, 롤리

키트, 침팬지 등을 구경할 수 있다. 동물원 바로 옆에는 돔 형식의 야생 조류 공원이 있다.

▷ 예푼(Yeppoon)

이곳은 인구 1만 7천의 어촌 마을. 록햄프턴의 동쪽 40km 지점에 아름다운 해변이 있는 리조트 타운이 있다.

아담한 마을로 한가롭고 평화로운 분위기를 느낄 수 있는 곳이다. 그레이트 케펠 섬으로 향하는 배가 출발하는 로슬린 만과 가까이 있어서 관광객들이 많이 붐빈다.

▷ 쿠베리 공원(Cooberrie Park)

예푼에서 자동차로 20분 정도 북쪽으로 가면 산 속에 동물원이 보인다. 쿠베리 공원은 아직 그리 널리 알려져 있지 않은 까닭에 한적하다. 관광객이 적은 덕분에 시간에 제한 받지 않고 코알라를 마음껏 안아볼 수 있다. 코알라뿐만 아니라 희망자는 직원의 보호를 받으면서 뱀도 만져볼 수 있다. 물론 공원 곳곳에서 껑충껑충 뛰어 다니는 캥거루와도 만날 수 있다.

▷ 남회귀선 기념비(Tropic of Capricorn Spire)

시의 남쪽, 도슨 로드(Dawson Rd.)에 면해 있는 묘지 근처의 작은 공원 안에 태양을 향해 찌를 듯이 솟아 있는 이 기념비가 있는 곳이 바로 남위 23° 26′ 30″ 지점으로, 늘 기념 촬영을 하려는 관광객으로 붐비는 곳이다.

기념비 바로 뒤에는 카프리콘 코스트 인포메이션이 있으므로 여기에서 지도와 자료를 수집하자. 희망자에 한해서 록햄프턴을 소개하는 비디오도 볼 수 있다.

10. 에얼리 해변(Airlie Beach)

에얼리 비치는 그레이트 배리어 리프에서 가장 아름다운 경치를 자랑하는 휘트선데이 제도의 거점이 되는 작은 마을이다. 이곳에서 리조트 섬으로 가는 크루즈선의 발착장인 슈트 하버(Shute Harbour)까지는 약 8km. 이곳은 '세일링의 천국'으로 통한다.

▷ 볼 만한 곳

▷ 야생동물 공원(Wildlife Park)
1990년 4월에 오픈한 야생동물 공원은 에얼리 비치에서 슈트 하버 로드를 따라 프로서파인 방면으로 7km 정도 가면 있다. 코알라, 윌러비, 캥거루, 딩고 등 호주 특유의 동물들을 비롯하여 악어, 독사, 새 등이 700여 마리가 넘게 서식하고 있다.

▷ 콘웨이 국립공원(Conway National Park)
에얼리 비치의 뒤쪽으로, 파이오니어 만을 둘러싸듯이 펼쳐진 열대 우림이 콘웨이 국립공원이다. 지구가 하나의 대륙이었던 곤드와나 대륙 시대부터 나 있었다고 알려진, 수령 1,000년을 넘는 나무를 비롯하여 150여 종류의 열대 우림이 우거져 있다.

▷ 에얼리 비치의 크루즈
기후가 온난하고 바람이 잔잔한 휘트선데이 제도 일대는 최고의 크루징 포인트이다. 그런 만큼 크루즈의 종류도 매우 다양하다. 대부분의 크루즈는 에얼리 비치에서 8km 정도 떨어진 슈트 하버에서 출항하며, 일부는 에얼리 비치의 북쪽에 있는 아벨 포인트(Abel Point)에서 출항하는 것도 있다.

11. 휘트선데이 제도(Whitsunday Islands)

그레이트 배리어 리프 주변의 섬에서 체제할 때는 일상 생활을 잊고 자연을 만끽하는 것이 좋다. 시간적인 여유가 있는 사람에게는 장기체재를 권할 만한 아름다운 곳이다. 휘트선데이 제도에서는 환타지아 크루즈나 휘트선데이 커넥션 등의 배를 이용하여 각 섬으로 이동하는 것이 가장 일반적인 방법이다. 또한 여러 명이 함께 움직일 때는 수상 택시를 이용하는 것도 좋은 방법이다.

▷ 볼 만한 곳

▷ 헤이먼 섬(Hayman Island)
헤이먼 섬은 휘트선데이 제도의 최고급 리조트 호텔이다. 관광객으로 붐비는 성수기에도 숙박객 1명당 1.6명의 종업원이 시중을 들고 있는 곳으로 세계 최고의 서비스 수준을 자랑한다. 물론 휴양지로서의 설비도 완벽하다.

▷ 데이드림 섬(Daydream Island, Travelodge Resort)
슈트 하버에서 배를 타고 약 15분 후에 도착하게 되는 16ha의 작은 섬이다. 여러 가지 스포츠를 무료로 즐길 수 있는 것이 이곳의 매력이다. 윈드 서핑, 패들 스키, 스노클링 등의 수상 스포츠는 물론이고 테니스, 에어로빅, 미니 골프, 배구, 농구, 크리켓 등도 무료로 즐길 수 있다.

▷ 사우스 몰 섬(South Moll Island)

휘트선데이 제도 중 비교적 빨리 휴양지로 개발된 섬으로 슈트 하버에서 매일 09:00에 배가 출발한다(소요시간 약 20분). 수상 스포츠는 물론이고 하이킹과 골프도 즐길 수 있는 섬이다.

12. 해밀턴 섬(Hamilton Island)

휘트 선데이 제도 내 해밀턴 섬

해밀턴 섬은 1984년 12월 오픈한 이래 리조트 시설과 스포츠 시설을 지속적으로 확충하여 왔다. 현재는 호텔 이외에 시장, 레스토랑, 박물관, 동물원, 학교, 공항 등의 시설이 세워져 명실공히 '도시'로서의 역할을 하고 있으며 각종 시설이 갖추어져 있기 때문에 장기체재를 해도 불편을 느끼거나 싫증이 나지 않는 섬이다.

크루즈, 일광욕, 윈드서핑, 드라이브, 쇼핑 등 자신만의 리조트 라이프를 마음껏 즐길 수 있는 곳이다.

▷ 볼 만한 곳

▷ 파우나 공원(Fauna Park)

해밀턴 섬의 북쪽에 위치한 동물원으로 면적은 그다지 넓지 않으나 호주 특유의 동물들과 자연스럽게 만날 수 있다.

13. 타운즈빌(Townsville)

타운즈빌은 퀸즐랜드 주의 수도 브리즈번 이북에서 가장 큰 도시이다. 타운즈빌에서 가장 먼저 눈에 띄는 것은 아열대의 적갈색 대지 위에 우뚝 솟은, 높이 285m의 바위산 캐슬 힐(Castle Hill)이다. 캐슬 힐과 클리블랜드 만(Cleveland Bay) 사이에는 주택지가 펼쳐져 있다. 현재 보크사이트(Bauxite, 알루미늄 원료)로 호황을 누리고 있는 타운즈빌은 쇠고기 수출항으로도 유명하다.

타운즈빌의 북부에는 사탕수수밭이 펼쳐져 있는데 이곳의 사탕수수는 관목처럼 키가 커서 우선 잎사귀를 태운 후에 베어낸다. 그래서 옛날에는 일본인이나 남태평양의 섬사람들이 사탕수수밭 노동자로서 타운즈빌에 정착하여 커다란 낫으로 사탕수수를 일일이 베곤 하였으나 지금은 모든 것이 기계화되어 대량 수확을 하고 있다. 사탕수수밭에는 설탕 제조공장이 있다. 설탕은 현재도 퀸즐랜드 주의 주요 수입원이며 세계 각국으로 수출되고 있다. 6월부터 12월에 걸친 사탕수수 수확기에는 시커먼 연기가 일대를 뒤덮는다.

타운즈빌의 주요산업으로는 구리, 니켈 제련업과 콘크리트 석조 건축업을 꼽을 수 있다. 이에 관련하여 세계 최대의 아연업체 중 하나인 우리 나라 고려아연의 자회사 '선 메탈즈(Sun Metals)'가 타운즈빌 근교에 세계 제1의 아연 제련소를 건설 중에 있는 것은 한국인으로서의 자긍심을 느끼게 한다. 뿐만 아니라 인구 13만 명에 차분한 분위기를 지닌 타운즈빌은 우리 나라 경기도 수원과 자매결연을 맺은 도시이다.

▷ 볼 만한 곳

▷ GBR 원더랜드(GBR Wonder Land)

타운즈빌 마을의 한 가운데를 흐르는 로스 크릭(Ross Creak)가에 만들어진 그레이트 배리어 리프 원더랜드는 타운즈빌의 대표적인 관광명소이다. 이 안에는 옴니맥스 극장(Omnimax Theater)이 설치되어 있어서 매혹적인 자연의 모습을 화면에 담고 있다. 머리 위에서 발끝까지 돔 형식의 입체 화면으로 되어 있어 박력 있는 영상을 볼 수 있다. 세계 최대의 크기라고 하는 산호초 바다를 재현한 거대한 수족관도 볼거리다. 250만 리터의 바닷물이 들어가는 대형 수족관 안에는 65mm의 투병한 아크릴 판으로 만든 터널도 있어 마치 바다 속을 산책하고 있는 것 같은 기분이 든다. 또 하나의 볼거리는 퀸즐랜드 박물관(Museum of Tropical Queensland)으로, 노스 퀸즐랜드에 서식하는 동식물을 디오라마 형식으로 전시한다. 그 중에서도 특히 나비의 표본이 볼 만하다.

▷ 캐슬 힐(Castle Hill)

시 서쪽에 있는 해발 286m의 캐슬 힐은 야경이 아름다운 곳으로 인기가 높다. 정상으로 가는 워킹 트랙은 도심 변두리, 스탠턴 테라스(Stanton Terrace)에서 시작된다. 정상까지는 보통 사람이라면 30~40분 정도 걸린다. 경사가 급하고 길 자체도 매우 좋지 않기 때문에 되도록 발이 편한 신발을 준비한다. 정상의 전망대에서는 타운즈빌 시가지뿐만 아니라 마그네틱 섬의 모습까지 바라보인다.

▷ 퀸스 가든(Queens Garden)

시 중심가의 서쪽, 플린더스 스트리트에서 불과 1km 거리인 노스 워드(North Ward) 지역에는 열대 식물이 서식하는 퀸스 가든이 있다. 1870년에 세워진 식물원으로 넓이는 4ha이다. 주말이 되면 관광객뿐만 아니라 현지의 가족 동반객들도 이곳을 자주 찾는다. 식물원 곳곳에는 화려한 색깔을 자랑하는 꽃들이 얼굴을 내밀고 있는데 녹색의 나무 사이사이로 빨간색, 노란색, 오렌지색 등의 꽃이 어우러져 있어 보기에 아름답다.

14. 마그네틱 섬(Magnetic Island)

그레이트 배리어 리프에는 여러 개의 섬들이 있지만 주민들이 실제로 생활을 하고 여행자들이 리조트 기분을 만끽할 수 있는 섬은 극히 드물다. 마그네틱 섬은 인구 2500명이 사는 섬의 하나로 섬 한가운데에 우뚝 솟아 있는 표고 496m의 쿡 산(Mt. Cook)으로 인해 열대 정글의 이미지가 강하게 풍기는 섬이다. 야생 동식물이 열대의 자연 속에서 보호되고 있으며 밤이 되면 동물들이 호텔 주변에 모습을 드러내기도 한다.

이곳 생태계를 보면 유칼립스로 둘러싸인 다양한 수목류와 열대 식물, 야생 코알라, 월러비, 나무 개구리, 뱀 등의 야생동물과 160여 종의 야생조류가 서식하고 있다. 또한 각종 해양 스포츠를 즐길 수 있어 타운즈빌 주변에서 가장 각광받는 휴양지이다.

▷ 볼 만한 곳

▷ 오아시스 공원(Oasis Park)

마그네틱 섬 북부의 호스슈 베이에 위치한 공원으로 코알라의 천국이다. 물론 코알라 이외에 캥거루, 에뮤, 앵무새 등과도 만날 수 있다. 규모는 작지만 볼 만한 것이 많은 동물원이다.

▷ 삼림 산책(Bush Walking)

마그네틱 섬에서는 일광욕 이외에 삼림 산책도 권할 만하다. 섬에는 편도 600m에서 8km 사이의 산책로가 여러 개 놓여 있으므로 각자 자신의 기호와 체력에 맞는 코스를 선택하여 삼림 산책을 즐겨보자.

15. 케언스(Cairns)

케언즈 항구의 중앙 쇼핑 센터

케언스는 퀸즐랜드의 북부에 위치하는 아담한 마을로 인구는 약 10만 명이다. 호주의 동북부 동해안 일대인 그레이트 배리어 리프로의 게이트웨이 타운 가운데 케언스는 가장 북쪽에 있다. 최근엔 케언스를 중심으로 내륙의 열대 우림에 도전하는 투어도 왕성하게 개최되고 있어 각국의 여행객들을 손짓하고 있다.

케언스는 1876년에 시작된 골드 러시와 함께 금광에서 채취한 금을 실어 나르는 항구로서 활기를 띤 곳이었다. 그 뒤 사탕수수를 실어 나르는 적출항으로 발전했다. 도시로서의 면목을 갖추기 시작한 것은 1890년대, 애서턴 고원의 입구인 쿠란다까지 철도가 개통되면서부터이다. 그리고 1990년에 국제공항이 완성되고 난 후부터는 리조트 타운으로서의 면모를 갖추었다.

▷ 볼 만한 곳

▷ 와일드 월드(Wild World)

앵무새, 캥거루, 웜배트, 펠리컨, 공작 등을 방목하는 동물원이다. 이곳에서는 오전과 오후에 각각 1회씩 악어, 뱀, 앵무새, 개구리 쇼를 구경할 수 있는데 앵무새와 개구리가 등장하는 Toad Race가 가장 인기 있다. 800종 이상의 동물들이 있다.

▷ 케언스 미술관(Cairns Regional Gallery)

퀸즐랜드 최대 규모의 지역 미술관으로, 현재 예술가를 포함한 호주와 전 세계 유명화가들의 작품이 전시되어 있다. 애버리지널과 토레스 스트레이트 아일랜더의 토속적인 그림과 다양한 공예품이 전시되어 눈길을 끈다. 정기적으로 특별 전시회가 개최된다.

▷ 그린 섬(Green Island)

맑게 갠 날 아침에 배를 타고 그린 섬으로 출발하면 아직 태양이 뜨겁게 달아오르지 않아서 상쾌한 바람을 맞으며 항해를 즐길 수 있다. 수면은 태양에 반사되어 반짝반짝 빛을 낸다. 열대 지역이기는 하지만 아침에는 시원한 바람이 불어오므로 더위를 거의 느낄 수 없다.

짙푸른 바다가 녹색으로 바뀔 즈음 크루즈 배는 그린 섬의 기다란 부두에 도착한다. 배에서 내리면 섬의 이름 그대로 울창한 녹색의 숲과 그 숲을 둘러싸듯이 펼쳐진 백사장이 반갑게 맞이해 준다.

▷ 피츠로이 섬(Fitzroy Island)

케언스에서 비교적 간단하게 이동할 수 있는 섬으로 그린 섬과 함께 관광 명소로 손꼽히는 곳이다. 대륙에서 불과 6km, 케언스에서 동남동쪽으로 26km 지점에 위치한 열대 섬으로 열대 우림이 울창하여 수상 스포츠이외에 삼림 산책과 조류 관찰도 가능하다.

▷ 쿠란다(Kuranda)

케언스의 북서쪽 약 34km에 위치하는 쿠란다는 바론 강을 따라서 나 있는 열대 우림 속의 작은 마을이다. 이 마을에서 가장 번화한 곳이 쿠란다 마켓 주변으로, 이 시장에서는 싼 가격의 다양한 선물용품을 구입할 수 있다. 원주민의 자푸카이 댄스(Tjapukai Dance) 쇼도 매일 열린다. 그 외에 작은 동물원과 나비 보호구역 등 볼거리는 많다.

케언스 역에서 출발하는 쿠란다행 철도는 열대 우림과 웅대한 폭포 등을 여유롭게 감상할 수 있어서 여행객들에게 인기를 끌고 있다. 이곳은 아서턴 고원(Atherton Tableland)의 입구로 잘 알려진 도시다.

16. 포트 더글라스(Port Douglas)

케언스의 북쪽으로 65km 떨어진 지점에 위치한 포트 더글라스는 6.4km 길이의 4 Miles Beach에 면한 항구 도시로 태평양과 딕슨 인렛(Dickson Inlet)이라는 강 하구 사이에 끼어 있다. 딕슨 인렛은 그레이트 배리어 리프 북부로 향하는 크루즈 선박의 발착지이자 게임 낚시의 기지로써 유명한 곳이다.

포트 더글라스의 도로

 포트 더글라스는 최근에 휴양지로써 각광을 받기 시작하고 있다. 호주에서 손꼽히는 넓이의 풀장과 잘 다듬어진 골프장을 갖춘 세라턴 미라지 호텔을 세운 것이 관광지로 발돋움하는 계기가 되었다고 한다.

▷ 볼 만한 곳

▷ 난파선 박물관(Shipwreck Museum)
 그레이트 배리어 리프 지역에서 발견된 난파선 자료 유물을 전시한 박물관이다. 대부분의 유물은 수중사진작가로 널리 알려진 벤 크롭(Ben Cropp)이 발견하여 인양한 것이다. 특히 1791년에 '판도라' 호에서 인양한 유적과 150년 전의 난파선을 인양 당시의 모습 그대로 재현한 자료들이 볼 만하다.

▷ 레인프레스트 해버탯 야생보호 구역
 (The Rainforest Habitat Wildlife Sanctuary)
 천여 마리의 동물과 65종의 조류, 30여 종의 나비들이 서식하고 있는 야생 동물원이다. 공원 내 숲길을 산책하며 악어와 캐서웨이 등의 호주 토착 동·식물을 만날 수 있다.

17. 마운트 아이자(Mt. Isa)

 퀸즐랜드에서 그레이트 디바이딩 산맥 서쪽에 있으며, 인구가 2

만 7천여 명으로 최대 규모의 지방도시이다. 은과 납, 구리, 아연의 세계 최대 생산량을 자랑하는 곳으로 호주의 대표적인 광산도시이기도 하다. 도시에 들어서면 우선 다른 곳에서는 볼 수 없었던, 하늘 높이 솟아있는 공장 굴뚝들이 먼저 눈에 들어온다. 흰 연기를 뿜어내는 공장들을 볼 수 있다.

약 50여 개국에서 이주해 온 다양한 민족이 거주한다. 시내는 심슨 스트리트(Simpson St.)와 마리안 스트리트(Marian St.)를 주축으로 쇼핑가와 편의시설이 집중되어 있다. 도시가 비교적 큰 규모이지만 쇼핑가 주변은 도보로 15분이면 충분히 돌아볼 수 있다. 전체 인구의 20%가 광산 노동에 종사한다.

▷ 볼 만한 곳

▷ 리버슬리 화석 전시관(Riversleigh Fossils Interpretive Centre)
마운트 아이자에서 북서쪽으로 250km 떨어진 리버슬리 스테이션(Riversleigh Station)에서 발견된 화석들을 전시한 자연 학습장이다. 지구상에서 멸종되어 사라진 선사시대의 동물 뼈와 날지 못하는 거대한 새, 유대류를 비롯해 2천만 년 전의 작은 박쥐 화석이 전시되어 있다. 대부분 3천만 년 이상 된 화석들로, 세계 유산으로 지정되어 있다. 화석뿐만 아니라 호주 대륙 초기 시대에 생존했던 코알라와 캥거루, 오리너구리(플라티푸스)의 원조 유대류가 실물 크기로 제작되어 있다. 자연환경의 변천과정이 실제로 재현되어 교육적인 면에서 뛰어난 효과를 거두고 있는 전시관이다.

▷ 프랭크 애스톤 광산 박물관
(Frank Aston Underground Museum)

마운트 아이자에 관한 역사 박물관으로, 초기 마운트 아이자 거주자들의 생활용품과 도구, 당시의 신문들이 전시되어 있다. 언뜻 보면 잡다한 고물상을 연상시키지만 찬찬히 둘러보면 흥미로운 자료들이 많이 전시되어 있다. 내부로 연결된 계단 아래에는 지하광산을 재현한 동서 길이 65m의 터널이 뚫려 있다. 광산개발 장비들을 관람할 수 있으며, 당시의 열악했던 작업환경을 짐작해볼 수 있다. 색색의 다양한 광물과 원석들도 눈길을 끈다.

18. 허비 베이(Hervey Bay)

브리즈번에서 북쪽으로 295km 떨어진 인구 4만 5천 명의 도시이다. 세계 자연문화 유산으로 지정된 프레이저 아일랜드로 가는 경유지이다.

허비 베이의 관광 하이라이트는 매년 8~10월에 남극해로 되돌아가는 3천여 마리의 험프백 고래 떼의 환상적인 물놀이를 가까이서 관찰하는 것이다. 고래 무리가 이동하는 매년 8월에는 이를 축하하기 위한 고래 페스티벌이 개최된다. 허비 베이는 프레이저 아일랜드로 가는 경유지로, 숙소마다 투어를 기다리는 여행자들의 들뜨고 흥분된 분위기가 느껴지는 곳이다. 반면 시내 자체는 매우 조용한 분위기가 특징이다.

▷ 볼 만한 곳

▷ 험프백 고래의 이동

고래는 하루에 1,500kg에 달하는 크릴을 섭취하는데, 새끼를 낳기 위해 북 퀸즐랜드로 이동하는 동안에는 먹이를 전혀 섭취하지 않는다. 따라서 여름철에는 크릴이 많이 나는 남극해 주변에 머물면서 에너지 축적을 위해 엄청난 양의 크릴을 먹어치운다. 남극해에서부터 북 퀸즐랜드의 그레이트 배리어 리프까지 약 6~7개월에 걸쳐 태양과 달, 수온, 수심, 조류 등을 이용한 뛰어난 항해술로 시간당 5~6km의 속력으로 이동한다. 이동하는 고래들은 서로의 맥박을 통해 의사전달을 하는 것으로 알려져 있다.

▷ 고래관찰(Whale Watching)

허비 베이에서 어미와 새끼 고래 떼 3천 마리를 한꺼번에 관찰할 수 있는 최적의 시기는 8~10월이다. 새끼를 낳기 위해 따뜻한 북 퀸즐랜드에 머물던 고래 떼들이 남극해로 되돌아가는 모습을 볼 수 있다. 고래가 이동하는 이 시기에는 돌고래와 거북, 바다 젖소인 드공도 함께 만날 수 있다. 가장 많이 관찰되는 고래는 곱사등이 고래인 험프백 고래이다.

▷ 네이처 월드(Nature World)

매리보로 로드와 페어웨이 드라이브 코너(Cnr. Maryborough Rd. & Fairway Dr.)에 위치한 15ha 규모의 야생 동물원이다. 호주의 다양한 갖가지 동물을 직접 관찰할 수 있는 녹지공원으로, 코알라와 캥거루, 에뮤, 야생조류들의 먹이 주기가 가능하다. 동물의 생태에 대한 안내 설명과 동물 쇼, 먹이 주기 쇼가 시간대별로 펼쳐지므로 입구에서 이벤트 시간표를 구해 참고한다. 저녁에는 나이트 투어가 개최된다.

제 6 장 남호주(South Australia)

남부 호주(SA)는 중남부에 위치하는 인구 약 147만의 주로 주도는 애들레이드. 1836년 윌리엄 라이트 제독에 이해서 개척의 역사가 시작되었다. 바로사 밸리를 중심으로 와인의 산지로서, 또한 양질의 오팔 산지로서 알려져 있다. 인구의 70% 이상이 주도에 집중해 있으며 주의 대부분은 건조지대이다. 별명은 'The Festival State'라고 불린다.

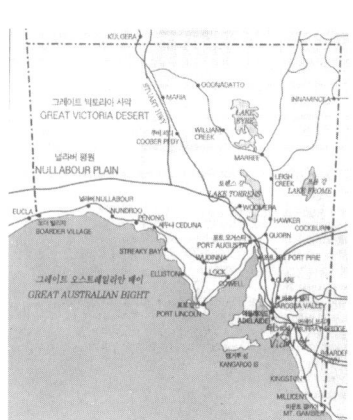
남호주의 지도

남호주는 사우 식민위원회에 의해 건립되었다. 이 주는 호주의 다른 주들과 달리 유배지로 개척된 것이 아니다.

1. 애들레이드(Adelaide)

애들레이드의 전경

애들레이드는 남호주의 주도로 세인트 빈센트 만에 접해 있는, 인구 110만 명의 도시이다. 1836년에 윌리엄 라이트 총독에 의해 도심 한가운데의 로렌스 강을 중심으로 남북으로 나누어져 바둑판 같이 정교하게 구획된 방사형 도시로 유명하다. 애들레이드는 신록 무성한 공원이 시내 곳곳에 산재되어 있어 '정원의 도시'라고 불린다. 또한 2년마다 세계적인 문화 예술제가 열려 '페스티벌의 도시'라는 애칭을 지니고 있기도 하다. 19세기 빅토리아풍의 고색창연한 석조 건물이 늘어서 있어 영국적인 분위기가 물씬 풍기는 애들레이드는 호주의 다른 도시와는 달리 매우 아담하고 조용한 도시로 알려져 있다.

시의 중심은 교통의 요지인 빅토리아 광장이고, 이 광장을 동서남북의 4개 테라스가 둘러싸고 있다. 중심도로는 빅토리아 광장을 남북으로 관통하는 킹 윌리엄 스트리트(King William St.)이다. 주변에 은행과 관공서 등의 행정기관이 밀집되어 있다. 애들레이드에서 가장 붐비는 상업쇼핑 지역은 런들 몰과 하인들리 스트리트이다. 런들 몰은 거리의 악사나 화가들이 많은 곳으로, 주말에 길거리 공연이 인기리에 성행하고 있는 지역이다. 하인들리 스트리트는 분위기 좋은 레스토랑과 카페, 바, 나이트클럽이 즐비한 엔터테인먼트 지역이다. 이 도시는 호주에서 가장 여유롭고 매력적인 곳이다. 또한 이곳은 밸리 양조장 관광의 시발점이다.

▷ 볼 만한 곳

▷ 페스티벌 센터(Festival Center)

애들레이드가 페스티벌의 도시라고 불려지는 이유는 바로 이 페스티벌 센터의 명성에 기인한다. 토렌스 강이 굽어지는 곳, 엘더 공원의 한쪽에 자리한 페스티벌 센터는 애들레이드 예술제의 메인 회장으로, 페스티벌 극장과 야외 콘서트 홀이 있다. 1960년부터 짝수 해에 열리기 시작한 애들레이드 페스티벌은 음악, 연극, 영화, 무용 등의 분야에서 100가지 이상의 이벤트로 공연되는 세계적인 예술 페스티벌이다. 이 페스티벌에는 국내외 연극인, 음악가, 작가, 예술가들이 대거 참가한다.

페스티벌 극장은 시드니 오페라 하우스의 2배에 해당하는 규모이다. 콘서트 홀에는 세계 최대 규모의 실버 주빌리 오르간이 설치되어 있으며, 다양한 조각품과 벽화들이 아름답게 전시되어 있는 아트 스페이스도 볼 만한 곳이다.

▷ 노스 테라스(North Terrace)

페스티벌 센터에서 가까운 곳에 있는 노스 테라스는 토렌스 강의 전경을 한껏 보여줄 뿐만 아니라 문화와 역사의 숨결을 느끼게 하는 곳이다. 노스 테라스 동쪽으로는 박물관, 미술관, 애들레이드 대학, 에어즈 하우스 등이 위치하고 있다. 또한 부근에서 전몰자 위령탑이나 식물원을 볼 수 있다.

▷ 구 의사당(Old Parliament House)

구 의사당은 애들레이드 역 바로 옆에 있는 건물로, 애들레이드에서 가장 오래된 르네상스 건물 중의 하나이다. 1855년에 세워진 건물로 1939년까지 의회가 열렸던 곳이다. 현재는 남호주의 역사와 정치를 보여주는 박물관으로써 일반인에게 공개되고 있다. 박물관에서는 영화, 컴퓨터, 그림 등을 통하여 남호주의 다양한 모습을 보여주고 있다.

▷ 라이트 전망대(Light's Vision)

시의 북부 몬테피오레 언덕(Montefiore Hill)에 위치한 전망대이다. 애들레이드 시내의 야경을 조망하기 좋은 곳이다. 전망대 앞에는 애들레이드 시를 건설한 윌리엄 라이트 대령이 시내를 향해 손을 뻗고 있는 동상이 세워져 있다. 동상 뒷면에는 '내가 이 땅을 주도로 선택한 것에 대해서는 후세 사람들의 판단에 맡기노라'라는 유명한 명언이 새겨져 있다.

▷ 엘더 공원(Elder Park)

토렌스 강 남쪽에 넓게 펼쳐진 공원으로 주말이 되면 대형 콘서트도 열려 많은 시민들로 붐비는 곳이다. 토렌스 강이 가까워서 2인용 페달 보트를 타고 강가를 돌아볼 수 있고, 킹 윌리엄 스트리트에 있는 페스티벌 센터까지는 걸어서도 갈 수 있는 거리이다. 이곳에서는 토렌스 강을 따라 동물원까지 30분 동안 왕복하는 포파이 유람선이 인기 있다. 강변에는 흑조들이 여유롭게 헤엄치고 있다.

▷ 남호주 박물관(South Australian Museum)

오세아니아 및 남호주의 역사와 문화에 관련된 자료를 비롯해 해양 자연 생태계에 관한 자료를 방대하게 전시해 놓은 박물관이다. 1856년에 설립된 건물 정문의 거대한 공룡뼈가 눈길을 모은다. 특히 애버리지널에 관한 생활도구와 전통회화 작품이 인상적인 박물관으로 볼 만하다.

▷ 남호주 미술관(Art Gallery of South Australia)

박물간 바로 옆에 위치한 남호주 미술관에는 현대 호주와 유럽, 아시아의 회화, 조각 등을 모아놓고 있다. 그 가운데 동남아시아의 도자기 컬렉션이 특히 유명하다. 미술관 건물 자체가 아름답다.

▷ 에어즈 하우스(Ayers House)

19세기 중반, 42년간 주 수상이었던 헨리 에어즈의 관저로 건립된 건물. 빅토리아 시대의 생활 양식을 재현한 거실, 침실 등을 둘러볼 수 있으며 건물 안에는 이름난 레스토랑도 있다. 잘 보존된 가구와 골동품들이 우아하다.

▷ 식물원(Adelaide Botanic Gardens)

1855년에 설립된 이 식물원에서는 20ha 규모의 다양한 아열대와 지중해의 식물들을 볼 수 있다. 넓은 부지에 수령 100여 년이 넘는 각종 수목들과 연못과 호수, 아름다운 조각품과 어우러져 시민들의 휴식처로 활용되고 있다.

이외에 독특한 유리 피라미드 건물구조를 지닌 남반구 최대 규모의 바이센테니얼 온실(Bicentennial Conservatory)에서는 호주 북부와 뉴기니아, 인도네시아, 필리핀 등지에서 서식하는 열대성 식물을 관찰할 수 있다.

▷ 이주민 박물관(Migration Museum)

초기 이주자들의 생활방식과 역사, 풍습 등을 살펴볼 수 있는 박물관이다. 죄수들이 첫발을 내딛은 다른 주와는 달리 1836년에 일반 자유인들이 처음 정착을 시작하였는데, 남호주 이민자들에 의한 복합문화가 형성되기까지의 과정이 상세히 소개되어 있다.

▷ 애들레이드 동물원(Adelaide Zoo)

녹지와 토렌스 강변에 위치한 동물원. 100여 년이 넘는 빅토리아 양식의 구 건축물 사이에서 1500여 종의 동물과 각양각색의 식물이 자라고 있다. 맬도널드 남호주 열대우림관(Mcdonalds South Asian Rainforest)에는 16종의 포유류와 조류가 야생 그대로 전시되어 발걸음을 멈추게 한다. 붉은 팬더와 페르시안 표범도 볼 만하다.

▷ 세인트 피터스 성당(St. Peter's Cathedral)

토렌스 강을 건너 북쪽으로 가면 스테인드글래스가 아름다운 성당이 나타난다. 1869년에 착공되어서 완성된 때는 1904년. 두 개의 첨탑이 독특한 고딕 건축으로 밤이 되면 환상적인 조명이 비춰져서 더욱 인상적이다. 내부 스테인드글래스가 볼 만하다. 한국어 안내서도 있다.

▷ 탄다냐(Tandanya)

애버리지니 문화연구소. 애버리지널 문화의 보존육성과 이해를 도모하기 위해 만드러진 문화연구소이다. 갤러리에는 애버리지널 예술가들의 조각품과 그림, 수공예품, 사진 등이 전시되어 있다. 내부에서는 애들레이드의 수공예품을 팔고 있다.

▷ 애들레이드 힐스(Adelaide Hills)

애들레이드 동부에서 동북부로 이어진 구릉 지대를 애들레이드 힐스라고 한다. 계곡, 호수, 포도밭, 사과밭, 배밭 등 변화무쌍한 경관을 즐길 수 있다.

▷ 한도르프(Hahndorf)

이곳은 애들레이드에서는 29km 정도 떨어져 있는데 차로 이동하면 1시간이 채 못 되는 거리이다.

한도르프는 바로사 밸리와 같이 독일인 이민에 의해 세워진 유서 깊은 도시이다. 1840~1860년대의 이민 당시의 시가지로 아직도 남아 있어서 독일의 시골 거리를 생각나게 한다. 메인 스트리트를 따라서 분위기 있는 건물이 늘어서 있고, 독일풍 레스토랑과 선물 가게, 피혁 공예점, 앤틱 숍 등이 들어차 있어 조금은 상업적인 냄새를 풍기기도 한다. 또한 매년 1월에는 저먼 비어 페스티벌(German Beer Festival)도 개최되고 있다.

한도르프 개척일

▷ 토렌스 계곡(Torrens Gorge)

토렌스 강변에 형성된 아름다운 계곡으로 애들레이드 힐스 북부에 위치한다. 커들리 크리크(Cudlee Creek)에 위치한 Gorge Wildlife Park는 넓이가 14에이커나 되는 개인 소유의 동물원이다.

▷ 토이 팩토리(Toy Factory)

이곳은 목재 장난감 공장으로, 6층짜리의 건물과 거의 비슷한 높이의 세계 최대 대형 목마가 입구에 서 있어서 바로 알 수 있다. 목마 위로 직접 올라가 볼 수 있어서 아이들에게 인기가 있는 곳이다. 공장 내에서는 장난감 제조 공정을 견학할 수 있는 것은 물론, 장난감을 그 자리에서 싼 가격으로 구입할 수도 있다.

▷ 앤틱 클락 박물관(Antique Clock Museum)

이 박물관은 세계에서 가장 큰 뻐꾸기 시계를 비롯해 소장가가 수년 동안 모아 온 100여 점의 시계와 관련된 품목들을 전시하고 있는 시계 박물관이다.

2. 바로사 밸리(Barossa Valley)

바로사 밸리의 포도원

애들레이드에서 1시간 거리에 있는 바로사 밸리는 애들레이드의 북동쪽 약 55km에 위치한 호주 와인의 명산지이다.

1842년 독일에서 종교의 자유를 찾아 이 땅에 건너온 루터파 기독교인들이 이곳이 라인 강 유역의 지형과 닮은 점에 착안하여 포도를 재배하기 시작한 것이 오늘날 바로사 밸리가 와인의 명산지로 자리잡게 된 발단이다.

밸리(계곡)라는 지명으로 불리고 있지만 실제 지형은 거대한 구릉지이며 마을이나 와이너리는 사방 20km 범위 내에 흩어져 있다. 바로사 밸리의 주요 마을은 린도크(Lyndoch), 타눈다(Tanunda), 누리옷파(Nuriootpa), 안가스턴(Angaston) 등이다. 가장 큰 매력은 넓은 포도밭, 향기로운 와인과 함께 아름다운 숲 속에 우아한 자태로 서 있는 유럽식 건물과 독일의 정취가 물씬 풍기는 거리의 풍경이 한데 어우러진 모습이라 할 수 있다.

▷ 볼 만한 곳

▷ 펜폴드 와이너리(Penfolds Winery)
150년의 역사를 지닌 바로사 밸리 최대 규모의 와이너리로, 세계적인 명성을 지닌 포도주를 무려 2천3백만 ℓ나 저장할 수 있는 곳이다. 또한 와인의 제조 과정이나 저장용 술통의 제작 현장 등을 견학할 수 있는 가이드 투어도 주최하고 있다. 펜폴드는 실제로 공장 내부까지 견학할 수 있는 유일한 와이너리이다.

3. 글레넬그(Glenelg)

이곳 글레넬그는 애들레이드 시민들이 즐겨 찾는 비치 리조트 지역인 동시에 1836년 초대 총독 힌드마시가 이민자 269명과 함께 이주하여 애들레이드에 처음으로 정착한 역사적 장소이기도 하다.

▷ 볼 만한 곳

▷ 버팔로 호(HMS Buffalo)
글레넬그 비치 북쪽에 정박되어 있는 범선으로, 1813년에 인도에서 축조되었다. 1836년 12월 28일에 당시 첫 총독이었던 힌드마시가 남호주 최초의 이민자 269명을 태우고 항해한 기록을 지닌 역사적인 범선이다. 현재의 범선은 1982년에 복원한 복제품으로 내부에는 당시의 항해일지와 범선의 내력에 관한 자료가 있는 박물관과 레스토랑이 있다. 이곳 관광명소의 하나다.

▷ 글레넬그 해변(Glenelg Beach)

눈부신 모래 사장이 뻗어 있는 글레넬그는 해수욕은 물론 서핑, 요트, 낚시 등을 즐길 수 있어 이곳 시민들에게 가장 인기있는 곳이다.

4. 캥거루 섬(Kangaroo Island)

동물의 천국 캥거루 섬

이 섬은 동물의 천국이라고 할만큼 사람의 손이 닿지 않은 섬이다. 천연의 해변과 자연 그대로의 아름다움을 느낄 수 있다.

애들레이드의 남쪽 112km 지점에 떠 있는 캥거루 섬은 마치 호주 대륙의 축소판과 같다. 깎아지른 듯한 절벽이 있는가 하면 아름다운 모래사장이 있으며 건조한 사막이 있는가 하면 유칼리가 울창한 밀림도 있다. 또한 캥거루나 코알라, 웜배트, 고슴도치, 포섬 등의 야생 동물들이 서식하고 있으며 해안에는 펭귄 무리도 나타난다. 모래사장이나 자갈밭에서는 물개가 휴식을 취하고 있으며 근해에는 돌고래나 고래, 상어 등이 유유히 헤엄을 치고 있다. 캥거루 섬은 문자 그대로 야생 동물의 낙원이다.

캥거루 섬의 면적은 4,405㎢로 호주에서 세 번째로 큰 섬이다. 자연이 파괴되는 것을 최대한 막기 위하여 도로의 태반은 포장되어 있지 않다. 국립공원과 자연보호구역이 무려 21곳이나 지정되어 있는 야생 동물의 천국이다.

▷ 볼 만한 곳

▷ 실 베이(Seal Bay)

킹스코트에서 45km 떨어진 섬의 남단, 케이프 간디움(Cape Gantheaume) 자연보호 공원 안에 있다. 야생 바다사자와 물개의 서식지로 바다사자를 가까이 에서 관찰할 수 있는 세계 유일의 스포트로 유명하다. 그러나 관리자의 가이드 없이 들어가는 것은 허용되지 않고, 너무 가까이 가면 물리는 일도 있으므로 주의해야 한다.

▷ 리마커블 바위(Remarkable Rocks)

이 바위는 애드미럴 아치 동쪽으로 6km 떨어진 곳 끝 부분에 얹혀 있는 특이한 형상의 기암괴석으로 높이는 30m 정도이다. 남극으로부터 몰아치는 차가운 바람의 풍화작용으로 인해 형성된 거대한 바위는 잊을 수 없는 감동을 안겨주는 자연의 선물이다. 간혹 멀리서 기암군을 바라보면 낙타 형상 같아 보이기도 한다. 저녁 무렵에 황혼으로 물든 붉은 색 바위와 푸른 바다의 색채 대비는 자연의 신비로움을 그대로 전해준다.

▷ 플린더스 체이스 국립공원(Flinders Chase National Park)

섬의 동쪽 끝을 차지한 이 섬은 다양한 야생 동물과 식물을 만날 수 있는, 면적 7만 4천ha의 대규모 국립공원으로 캥거루 섬의 관광 하이라이트이다. 공원 내에는 야생캥거루와 이뮤, 포섬 등이 서식하고 있으며, 잠에 곯아떨어져 있는 코알라도 쉽게 관찰할 수 있다.

▷ 켈리 힐 종유동(Kelly Hill Cave)

캥거루 섬 남부에 있는 종유동으로 실 베이에서 플린더스 체이스 국립공원으로 향하는 도중인, 사우스 코스트 로드(South Coast Rd.) 도로변에 있다. 매일 6회의 가이드 투어가 출발하는데 투어에 참가하지 않으면 종유동에 들어갈 수 없다. 동굴 내부에는 종유동 특유의 석순과 종유석이 만들어 낸 환상적인 세계가 펼쳐진다.

주위는 켈리 힐 종유동 자연보호 공원으로 지정되어 있다.

▷ 애드미럴 아치(Admiral's Arch)

돌출한 해안가 절벽 아래에 위치한 침식바위이다. 거대한 동물이 입을 벌리고 있는 듯한 형상이 신기하다. 야생물개인 '뉴질랜드 퍼 실(Fur Seal)'의 서식지로도 잘 알려져 있다. 뉴질랜드 퍼 실은 검은빛을 띠며 바다사자보다 약간 작은 체구를 지닌 것이 특징이다.

▷ 클리포드 벌꿀농장(Clifford's Honey Farm)

캥거루 섬에만 존재하는 리구리안 벌(Ligurian Bees)이 만들어내는 벌꿀농장이 있는 곳이다. 리구리안 벌은 다른 종의 벌들과는 교미하지 않아 순수한 혈통을 지닌 희귀벌이다. 600ha 규모의 농장에서는 연간 약 1만kg의 벌꿀을 채취하고 있다.

▷ 이뮤 리지 유칼립스 정제소(Emu Ridge Eucalyptus Distillery)

캥거루 섬에 서식하는 유칼립스 나무에서 채취한 기름을 정제하는 곳이다. 유칼립스 기름은 남호주에서 가장 먼저 생산된 역사를 지닌다. 1890년대에는 캥거루 섬 최대의 산업으로 부각되었으나 점차 쇠퇴하여 현재 남아 있는 정제소는 킹스코트에 있는 이뮤 리지 단 한 곳뿐이다. 정제소에서는 기름이 만들어지는 과정을 직접 볼 수 있다. 유칼립스 기름은 집안 곳곳의 얼룩이나 악취를 제거해 줄 뿐 아니라 벌레 물린 데 혹은 상처, 타박상, 근육통 치료에 상당한 효과를 보이는 치료제로도 사용된다. 호주의 대표적인 토산품의 하나다.

▷ 점벅(Jumbuck)

양털은 캥거루 섬 최대의 산업이다. 점벅이란 호주의 속어로 양을 의미하는 단어이다. 이곳에서는 양털깎기 쇼와 양떼를 모는 목양견의 활동을 견학할 수 있다. 원래 양털깎기 시즌은 매년 9월이지만 점벅에서는 관광용으로 1년 내내 쇼가 진행되고 있다.

5. 쿠버 피디(Coober Pedy)

쿠버 피디의 지하 건물

남호주의 내륙부에 펼쳐진 대황야에 오팔 채굴로 유명한 도시 쿠버 피디. 1911년 이 도시에서 최초로 오팔이 발견된 이후 쿠버 피디는 오팔 채굴의 도시로 호주 전역에서 주목을 받게 되었다. 대부분의 채굴 노동자들은 그리스, 유고슬라비아, 이탈리아 등에서 건너온 이민자들로 지금도 오팔 채굴에 정열을 쏟고 있다. 현재 약 40여 개국의 이민자들이 거주하고 있다.

　여름에는 기온이 40~50℃까지 올라갈 정도로 무덥다. 지상에서는 생활을 할 수 없을 정도로 덥기 때문에 건물의 대부분은 지하에 만들어져 있다. 무더운 날씨에도 지하에서는 시원하고 쾌적한 시간을 보낼 수 있다고 한다.

6. 빅토르 하버(Victor Harbor)

　빅토르 하버는 애들레이드에서 남쪽으로 85km 떨어진 플루리우(Fleurieu) 반도에 있는, 인구 6천여 명의 자그마한 항구도시이다. 현재는 밀과 양모의 선적항으로서 남호주에서 가장 빠른 속도로 성장하고 있는 도시이다.

　또한 크리스마스 트리처럼 생긴 침엽수들로 인해 '크리스마스 마을'이라는 애칭으로 불리기도 하며, 6~10월에는 서던 라이트 고래가 물살을 가르며 헤엄치는 장관을 볼 수가 있다.

▷ 볼 만한 곳

▷ 고래센터(Whale Centre)
　이곳은 남호주와 빅토르 하버 연안지역의 고래 산업에 관한 전반적인 내용을 살펴볼 수 있는 정보센터이다. 내부에는 빅토르 하버의 고래 산업 발전 현황과 역사, 해안 생태계 관련 비디오 자료가 많다.

제 7 장　노던 테리토리(Northern Territory)

호주인들은 노던 테리토리를 흔히 'Top End'라는 단어로 즐겨 표현한다.

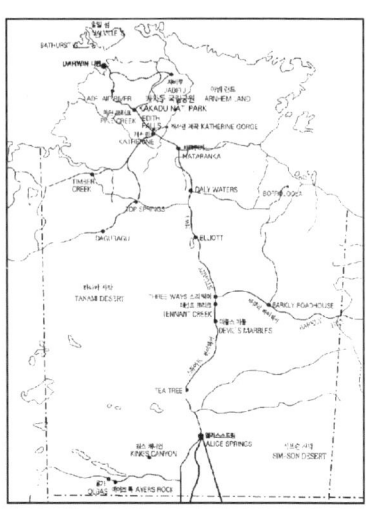

노던 테리토리 지도

1978년 노던 테리토리는 연방정부 직할지에서 자치주로 승격되었다. NT의 주민들은 아직도 대부분이 원시에 가까운 생활을 하는 원주민 애버리지니이다. 주민 4명 중 1명이 원주민. 이곳에서는 우라늄 광산의 지주 역시 애버리지니이다. 애버리지니의 인권이 회복되면서 그들의 토지 소유권이 인정됨에 따라 토지 사용료나 광산 권리금 등을 직접 챙길 수 있게 되었다. 앞으로 애버리지니의 정치 의식이 발달하게 되면 언젠가는 유색인에 의한 최초의 주정부가 실현될 날도 올 것이다.

현재 관광지로서의 노던 테리토리는 호주에서 가장 주목을 받고 있는 지역이다. 호주의 상징이라고 할 수 있는 세계 최대의 사암 에어즈 록을 비롯하여 웅장한 자연미를 보여주는 캐서린 계곡, 야생 동물이 풍부한 카카두 국립공원 등 호주의 진면목을 가장 잘 보여주는 관광명소가 밀집한 지역이기 때문이다.

노던 테리토리 내륙지역은 더운 여름과 춥고 건조한 겨울 기후를 가지고 있다. 다윈 주변의 연안 지역은 비가 많고 무더운 열대 여름 기후와 온화한 겨울 기후를 가지고 있다.

의무교육은 만 6세에서 15세까지이며 초등학교, 중등학교, 지역학교, 원주민학교 등 150개 이상의 학교가 있다. 지역에 따라서는 원주민 학생들을 영어, 부족어로 동시 교육하기도 한다. 큰 지역에서는 원주민 학생을 위한 전문 학교도 있다. Northern Territory University 등은 대학 교육을 맡는 외에 직업 기술 교육을 포함한 전문 교육 과정을 제공하고 있다. 이들 대학은 또한 다른 지역 대학에서 실시하는 통신 과정을 돕고 있다.

1. 앨리스 스프링스(Alice Springs)

이곳은 다윈 남쪽 1491km 지점에 있다. 사막을 달리면 모든 것이 붉은 흙먼지로 뒤범벅된다. 그러다가 앨리스 스프링스 시내로 들어서면 갑자기 문명 세계로 돌아온 듯한 기쁨을 느끼게 된다. 이곳이 토드 강변에 있는 사막의 오아시스, 앨리스 스프링스이다.

부근에는 애버리지니 공예품점이 있는데 유칼리 나무껍질에 그림을 그린 전통적인 바크 페인팅 이외에 현대적 디자인을 도입한 테이블보 등도 취급하고 있다.

토드 강을 따라 북쪽으로 거슬러 올라가면 낙타 공원이 나타난다. 내륙부를 개발하기 위하여 인도에서 들여온 낙타의 후손들이 지금은 관광용으로 사육되고 있다. 인구는 약 3만 명이다.

▷ 볼 만한 곳

▷ 앤잭 힐(Anzac Hill)

시내의 북쪽에 떨어져 있는 작은 언덕으로, 이 곳 정상의 전망대에서 맥도널 산맥과 헤비트리 갭으로 둘러싸여 있는 앨리스 스프링스 전체를 내려다볼 수 있다. 여기서 보는 일몰이나 일출도 아름답다. 전망대에는 전쟁기념비가 있다.

▷ 옛 전신 중계소(Old Telegraph Station)

시내에서 토드 강변을 따라 약 50분 가량 걸으면 나타난다. 1895~1905년 사이 애들레이드에서 다윈까지 연결하는 대륙 전신망의 중계 기지였던 곳으로 당시의 석조 건물이 지금까지 남아 있다.

건물 안에는 실제로 사용되던 기재나 당시 중계소장의 사택이 재현되어 있다. 중계소 바로 옆에는 유명한 '앨리스의 샘'이 있다. 건물 동쪽에는 엘리스 스프링스라는 지명을 갖게 한 작은 연못이 있다.

▷ 프런티어 낙타 농장(Frontier Camel Farm)

철도가 놓여지기 전 개척시대에 낙타가 중앙호주에 유입된 경로와 중앙호주에서의 낙타의 역할을 살펴볼 수 있는 낙타 박물관이 있는 농장이다. 파충류 전시관도 나란히 자리하고 있다. 악어 등도 구경할 수 있다.

▷ 파노라마 구스(Panorama Guth)

파노라마 구스의 아트 갤러리에는 이 지역 출신의 화가 행크 구스가 그린 높이 6m. 길이 60m의 앨리스 스프링스의 360도 파노라마 풍경화를 2층에 전시하고 있다. 애버리지니의 그림과 이 지방의 사진 자료들도 다수 있다.

갤러리 1층에는 앨리스 스프링스를 주제로 한 풍경화와 광석, 동전 모음, 애버리지널 사냥도구, 생활도구가 전시되어 있다. 이외에 애버리지널 화가 앨버트 나마치라의 유명한 작품 'Twin Gums'와 앨리스 스프링스를 최초로 탐험하였던 버크와 윌스의 개인용품들도 볼 만하다.

▷ 피치 리치(Pitchi Richi)

개척시대에 사용되던 애버리지널 미술 조각품 야외 전시장이다. 1955년에 레오 코벳에 의해 조류보호지역으로 설립되었다. 윌리엄 리켓의 유명한 애버리지널 점토 조각품 모음도 전시되어 있어 많은 볼거리를 제공한다. 디제리두 연주와 창과 부메랑 던지기를 직접 체험할 수 있다.

▷ 로얄 플라잉 닥터 서비스 기지
　(Royal Flying Doctor Service Base)

1939년에 설립된 의료기지다. 경비행기를 이용해 직접 의사가 환자가 있는 곳까지 찾아가 진료행위를 하는 것을 가리킨다. 위급한 상황에서 병원에 쉽게 갈 수 없는 거주자를 위해 존 플린(John Flynn) 박사가 고안한 제도. 박물관에는 의료기구와 응급 처치기구, 약품, 진료 가운을 비롯해 초기의 활동 모습을 담은 자료사진과 비행기 모형이 전시되어 있다. 비디오 룸에서는 플라잉 닥터의 활동상황과 역사를 담은 비디오가 상영된다.

▷ 중앙박물관(Central Museum)

중앙호주의 지질과 지형, 생태계, 문화인류학적인 측면의 전반적인 내용을 다루고 있는 자연사 박물관으로, 토드 몰의 앨리스 플라자 2층에 위치한다. 설립자의 이름을 따 '스펜서와 자일렌 박물관'이라고도 불린다. 중앙호주 지역에서 발견된 화석을 비롯해 조류와 양서류, 포유류의 박제품이 진열되어 있고, 특히 대형 공룡 뼈가 볼 만하다. 애버리지널 관련 전시물도 볼 수 있다.

2. 앨리스 스프링스 근교

앨리스 스프링스 근교에는 투어나 렌트카를 이용하여 1~3일 코스로 여행을 하기에 적당한 장소가 많다.

▷ 볼 만한 곳

▷ 심슨 협곡(Simpson's Gap)

앨리스 스프링스의 서쪽으로 차로 30분 정도면 갈 수 있는 곳에 있는 심슨 협곡은 웨스턴 맥도널 산맥의 현관격이다. 예리하게 깎아지른 듯이 솟아 있는 이 협곡 내에는 적갈색의 바위산이 웅장한 모습으로 서 있다. 저녁이 되면 야생의 록 월래비가 자주 나타나는 곳이다.

▷ 스탠들리 캐즘(Standley Chasm)

스탠들리 캐즘 협곡

앨리스 스프링스에서 50km 지점에 위치한 협곡이다. 협곡 양쪽으로 솟아 있는 절벽 사이의 길을 따라 걸으면서 웅장한 자연미를 감상해 보자. 협곡의 바위 색은 계절이나 햇빛을 받는 시간에 따라 다양하게 변하므로 몇 번이고 거듭해서 오더라도 올 때마다 새로운 모습을 발견하게 된다.

3. 에어즈 록과 올가즈 국립공원
   (Ayers Rock & Olgas National Park)

에어즈 록의 석양

　호주 중앙 내륙의 심장부에 자리하고 있다. 에어즈 록 정상에서 서쪽으로 30km 에 아스라이 보이는 올가즈는 바위가 모인 바위산이다. 에어즈 록과 올가즈가 위치한 주변 일대는 일명 울룰루-카타 추타 국립공원으로 분류되며, 연간 50만 명이 방문하는 호주 최대의 관광지이다.

　이곳은 풍식작용에 의한 암석 부스러기와 바람에 날려온 모래에 뒤덮여 형성된 거대한 퇴적암 덩어리이다. 울룰루-카타 추타 국립공원 최대 하이라이트는 에어즈 록 등반과 더불어 일출과 일몰시에 일어나는 에어즈 록의 화려한 색상변화를 꼽을 수 있다. 헬리콥터로 에어즈 록과 울가산을 감상할 수 있다.

　앨리스 스프링스의 남서쪽 약 340km(도로상으로는 약 470km) 지점에 위치한 에어즈 록은 둘레 9km, 해발 867m(지상에서의 높이는 348m)로 세계 최대의 바위이다. 호주 대륙의 중앙, 황량한 사막의 한가운데에 홀연히 솟아난 바위이다.

　바위 표면에 그려진 애버리지니의 그림은 주변에서 생활하는 피찬차라족의 전설을 이야기해 주고 있다. 또한 시간대에 따라 일곱 가지 색으로 변화하는 바위 색은 보는 이를 압도한다.

　호주를 찾아 온 여행자들에게 있어서 에어즈 록은 가장 인상적인 관광지 중의 하나가 될 것이다. 에어즈 록을 등반해 보자. 이곳에서 일출 장면을 볼 수 있다. 저녁 노을 또한 매혹적이다.

▷ 볼 만한 곳

▷ 마운트 올가(Mt. Olgas)

마운트 올가

에어즈 록이 1개의 바위인 것에 비하여 마운트 올가는 26개의 크고 작은 바위로 형성된 바위산이다. 그런 만큼 방향을 조금만 바꿔도 여러 가지 다양한  모습을 감상할 수 있다. 가장 높은 바위는 546m다. 둘레가 22km이다.

마운트 올가에서 가장 유명한 곳은 올가 계곡(The Olga Gorge)과 바람 계곡(The Valley of Wind)이다. 올가 계곡에는 편도 2km의 트레일 코스가 있는데 왕복 약 1시간 소요된다. 부담없이 올가를 체험하기에 적당한 트레일이다.

바람 계곡 관광에서 한 가지 주의할 점은 트레일을 절대로 벗어나서는 안 된다는 점이다. 한 번 길을 잃으면 완전히 미아가 될 가능성이 높은 지역이다.

▷ 울룰루-카타 추타 국립공원의 식물생태계

울룰루-카타 추타 국립공원 주변에는 566종 이상의 식물과 24종의 포유류, 161종의 조류, 72종의 파충류가 서식하고 있다. 특히 울룰루와 카타 추타에서 흔히 보이는 뮬가와 데저트 오크, 스피니픽스 등은 아낭우 애버리지널의 생활에 중요한 영향을 미치는 식물로 약재나 연료, 목재 식용으로 활용된다.

▷ 마타란카 핫 스프링스와 홈스테드
(Mataranka Hot Springs & Homestead)

마타란카 중심부에서 8km 떨어져 있는 이 온천은 엘제이 국립공원 입구의 바로 가까이에 있다. 1일 300통이나 되는 온탕이 끊임없이 솟아오르고, 면적도 넓어서 노던 테리토리에서는 최대의 온수풀로 잘 알려져 있다. 수온은 34℃로 수영하기에는 최적이고, 주위에는 열대 우림이 울창해서 원시의 분위기를 즐길 수 있다.

이곳에 특별한 숙박시설은 없고 마타란카 홈스테드(Mataranka Homestead)가 정글에 둘러싸여 있을 뿐이다. 마타란카 홈스테드는 목장풍의 숙박시설로 퍼브나 매점도 부설되어 있다.

건물 주위를 둘러싼 풀밭 저편으로는 정글이 펼쳐지며 풀밭은 캠핑장으로도 이용되고 있다.

4. 캐서린 계곡(Katherine Gorge)

캐서린 계곡

마타란카에서 캐서린까지는 104km 거리이며 도중에 쿠타쿠타 종유동(Cutta Cutta Cave)을 지나게 된다.

다윈 남쪽 310km 지점에 위치한 인구 1만 1천명의 캐서린은 탑 엔드(Top End) 제2의 도시이며, 더불어 서호주 킴벌리 지역과 남쪽의 앨리스 스프링스와 다윈, 동부의 케언즈를 잇는 교통 요충지이다.

주산업은 관광업이며, 이를 주축으로 쇠고기, 광업, 원예 등의 1차 산업이 연계되어 발전하고 있다. 캐서린 근교에는 호주 최대 규모의 낙농장인 로랜즈 데어리(Rowlands Dairy)가 자리하고 있다. 또한 망고 재배지로 잘 알려진 캐서린 동부지역은 10~11월의 수확기에는 일자리를 구하려는 여행자들이 많이 몰려드는 곳이다. 캐서린의 주요 관광명소는 에어즈 록이나 카카두 국립공원을 능가하는 연간 약 30만 명의 관광객이 찾아드는 캐서린 계곡 국립공원이다.

계곡은 마치 뱀처럼 구불구불 흐른다. 강폭은 넓지만 높이가 수십 미터에 이르는 단애절벽에 둘러싸여 있는 까닭에 계곡까지는 빛이 닿지 않는다. 계곡 주위에는 삼목(Cedar)을 비롯한 여러 종류의 열대 식물과 조류들이 서식하고 있다.

▷ 볼 만한 곳

▷ 캐서린 박물관(Katherine Museum and History Park)
이 박물관은 캐서린 일대의 자연 및 애버리지니 초기의 역사에서 백인이 이 땅에 정착할 때까지의 역사를 각 시대별 유물을 통하여 설명하고 있다. 그 동안 캐서린 공항 승객터미널과 통신소로 사용하던 곳이다. 시내까지 1km 떨어진 거리에 있으나 캐서린 계곡으로 가는 도중에 있다.

▷ 캐서린 계곡 국립공원(Katherine Gorge National Park)
이 국립공원은 시에서 북동쪽으로 30km 떨어진 곳에 있다. 웅장하고 기괴한 모양의 사암 절벽과 굽이치는 캐서린 강이 만들어내는 모습은 장관이 아닐 수 없다. 캐서린 계곡의 13개의 계곡은 경비행기로 모두 둘러볼 수 있다. 국립공원에는 총 길이 100km 이상의 워킹 트랙이 정비되어 있다. 정상에 올라 발 아래로 굽어

보는 계곡의 모습 또한 절경이다. 계곡 바위에는 애버리지널이 그린 암각화가 곳곳에 남아 있다.

▷ 철도박물관(Railway Museum)
1926년 개통되었던 다윈~캐서린 구간의 철도는 1976년에 폐쇄되었다. 이후 당시의 역 건물이 내셔널 트러스트에 의해 복원되어 철도의 기념품을 전시하는 박물관으로 일반인에게 공개되고 있다. 또한 이곳 역사에 관한 많은 자료도 있다.

▷ 니트밀룩 국립공원(Nitmiluk National Park)
톱 엔드의 대표적인 명소 중의 하나인 니트밀룩 국립공원은 캐서린 협곡을 포함한 면적 18만ha의 국립공원이다.
니트밀룩 국립공원 안에는 수영을 할 수 있는 폭포도 있다. 캐서린에서 스튜어트 하이웨이를 타고 북쪽으로 약 60km 정도 간 지점에 있는 에디스 폭포는 숲으로 둘러싸인 깨끗한 폭포 밑에서 수영을 즐길 수 있는 곳으로, 여행자들을 위한 캠핑 시설도 갖추고 있다.

▷ 캐서린 협곡(Katherine Gorge)
13개의 험한 계곡으로 이뤄진 캐서린 협곡은 톱 엔드 관광의 하이라이트라고 할 수 있다. 높이 90m에 달하는 협곡 아래로 27km의 캐서린 강이 흐르고 있어, 카누를 타고 강을 거슬러 올라가면서 거칠게 깎아지른 듯한 단애절벽의 장관을 살펴볼 수 있다. 절벽에는 애버리지니가 남겨 놓은 벽화도 있다.

▷ 쿠타쿠타 종유동(Cutta Cutta Caves)

50억 년 전에 형성되었다고 하는 석회석의 종유동굴로, 여러 가지 형태의 종유석이 볼 만하다. 전멸 위기에 있는 박쥐의 일종인 오렌지 호스슈 뱃(Orange Horsehoe Bat) 등 진기한 동·식물도 많이 살고 있다.

5. 다윈(Darwin)

다윈의 민딜 비치 시장

1869년에 세워진 도시 다윈은, <종의 기원>으로 유명한 영국의 생물학자 찰스 다윈이 방문했던 것을 계기로 1911년에 현재의 명칭이 붙어졌다.

다윈은 백인의 도시라기보다는 아시아계 분위기가 짙게 깔린 도시로 티모르인(Timor, 인도네시아 남부 열도의 주민), 파푸아 뉴기니인, 중국인, 말레이시아인, 애버리지니, 백인 등 76개의 이민족이 함께 어우러져 형성된 이질적인 도시이다. 다윈의 백인들 중에는 벽지 수당을 희망해 이곳으로 온 노동자들이 많으며 대부분이 단기 거주자들이다. 또한 다윈은 중국계 이민자가 처음으로 시장으로 당선된 도시이기도 하다.

1974년의 태풍으로 인해 대부분의 시설이 흔적도 없이 사라져버린 까닭에 신축 건물이 많아 열대 도시의 모습이 사라졌지만 역대의 무더운 날씨와 높은 습도는 이곳이 열대 지역임을 실감하기에 충분하다. 인구는 8만 정도로 NT 특별지구의 수도이다.

▷ 볼 만한 곳

▷ 규모가 큰 Alquascene(Fish Feeding)

물고기에게 직접 먹이를 줄 수 있는데 80m가 넘는 Milk Fish라고 하는 물고기가 자신의 손에 있는 먹이를 먹을 때는 스릴을 느낄 수 있다.

바닷가에서 야생 물고기에게 먹이를 주는 체험을 할 수 있는 곳이다. 다윈 항에 접한 닥터스 걸리(Doctors Gully)에는 만조시가 되면 물가 주변에 숭어, 메기 등 수많은 물고기가 몰려든다. 그 외에 수백 마리의 물고기가 강의 하구로 몰려드는 광경도 신기하다.

▷ 식물원(Botanical Gardens)

이곳도 태풍으로 큰 상처를 받았으나 노던 테리토리의 자연이 그대로 숨쉬는 광활한 식물원으로 열대와 아열대 우림이 울창하게 우거져 있다. 'Pukamani' 나무로 만들어진 애버리지니의 묘비(Burial Pole)가 잔디밭 위에 세워져 관광객들의 시선을 끌고 있다. 시내에서 도보로 약 30분 거리에 위치해 있다.

▷ NT 박물관. 미술관(Museum & Art Gallery of the NT)

이곳은 관광청에서 제일 먼저 추천하는 명소다. 애버리지널 전통 예술과 현대 호주의 미술을 엿볼 수 있는 것 외에, 동남아시아와 태평양 동남해의 동·식물도 망라되어 있다. 거대한 부속 건물에는 실제로 사용하던 외항선, 대포, 쾌속범선, 다윈 시의 마지막 진주 채취용 소형배인 비비안 호 등도 전시되어 있다. 1974년에 다윈을 강타한 대형 사이클론 트레이시에 관한 자료도 볼 만하다. 원주민들의 작품도 흥미롭다.

▷ 인도 퍼시픽 수족관(Indo-Pacific Marine)

　자연 생태계와 유사한 환경으로 관리하는 인도 퍼시픽 수족관은 인도양과 태평양에 서식하는 어류에서부터 살아 있는 산호까지 모아 놓은 작은 규모의 수족관이다. 야간 관람시에는 형광 산호초도 볼 수 있다. 인접한 건물의 전시관(Exhibition)에서는 시청각 자료를 이용해 이 지역의 진주 채취 산업의 역사를 보여 준다.
　주목할 만한 볼거리는 사람이 물릴 경우 1분 이내에 사망하는 치명적인 해파리가 전시된 수족관이다. 해파리에 물렸을 때의 증상과 상처, 치료방법에 대한 자료가 볼 만하다.

▷ 전쟁 박물관(Military Museum)

　다윈 최초의 박물관으로, 일본군의 다윈 공격을 중심으로 제2차 세계대전에 관한 자료와 각종 무기류를 전시하고 있다. 원래 탑 엔드 지역의 방어를 위해 군인들이 직접 지은 콘크리트 벙커로 사용되던 곳이다. 전쟁 당시에 사용하던 라이플 총을 비롯해 육·해·공군 관련 전시물과 여군들의 활약상을 담은 사진자료들이 전시되어 있다. 또한 제2차 세계대전 중에 일본군에게 무참히 폭격당한 다윈의 모습을 담은 비디오가 상영된다.
　옥외에는 당시에 활약하던 비행기와 대포 등이 전시되어 있다. 전쟁이 인간에게 얼마나 큰 피해를 주는지를 새삼 확인하게 되는 장소이다.

▷ 테리토리 야생동물 공원(Territory Wildlife Park)

　시에서 남쪽으로 60km 떨어진 곳에 위치한 총 400ha 규모의 야생동물 공원이다. 노던 테리토리에 서식하고 있는 각종 동물을 만

나볼 수 있다.

공원은 각각의 특징을 갖고 있는 몇 개의 구역으로 나뉘며 구역과 구역 사이는 전용 자동차로 이동한다. 공원을 한바퀴 돌면서 구경하려면 최소한 3시간 30분 정도가 소요된다.

▷ 포그 댐(Fog Dam)

1950년대에 농업용수를 공급하기 위해 만들어졌던 것이 지금에 와서는 야생동물 보호구역이 된 곳이다. 거위나 왜가리, 따오기 등 많은 종류의 야생 조류가 생식하는 230ha의 광대한 습원으로, 건조기에 댐 주위에 많은 새들이 모여들어 장관을 이루나 우기에는 새들의 모습을 보기 힘들다. 우기에는 연꽃이 만발한다. 열대 우림 사이를 걸을 수 있는 3.6km의 보도도 있다. 다윈에서 남동쪽으로 65km 떨어져 있으며 다윈 시내에서 차로 40분 걸린다. 카카두 투어에 참가하면 대부분 이 곳을 들르게 된다.

▷ 리치필드 국립공원(Litchfield National Park)

다윈에서 129km 떨어진 곳에 위치한 총면적 143㎢의 국립공원으로 사암 고원에서 발원한 시원스런 폭포가 있다. 플로렌스 폭포(Florence Falls)는 몬순 숲 한복판에서 두 줄기로 힘차게 쏟아져 내리는 폭포수가

리치필드 국립공원 내 왕기 폭포

인상적인 곳으로, 수정같이 맑은 물에서 수영을 즐길 수 있다. 왕기폭포(Wangi Fall)의 폭포수는 큰 풀장을 가지고 있다.

또한 공원 깊숙이 있는 로스트 시티(The Lost City)는 절경으로 널리 알려진 장소인데 여러 개의 바위가 층층이 겹쳐 있어 마치 파이를 연상시킨다.

▷ 진주 전시관(Pearling Exhibition)

국제적으로 품질을 인정받은 다윈의 진주산업의 발전 현황을 살펴볼 수 있는 전시관이다. 진주산업의 발단은 애버리지널이 동인도네시아 사람들과 진주와 해삼을 거래한 데서 유래하며, 현재는 노던 테리토리 수산업의 중요한 부분을 차지하고 있다. 전시관 내에는 진주산업 초기에 사용되던 각종 장비가 전시되어 있다. 초기에 진주 채집을 맡았던 중국인과 일본인, 애버리지널이 입었던 구리로 만들어진 잠수복이 이채롭다.

6. 카카두 국립공원(Kakadu National Park)

카카두 국립공원

다윈에서 동쪽으로 약 260km 지점에는 애버리지니의 고향인 동시에 야생동물의 보고인 카카두 국립공원이 있다. 메마른 대지인 노던 테리토리의 일부라고는 상상이 가지 않을 정도로 울창한 숲이 끝없이 펼쳐져 있다.

경비행기로 하늘에서 카카두를 내려다보면 울창한 산림 속에 폭포와 계곡이 어우러져 있는 카카두 국립공원이 시야에 들어온다. 유네스코에서 제정한 세계 자연 유산으로 지정되었다.

카카두는 습지대와 삼림지, 열대우림, 해안가 등의 다양한 형태의 환경이 모여있는 집합체이자 야생 동·식물의 서식처이다. 특히 옐로 워터는 '자연의 보고'라 할 수 있는 카카두를 실감할 수 있는 하이라이트이다. 카카두는 세계적으로 인정된 2만 년의 깊은 역사가 숨쉬는 애버리지널 암각화가 곳곳에 있어 자연 아트 갤러리를 방불케 하는 곳이다.

▷ 볼 만한 곳

▷ 놀랜지 록(Nourlangie Rock)

약 2만여 년 동안 애버리지널의 주거지였던 큰 바위에 그려진 암각화로 널리 알려진 곳으로, 자비루와 쿠인다의 중간 지점에 위치한다. 암각화는 애버리지널의 전통의식과 정신세계를 엿볼 수 있다.

이곳에서는 보존 상태가 매우 훌륭한 록 아트를 구경할 수 있는데 인간이나 동물의 골격을 정교한 선으로 표현한 X선 화법으로 그려진 것이 특징이다. 독특한 색상을 사용하여 인간이나 동물의 모습을 추상화시킨 그림들로 호주가 백인들에 의하여 지배되기 이전의 애버리지니 사회의 일부 모습을 보여주고 있다.

▷ 옐로 워터(Yellow Water)

옐로 강의 워터는 열대우림 지역으로 수풀이 무성하고 악어가 많이 살고 있는 습지이다. 여기는 또한 일몰이 아름다운 것으로 유명하다. 나무들과 수초를 헤치고 배를 타고 나가는 옐로 워터 크루즈는 카카두의 자연과 접촉할 수 있는 대표적인 구경거리이다. 크루즈 중에 악어를 볼 수 있는 기회도 생긴다. 새들이 가장 왕성하게 날아다니는 이른 아침 무렵에 출발하는 크루즈가 가장 좋다. 이곳은 야생조류와 식물의 서식지로 이름나 있다.

짐짐 폭포

▷ 짐짐 폭포와 트윈 폭포(Jim Jim Falls & Twin Falls)

우기에 세찬 물줄기를 쏟아내며 웅장한 자태를 드러내는 두 폭포는 카카두의 손꼽히는 명소이다. 본격적인 우기에는 통제되므로 경비행기를 타고 관람하여야 한다. 건기에는 수영과 일광욕을 즐길 수 있다.

짐짐 폭포는 쿠인다에서 60km 떨어진 곳에 위치하는 높이 250m의 폭포이다. 폭포를 즐기는 방법에는 열대우림을 약 1km 지나 폭포 아래쪽으로 가는 방법과 폭포의 상단으로 가는 두 가지 루트가 있다. 우기 때는 도로가 차단된다.

또한 트윈 포는 짐짐 폭포에서 10km 더 들어간 곳에 위치하며, 두 개의 폭포가 쌍둥이처럼 나란히 놓여 있다. 짐짐 폭포에 비해 규모는 작으나 건기에도 물이 마르는 일이 있으나 수영은 가능하다.

▷ 우비르(Ubirr)

오비리 록(Obiri Rock)이라고도 불리는 카카두 국립공원의 동쪽 끝에 위치한 우비르는 카카두와 원주민 고유지역인 아넴 랜드의 경계지점에 위치한다. 오랜 세월 동안 애버리지니의 은신처였기 때문에 정교한 애버리지니 아트가 선명하게 벽에 남아 있는 곳으로, 1.5km의 길을 걸으면서 록 아트를 감상할 수 있다. 작품의 보존 상태가 좋아서 2만~6만년 전의 작품도 볼

원주민들의 암각화

수 있다. 바위의 정상에서는 멋있는 일몰이 펼쳐진다.

1985년에 그려진 암각화도 있다. 우비르의 암각화는 다른 지역의 암각화와 엄격히 구별되는 스타일을 지닌다. 색상의 혼합 없이 붉은 황토색만을 이용해 그린 암각화 중 세계 최고(最古)의 작품으로 추정되는 원주민의 그림과 월러비, 물고기, 거북 등의 내부를 투시해 앙상한 뼈를 형상화한 X-레이 기법이 주목할 만하다.

7. 킹스 캐년(Kings Canyon)

킹스 캐년

앨리스 스프링스에서 남서쪽으로 331km 떨어진 워터루커 국립공원 내에 자리한다. 호주의 '그랜드 캐년'이라 불릴 정도로 웅장한 절벽과 협곡이 이루어낸 극적인 아름다

움을 맛볼 수 있는 곳이다. 오랜 풍화, 풍식작용을 거쳐 이루어진 킹스 캐넌의 단애절벽은 300m 높이의 깊은 협곡을 형성하였다.

킹스 캐넌 워킹 트랙을 따라 정상에 오르면 웅장한 황금빛 절벽과 어우러진 푸른 하늘이 시원스레 한 눈에 펼쳐진다. 킹스 캐넌의 주요 볼거리는 붉은 바위들이 옹기종기 무리 지어 있는 '잃어버린 도시'와 잎이 무성한 나무로 둘러싸인 오아시스 '에덴의 정원'이다. 야자수로 뒤덮인 좁은 골짜기에 있다. 이 일대는 덥고 건조한 지역이다.

8. 테넌트 크릭(Tennant Creek)

인구 4천여 명의 자그마한 광산도시이다. 다윈과 앨리스 스프링스, 퀸즐랜드에서 온 버스가 교차하는 교통 요충지인 스리웨이즈(Threeways) 남쪽 26km에 자리하고 있다.

1930년대 초에 골드 러시로 인해 형성되기 시작했으며, 호주의 마지막 골드 러시 타운으로서 역사적인 의미를 지닌다. 주변에는 역사와 관련된 유적지가 많이 분포하고 있다.

▷ 볼 만한 곳

▷ 배터리 힐 광산 투어(Battery Hill Mine Tour)

시내 동쪽 관광안내소 뒤편에 위치한 관광용 광산으로, 1995년에 이 지역 최대 광산회사인 노먼디 골드(Normandy Gold)사에 의해 건설되었다. 1930년대 초 호주 골드 러시의 마지막 보루였던 테넌트 크릭에서 가장 유명한 금광은 피코 로드에서 불과 16km 떨어진 곳에 위치한 노블즈 놉(Noble's Nob)으로, 애꾸눈 잭 노블(Jack

Noble)에 의해 발견된 노천금광이다.

배터리 힐 광산 투어에 합류하면 약 200m 깊이의 지하 광산으로 내려가 당시의 채굴 작업 현장을 살펴볼 수 있다. 배터리 힐 광산 투어가 끝나면 광산의 역사 사진자료와 장비가 진열되어 있는 광산 박물관으로 향한다.

제 8 장 서호주(Western Australia)

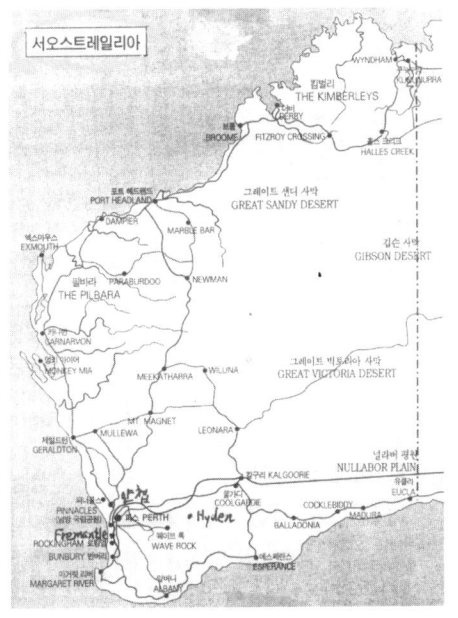
서호주 지도

서호주는 우리 나라 면적의 26배에 달하는, 호주 최대 규모를 지닌 주이다. 또한 금과 다이아몬드, 우라늄, 철광석, 천연가스 등 호주 천연 광물의 3분의 1을 생산함으로써 호주 경제의 주도권을 장악하고 있는 곳이다. WA(Western Australia의 약칭)는 자부심이 높기로 유명한 지역이다. 자신들 이외는 모두 '동부의 시골뜨기'로 간주하며 그들에 대해 나름대로의 우월감도 갖고 있다. 멜버른이나 시드니 등의 동부에서 생산된 물건들에 대해서는 '수입품' 취급을 할 정도이다.

캔버라의 연방정부에게 '사사건건 간섭을 하면 독립을 하겠다'고 큰소리를 칠 정도로 막강한 세력을 갖고 있다.

1829년 스완 강에 식민지를 개척하기 시작한 것은 제임스 스털링 대령이다. 그는 '우리에게는 죄수가 없다. 선량한 노동자들이 모여서 신천지를 개척한다'고 하여 죄수들의 노동력으로 형성된 동부의 주와는 근본부터 다르다는 점을 강조하였다.

WA는 남쪽으로는 남극해, 서쪽으로는 인도양, 북쪽으로는 인도네시아 근해로 이어지는 티모르 해에 둘러싸여 있는 광활한 지역이다. 한편 WA의 북서부에서는 다이아몬드 광산 붐이 일어나 남아프리카 공화국과 영국, 미국 등의 자본이 유입되고 있다.

서호주는 '도시다운 도시'로 불릴 만한 곳은 퍼스 밖에 없다고 하여도 과언이 아닐 정도로 도시의 개발 속도가 뒤떨어진 지역이다.

서호주는 가장 거대한 주이므로 다양한 지형을 보여준다. 깁슨 사막, 주의 북단 휴양도시 브룸(Broome), 기이한 바위가 있는 벙글벙글즈(Bungle Bungles) 등은 이 주가 자랑하는 관광 명소이다.

퍼스는 연중 좋은 기후를 가지고 있어서 질 좋은 포도주를 생산한다. 퍼스의 여름 평균 최고 기온은 30도이고 겨울 평균 최저 기온은 9도이다. 인구는 약 171만 명이다.

1. 퍼스(Perth)

퍼스는 호주 전체 면적의 3분의 1을 차지하는 광활한 서호주의 수도이다. 퍼스 시민들의 입장에서 보면 동부(시드니)보다는 오히려 싱가포르나 인도네시아가 더 가까우며 비용도 적게 든다고 한다.

퍼스의 장점은 아름다운 시내 풍경에만 있는 것이 아니다. 교외에 펼쳐진 해변의 아름다움은 동부의 골드 코스트 이상이라고 일컬어지고 있으며 특히 인도양으로 해가 지는 일몰 광경은 보는 이를 감동시킨다. 또한 석화된 원생림 피너클스나 거대한 파도가 갑자기 굳어 버린 듯한 모양의 바위 등은 볼 만하다.

우기가 끝나고 여름으로 접어드는 8~11월 사이에 퍼스에서 피너클스나 웨이브 록으로 향하는 길에는 캥거루포우(Kangaroopaw, 캥거루의 손 모양을 한 꽃)를 비롯한 화려한 야생화가 가득 피어 있다.

퍼스는 도시의 아름다움과 교외의 광활한 자연미가 어우러진 도시이다. 서호주 전체 인구 170만 명 중 130만 명이 거주하고 있으며 지중해성 기후를 지닌 도시이다. 호주에서 일조량이 가장 많아 '해양스포츠의 천국'이기도 한 퍼스는 '빛의 도시'라는 애칭과 더불어 '다정다감한 도시'로도 칭하여졌다.

퍼스의 가장 큰 특성은 낙천적이며 느긋한 생활태도로서, 여유로움이 넘치는 생활양식을 지닌 사교적인 도시라는 점을 꼽을 수 있다.

퍼스는 흑조(Black Swan)가 많은 데서 유래한 이름인 스완 강을 중심으로 이스트 퍼스와 사우스 퍼스로 나누어져 있다.

퍼스는 원래 골드 러시에 의해 도시가 발달되었으며, 지금의 주요산업은 니켈과 알루미나 제련, 정유, 철강 등이며 근교에는 포도원이 널리 발달되어 있다.

도시권 해변 지대에는 총 연장 40km에 이르는 17개의 넓은 모래사장들이 연속적으로 나타나 장관을 이루고 있다.

오늘날 서호주는 철광, 니켈, 보크사이트, 우라늄, 석유, 천연가스, 미네럴 샌드, 금강석, 금 등의 천연자원이 있다. 이 주의 광물 생산은 호주 전체 생산의 약 3분의 1을 차지한다. 이처럼 풍부한 광물 자원의 덕택으로 퍼스는 호주의 대도시들 중에서 가장 빠르게 발전하고 있다.

▷ 볼 만한 곳

▷ 퍼스 시내(Downtown Area)

시내의 중심부는 걸어서 10분이면 둘러볼 수 있을 정도로 이곳에 큰 쇼핑센터가 모두 모여 있다. 길은 바둑판처럼 규칙적으로 정비되어 있기 때문에 찾기도 쉽다. 지역은 크게 퍼스 철도역을 경계로 남북으로 나누어진다. 비즈니스가나 가게가 많은 남쪽은 낮에 붐비고, 레스토랑이나 바가 즐비한 북쪽은 밤에 붐빈다.

거리의 중심부, 윌리엄 스트리트(William St.)와 바락 스트리트(Barrack St.)에 끼인 헤이 스트리트의 약 200m는 헤이 스트리트 몰(Hay St. Mall)이라고 불리는 보행자 전용의 쇼핑 거리이다. 빨간 벽돌 포장 도로에는 근대적인 빌딩과 개척시대의 면면이 남아 있는 건물이 서로 조화를 이루고 있으며 바로크 풍이나 투더 왕조의 중세 유럽풍 건물도 있다.

몰로부터 남북으로는 연결된 중세 유럽풍의 런던 코트(London Court)를 비롯해 피카딜리 아케이드(Piccadilly Arcade), 트리니티 아케이드(Trinity Arcade), 시티 아케이드(City Arcade), 세인트 마틴 아케이드(St. Martins Arcade) 등은 작은 길과 화랑이 늘어서 있어 감상하면서 걷는 것이 즐겁다.

또 하나의 몰은 헤이 스트리트 몰과 북쪽으로 나란히 놓여진 머레이 스트리트 몰이다.

▷ 런던 코트(London Court)

헤이 스트리트 몰과 세인트 조지 테라스를 연결하는 작은 아케이드. 1937년에 영국의 튜더 양식을 모방해 만든, 인기를 한 몸에 받는 관광 스포트이다.

그림엽서에 자주 소개되는 낭만적인 분위기의 관광명소이다. 특히 헤이 스트리트 몰 입구에 위치한 시계탑에서는 매시간 창을 든 중세 기사가 튀어나와 음악소리에 맞추어 행진하는 모습이 재미있다.

▷ 퍼스 동물원(Perth Zoo)

1898년에 문을 연 동물원으로, 호주의 야생동물을 비롯해 아프리카산 동물과 서서히 사라져가고 있는 멸종동물을 고루 볼 수 있다.

퍼스 중심부의 맞은편, 사우스 퍼스(South Perth)에 있는 동물원. 384종, 1600여 마리의 동물을 사육하는 광대한 동물원이다. 이 동물원에 코알라, 캥거루, 에뮤 등 호주 특유의 동물들은 물론이고 곰, 사자, 호랑이, 원숭이, 펭귄 등도 가까이서 접할 수 있다.

동물원 내에는 잔디가 깔린 피크닉 지역이 있는데 그 곳에서는 먹이를 구하려 다가오는 갈매기나 펠리컨의 모습을 자주 보게 된다.

▷ 스완 강(Swan River)

스완 강은 퍼스 시내를 도는 웅대하고 아름다운 강이다. 리버사이드 드라이브로 불리는 가로수 길은 특히 산책에는 최적인 곳. 강변에는 때때로 펠리컨과 주조(州鳥)인 흑조가 그 자태를 나타내기도 하고, 크루즈선과 요트, 보트, 서핑을 즐기는 젊은이들도 만날 수 있다. 바라크 스트리트 제티에서 매일 스완 강 크루즈가 출발한다.

▷ 킹스 공원(King's Park)

킹스 공원은 엘리자 산(Mt. Eliza) 기슭에서 정상에 이르는 길에 펼쳐진 공원이다. 스완 강변에 펼쳐진 1,000에이커의 넓은 삼림을 그대로 공원으로 만든 곳으로 끝없이 이어지는 유칼리의 가로수와 넓은 잔디 등이 보존되어 있다.

공원 입구로 들어서면 왼쪽으로 전망대가 보인다. 이곳에서는 구불구불 흐르는 스완 강이나 시내의 고층 빌딩, 사우스 퍼스가 한눈에 들어온다. 그러나 보다 훌륭한 전망을 원하는 사람은 산꼭대기의 전망대까지 올라가자. 그밖에 공원에는 전쟁기념관, 식물원, 테니스 코트 등이 있다. 또한 이곳에는 제1차 세계대전의 격전지를 기록한 벽이 있는데, 벽 끝과 끝에서 속삭이는 소리가 들리는 듯해 이 벽은 '속삭이는 벽'이라고 불리고 있다.

▷ 몽거 호수(Lake Monger)

주택가 수풀에 둘러싸인 아름다운 호수로, 호수 서쪽 하구에 조류 서식지가 계획 조성됨으로써 물새 떼와 흑조 떼들이 찾아 드는 야생조류의 보고지이다. 인기척이 들리면 호수 주변의 흑조들이 한꺼번에 몰려든다. 먹이주기는 자연보호 측면에서 금지되어 있는데, 이는 스스로 먹이 찾기를 포기하고 있는 흑조들의 자생력을 위해 취해진 조치이다. 그러나 흑조는 손에 있는 빵을 직접 집어먹을 정도로 사람과 친숙하다.

▷ 서호주 박물관(Western Australia Museum)

미술관 옆에 있는 이 박물관은 애버리지니와 관계된 전시물이 풍부한 것으로 널리 알려진 곳이다. 특히 사막에서의 생활을 소재로 한 독특한 애버리지니 예술이 눈길을 끈다. 또한 박물관 정원에는 형무소로 사용되던 건물이 남아 있는데 지금은 개척시대의 유품들을 전시하고 있다. 그밖에 25m나 되는 거대한 고래뼈, 11톤이나 되는 운석 등 서호주 각지에서 발견된 귀중한 유물들이 다수 전시되어 있다. 해양 생태 자료도 많다.

▷ 서호주 미술관(Art Gallery of WA)
근대 미술에서부터 현대 미술에 이르기까지 애버리지널 아트와 호주 국내외의 천여 점의 작품이 총망라되어 있는 서호주 최고의 미술관이다. 19세기의 일본 회화와 중국 전통 도자기 등 동양작품도 전시되어 있다.
피카소와 세잔, 고흐 등 세계의 거장 콜렉션으로부터 현대 호주의 아티스트의 정기전까지 전시내용도 폭넓다. 특히 원주민인 애버리지니의 아트는 전국에서도 굴지의 충실함을 자랑한다.

▷ 언더워터 월드(Underwater World)
퍼스의 북쪽 힐러리스 보트 하버(Hillarys Boat Harbour)에 위치한 언더워터 월드는 해양 생물을 관찰할 수 있는 수족관이다.
커다란 수조에는 유리로 된 터널이 있는데 터널을 이동하다보면 머리 위를 상어나 바다거북이 등이 유유히 헤엄치고 있어 박진감 넘친다.
한편 마이크로 월드에서는 바다 속에 사는 작은 생물들을 줌 렌즈(Zoom Lense)로 확대해서 관찰할 수 있다. 언뜻 보면 해초로 보이는 시 드래건(Sea Dragon)도 볼 수 있다. 총 200여 종, 2500여 마리의 어류 등이 전시되어 있다. 산호초, 바다뱀(Sea Snake)이 있는가 하면 위험 어종만 분류해 놓은 위험 해양관도 있다.

▷ 퍼스 조폐국(Perth Mint)

호주에서 가장 오래된 최대 규모의 조폐 제련소로, 순도 99.9%의 금괴와 현재 통용되는 1,2센트 동전을 비롯해 금화와 은화를 직접 제조하는 곳이다.

1899년에 영국조폐공사 호주 지점으로 세워질 당시 서호주의 금을 이용해 영국의 금과 금궤를 제조한 곳으로, 1970년에 서호주 주정부로 이양되기 전까지는 영국의 통제를 받았던 기관이다.

이곳에서는 다른 곳에서 좀처럼 보기 힘든 귀중한 동전이 많이 전시되어 있다. 또 선물 가게에서는 당일 주조된 금화와 금궤, 보석, 각종 기념 동전을 구입할 수 있다.

▷ 작은 세상(It's a Small World)

세계에서 가장 작은 TV 세트를 비롯해 모형 기차와 자동차, 인형들이 앙증맞게 전시되어 있는 미니픽처 박물관이다. 진열관 앞 버튼을 누르면 음악과 더불어 작은 인형들이 살아 움직이듯 기지개를 켜고 일어난다. 신데렐라, 빨간모자 소녀와 늑대, 동화 '헨델과 그레텔'의 과자 오두막을 보노라면 동화나라에 들어온 듯한 착각을 불러일으키는 곳이다.

2. 프리맨틀(Fremantle)

퍼스로부터 남서쪽으로 19km. 프리맨틀은 스완 강의 하구와 인도양에 접한 여유로운 분위기의 항구도시이다. 근대적인 퍼스와는 대조적이다.

다음은 프리맨틀 식민지 건설에 얽힌 에피소드이다. 1866년 스완 강에 최초로 세워진 다리를 기념하기 위하여 다리 입구에서 리본을 끊는 의식이 행해졌다.

프리맨틀 항구도시

이때 리본을 끊은 사람은 사회적으로 유명하거나 높은 지위의 사람이 아니라 감옥에서 탈옥한 탈옥수였다고 한다. 실제로 다리 건설에 가장 큰 공헌을 한 그들이었기에 어쩌면 지극히 당연한 일이었는지도 모른다.

현대 '대학의 도시', '역사 도시', '예술가의 도시'로 일컬어진다. 19세기의 고색 창연한 건물 150여 채가 문화재 관리국에 의해 보존되고 있는 지역이다.

▷ 볼 만한 곳

▷ 프리맨틀 감옥(Fremantle Prison)

1855~1991년까지 약 136년 동안 약 1만 명의 죄수가 수용되어 그중 44명이 교수형에 처해졌던 서호주 최고의 감옥이다. 석회암 채석장이었던 장소에 죄수들을 동원하여 건축한 건물이다. 열심히 일한 죄수에게는 휴가 티켓 또는 건물 완성시 석방시킨다는 명목으로 가혹한 노동이 성행했다고 한다.

눈길을 끄는 것은 장기간 옥중 생활을 보내게 된 죄인들이 사용하던 독방의 벽에 그려진 그림이나 형무소의 예배당 벽에 그려놓은 그림 등이다. 대부분이 애버리지니 예술의 영향을 받아 독특한 화풍으로 그려진 그림들이다.

▷ 해양박물관(Western Australian Maritime Museum)

영국 식민지 시대의 난파선을 전시한 곳. 16~17세기에 프리맨틀 근해에서 난파한 네덜란드 선박에서 회수된 물건들이나, 복원한 선체가 전시되어 있다. 또한 박물관에는 애버리지니의 배에서 난파선의 비품에 이르기까지 바다와 관련된 물건들이 폭넓게 전시되어 있다.

▷ 프리맨틀 박물관, 미술관(Fremantle Museum)

석회암을 쌓아 올린 오래된 외벽이 인상적인 박물관. 서호주의 역사를 말해 주는 물건들을 폭넓게 전시하고 있다. 보석, 공예품, 무기류에서 1세기 전의 신문 광고에 이르기까지 다양한 물건들을 볼 수 있다.

▷ 프리맨틀 마켓(Fremantle Market)

사우스 테라스와 헨더슨 스트리트 교차 지점에 있는 프리맨틀을 대표하는 전통적인 시장이다. 1897년에 세워진 건물 안에는 노점 150여 개가 빽빽이 들어서 있다. 노점은 의료품과 잡지를 파는 곳, 야채, 과일, 생선, 고기 등의 식료품을 파는 곳, 전통 요리 레스토랑도 많아서 여러 나라의 맛을 즐길 수 있다.

이곳은 프리맨틀의 주요관광 하이라이트이다. 국립 문화재로 등록된 서호주에서 가장 오랜 역사를 지닌 주말시장이다.

3. 로트네스트 섬(Rottnest Island)

프리맨틀의 앞바다 18km 지점에 떠 있는 이 섬은 통칭 'Rotto'로 불려지고 있다. 아름다운 인도양에 떠 있는 로트네스트 섬은 도시의 소음에서 벗어나 한적한 자연을 만끽하기 좋은 장소이다.

섬의 인구는 170명 정도이지만 연간 40만 명의 방문객이 찾아든다. 수영과 일광욕을 즐기는 사람이 많다.

로트네스트 섬

▷ 볼 만한 곳

▷ 박물관(Museum)

이 박물관은 1857년에 애버리지널 노동자에 의해 창고로 건립된 건물을 현지 박물관으로 개조한 곳이다. 섬의 역사와 자연생태에 관해 자세히 살펴볼 수 있는 자그마한 규모의 박물관으로 이주 초기 당시의 자료사진과 해양 식물 표본, 조류 사진 등이 전시되어 있으며, 특히 1840년대에 섬에 수감되었던 애버리지널 죄수들의 손발에 묶어두었던 족쇄가 이채롭다.

▷ 올리버 언덕과 대포(Oliver Hill & The Guns)

이곳은 1935년에 일본군의 공격으로부터 프리맨틀 항만을 방어하기 위해 설치한 대형 대포가 자리잡고 있는 곳이다. 대포는 길이가 2m, 무게가 28t, 발사거리가 26km로, 공식적으로 한 번도 발사된 기록 없이 현재 전시용으로만 활용되고 있다.

올리버 언덕의 병사 막사와 폭탄 저장창고에는 172km짜리 대형 폭탄을 해안에서 언덕 꼭대기까지 철로를 이용해 손으로 직접 운반하던 당시의 사진과 주변의 전술지도가 전시되어 있다. 이곳 주민들은 제2차 대전 끝날 때까지 섬에 대포가 설치된 것을 알지 못했다고 한다.

▷ 쿼카(Quokkas)

쿼카는 캥거루와 마찬가지로 주머니가 달려 있는 유대류이다. 검은 털과 쫑긋 선 자그마한 귀가 마치 쥐처럼 보인다. 크기는 고양이 정도이다. 온화한 날씨와 풍부한 물로 인해 약 8천~1만여 마리의 쿼카가 섬에 서식하고 있는데, 나뭇잎이나 잡초 등이 식물성 먹이만을 섭취한다. 25~150마리씩 무리 지어 집단 공동 생활을 하는 특성을 보이는 동물이다. 생후 27일이 경과하면 약 10cm 정도로 성장하고, 18~22개월에 생식기능을 갖춘다. 수명은 10년 정도이다. 주로 그늘진 곳에 서식하므로 숲이 우거진 나무 그늘에서 발견된다.

4. 피너클스(Pinnacles)

피너클스

퍼스의 북쪽에 있는 대표적인 관광 포인트. 남붕 국립공원(Nambung National Park) 내의 붉은 사막에 3~5m 기둥모양의 기암이 무수히 서 있다. '황야의 비석'이라고 불리기도 하는 이 기암군은 대지가 풍화작용으로 석화한 것이라고 한다. 실제로 방문해 보면 고대 유적의 폐허 같은 불가사의한 광경이 눈앞에 펼쳐져, 마치 혹성에 내린 듯한 착각을 일으킬 정도이다.

현재도 여전히 풍화가 진행되고 있으므로 수 백년 후에는 사라지고 말 것이라고 한다. 남붕 국립공원에는 약 60여 종의 새와 다양한 종류의 동식물이 서식하고 있다. 특히 블랙보이와 오렌지 뱅시아, 패럿 부시, 캥거루 포우 등은 서호주에서만 볼 수 있는 식물이므로 눈 여겨 볼 만 하다.

5. 에스페란스(Esperance)

에스페란스의 럭키 배이

앨버니의 동쪽, 퍼스에서 애들레이드로 가는 길목에 있다. 짙푸른 바다와 흰 모래, 하늘이 어울려 아름다운 해변 풍경을 자아내는 이 곳은 연중 온화한 날씨가 이어지므로 투명한 바다를 만끽하기에는 더없이 적격인 곳이다.

1895년 한때는 칼구리 지역의 골드 러시 붐을 타고 항구가 건설되기도 했으나 최근에는 비옥한 토양을 바탕으로 농업이 주요산업으로 자리잡고 있다. 겨울인 7월 평균기온은 17℃, 여름인 12월의 평균기온은 28℃로 온화한 날씨를 보인다. 해변도시 에스페란스의 인구는 불과 2만 명 정도로 매우 한적한 분위기이다.

▷ 볼 만한 곳

▷ 핑크 호수(Pink Lake)

에스페란스에서 서쪽으로 5km 떨어진 그레이트 오션 드라이브변에 위치한, 염분 농도 90%의 핑크색 호수이다. 잔잔한 호수가 연한 핑크빛을 발하며 푸른 하늘과 조화를 이루는 환상적인 분위기는 호수 내에 대량 서식하고 있는 특이한 염분 박테리아 때문이다. 화사한 핑크빛 색상은 날씨에 따라 조금씩 차이를 보인다. 간혹 자줏빛을 띠기도 하며, 청명하게 맑은 날씨일수록 핑크빛이 선명하게 나타난다. 또한 호수 부근에 있는 소금 제조 공장에서는 여러 종류의 소금을 가공, 출하하고 있다.

▷ 시 박물관(Municipal Museum)

열차 작업장이었던 곳을 보수하여 1976년에 박물관으로 개조한 곳. 내부에는 1973년에 발견된 대형 거북 등가죽을 비롯해 현지에 서식하고 있는 해양 동식물이 전시되어 있다. 무엇보다 박물관의 가장 큰 자랑거리는 1979년 7월 12일에 추락한, 세계에서 가장 큰 스카이 랩이다. 이 스카이 랩은 1973년 5월 14일에 미국 플로리다의 케네디 우주센터에서 발사한 미국의 첫 우주 정거장으로, 6년 동안 지구 주위를 선회하다 갑작스레 지구로 떨어져 에스페란스 근처에서 산산조각 난 채 발견되었다. 큰 굉음을 내며 불꽃놀이하듯 지구로 낙하해 버린 스카이 랩의 파손 부품들은 주민들에 의해 수거되어 현재 박물관에 전시중이다. 특히 노스맨 동쪽 230km 지점에서 발견된 대형 산소탱크와 온수 작동기 부품, 출입문 부품 등은 대형 스카이 랩의 크기를 짐작케 해준다.

6. 번버리(Bunbury)

이곳은 퍼스에서 남쪽으로 약 180km에 위치한 해안 도시이다. 서부의 중심지로, 서 호주 두 번째로 많은 인구가 살고 있는 즐거운 도시이다.

해변에서 돌고래를 만나는 것도 번버리를 찾는 즐거움 가운데 하나이다.

▷ 볼 만한 곳

▷ 바살트 바위(Basalt Rock)
150만 년 전에 화산의 용암이 응고하여 생성된 바위로, 해변가에 널리 분포되어 있다. 서호주에서 화산 용암바위를 볼 수 있는 두 곳 중 하나에 해당하는 바위이다. 낚시지역으로도 인기 있다.

▷ 늪지대 야생공원(Big Swamp Wildlife Park)
시 남쪽의 프린스 필립 드라이브((rince Phillip Dr.)에 위치하며, 둘레가 약 2km의 늪지대이다. 주변에는 캥거루와 월러비, 과일박쥐, 뱀, 목 긴 거북 등이 서식하고 있다. 공원 내에 설치된 100m 짜리 목조 보도블록을 따라 걷노라면 오리와 따오기, 흑조, 왜가리, 노랑부리 저어새 등 약 70여 종의 다양한 물새들이 늪 주변 숲 속에서 물을 차며 날아오르는 모습을 볼 수 있다.

7. 마가렛 리버(Margaret River)

퍼스에서 남쪽으로 약 280km 떨어진 마가렛 리버는 스완 밸리와 더불어 서호주를 대표하는 포도주 산지로 세계적으로 유명하다. 특히 주말에는 많은 사람들이 즐겨 찾는 리조트 포인트이기도 한데, 주변에 파도타기와 해수욕을 즐길 수 있는 해변과 강, 와이너리 등의 모든 풍경이 뛰어난 혜택받은 도시이다.
도시 자체에는 특별히 내세울 것이 없지만 일대에 펼쳐진 루윈 자연 국립공원(Leeuwin Naturalist National Park)에는 수많은 종유동과 아름다운 해안이 있다. 이곳을 관광하는 데 거점이 되는 도시가 바로 마가렛 리버이다.

▷ 볼 만한 곳

▷ 종유동(The Cave)

마가렛 리버 근처에는 250개 이상의 동굴이 있는 것으로 알려져 있는데, 이 중에서 4개가 일반에게 공개되고 있다. 마가렛 리버로부터 21km 남쪽에 있는 맘모스(Mammoth) 케이브에서는 고대 생물의 화석을 많이 볼 수 있으며, 23km 남쪽의 레이크(Lake) 케이브는 동굴 안의 호수가 천장에 매달려 있는 종유동을 거울처럼 비추고 있어, 신비스러운 아름다움을 보여 주고 있다.

40km 남쪽의 쥬얼(Jewel) 케이브는 서호주 최대의 동굴로 보석처럼 반짝이는 모양 때문에 관광객들에게 특히 인기가 있다. 30km 북쪽의 얄링업(Yallingup) 케이브는 천장으로부터 창과 같은 날카로운 종유동이 무수히 돌출 되어 있다. 관광하기 쉬운 동굴은 맘모스, 레이크, 쥬얼 세 동굴이다.

▷ 매머드 케이브(Mammoth Cave)

시 남쪽 21km 지점에 위치한 15만 년 전의 동굴로, 거대한 규모로 인해 매머드 케이브라 불린다. 이 동굴에서는 약 3만 5천년 전의 동물의 뼈와 화석들이 1만여 개가 넘게 발굴된 것으로 유명하다. 동물 화석은 현재 서호주에서 사라진 웜뱃과 코알라, 태즈메이니아 데블, 태즈메이니아 울프 등의 것이었다. 또한 호주에서 완전 멸종동물로 알려진 자이언트 캥거루와 유대류 사자, 개미일기 등의 화석도 잇따라 발굴되었다. 특히 자이언트 웜뱃의 일종인 말

만한 크기의 지고마튜러스 트리로버스 화석은 선명한 아랫뼈가 동굴 벽에 그대로 끼어 있어 세계를 놀라게 했다. 이외에 정교하게 다듬어진 동물 뼈 조각들로 인해 약 3만 7천년 전에 이 동굴에 애버리지널이 살았던 것으로 추정된다.

▷ 와이너리(Winery)

연평균 1,150mm의 겨울철 강우량과 건조하고 구름이 적은 온화한 여름 날씨, 비옥한 토양으로 인해 마가렛 리버는 최상의 기후조건을 가진 포도 재배지로 알려져 있다. 마가렛 리버에서 와인 산업이 본격적으로 시작된 것은 1967년이다. 현재 마가렛 리버에는 50여 개가 넘는 포도밭과 38개의 와이너리가 자리잡고 있다. 세계적으로 명성을 얻고 있는 주산품은 스파클링(Sparkling) 와인과 디저트 스타일(Dessert-Style) 와인, 로즈(Roses), 드라이 테이블(Dry-Table) 와인이다. 대부분의 와이너리는 넓은 포도밭 옆에 포도주 제조장과 시음 판매장, 레스토랑을 갖추고 있다.

샬도네(Chardrnay)나 세미롱(Semillon) 같은 드라이한 백포도주가 주산품이며, 대표적인 와이너리에는 레드게이트 와인(Redgate Wines), 루윈 이스테이트(Leeuwin Estate) 등이 있다.

8. 하이든(Hyden)

퍼스에서 자동차로 4시간 거리에 있는 관광 포인트로 잘 알려잰 웨이브 록 이외에도 하마가 하품을 하는 듯한 히포스 욘(Hippo's Yawn), 동글동글한 모양의 험프(The Humps) 등 각종 독특한 모양의 바위들이 많다.

▷ 볼 만한 곳

▶ 웨이브 록(Wave Rock)

웨이브 록

퍼스에서 345km 동쪽에 있는 이 바위는 밀려오는 큰 파도가 일순간에 굳어 버린 것 같은 형상에서 그 이름이 붙여졌다. 높이 15m, 길이 110m로 풍화와 침식에 의해 270억 년 전에 현재와 같은 형상이 만들어 진 것으로 추정된다고 한다. 저녁 무렵에는 근처의 숲에 사는 야생 캥거루나 월러비가 때때로 내려오기도 한다.

9. 제럴드턴(Geraldton)

퍼스의 북쪽 약 430km 지점에 위치하며 바닷가재 잡이로 유명한 항구 도시이다. 통칭 일조량이 많아 'Sun City'라고 불려지고 있으며 성수기에는 많은 사람들이 이곳을 찾는다. 서호주의 세 번째 도시.

제럴드턴은 도시의 규모에 비해 볼 곳이 많은 편이다. 특히 제럴드턴 박물관(Geraldton Museum)에서는 도시의 역사를 상세히 설명해 주고 있다. 그밖에 구철도역(Old Railway Building), 퀸스 파크 극장(Queens Park Theatre) 등이 있다.

1877년에 병원으로 건설된 후 형무소로서 사용되어 온, 지금은 관광안내소와 선물 센터가 있는 빌 소웰 콤플렉스(Bill Sewell Complex), 비잔틴 양식의 세인트 프랜시스 교회(St. Francis Xavier Cathedral) 외에 레저 시설이 있는 스팰딩 공원(Spalding

Park)과 피셔맨스 워프(Fisherman's Wharf)도 즐거운 관광 포인트이다.

또 근처의 칼버리 국립공원(Kalbarri National Park)에서는 야생 캥거루나 펠리칸 등도 볼 수 있으며, 봄에는 야생화가 아름답게 만개한다.

▷ 볼 만한 곳

▷ 멍키 마이어(Monkey Mia)

멍키 마이어의 돌고래

세계에서 유일하게 거의 매일 아침, 해변으로 찾아오는 야생 돌고래들을 만날 수 있는 곳으로 서해안에서 가장 인기 있는 관광지이다. 돌고래가 이곳으로 오기 시작한 때는 1960년대 초부터이다. 이때부터 먹이주기가 시작되어 이후 3세대에 걸쳐 돌고래들이 돌핀 리조트 앞의 해변에 오게 된 것. 사람의 손에서 먹이를 받아먹는 귀여운 모습의 돌고래 때문에 일약 세계적인 주목을 받게 되었다.

▷ 셸 비치(Shell Beach)

Denham의 동쪽 40km 지점에 하얀 조개껍질로 뒤덮인 해안이 110km 이상이나 이어진 해변이다. 하얀 모래밭이 짙푸른 바다와 조화되어 아름다운 풍경을 이룬다. 약 1cm 크기의 조개가 이곳에 쌓이기 시작한 것은 지금으로부터 약 4천 년 전이라고 한다. 고온과 바람의 영향으로 해수의 염도가 높아지면서 바람에 실려 해안으로 옮겨진 조개들이 그 시초였다. 강풍으로 모래는 멀리 날아가 버리고 그 자리를 메운 조개 껍질은 석회암으로 되었으나 반복되는 빗물에 이해 탄산칼슘이 용해되어 결정으로 되어 침전하였다. 이 결정과 조개 껍질로 현재의 해변이 형성된 것이다. 그러나 기나긴 역사를 말해주듯이 셸 비치를 덮고 있는 조개 껍질의 깊이는 무려 10m에 이른다.

셸 비치 50km 남쪽에 있는 하메린 풀(Hamelin Pool)에서는 물 속의 석회모래 등이 엇갈리게 퇴적되어 생긴 '살아 있는 화석' 스트로매트 라이트의 기묘한 군생을 볼 수가 있다. 언뜻 보기에는 원주형 바위 같지만 30억 년 전부터 형성되기 시작해 지금까지도 서서히 성장을 한다는, 원시 상태가 남아 있는 신비한 곳이다.

10. 카나번(Carnarvon)

카나번은 멍키 마이어와 엑스마우스 사이에 위치한다. 서호주의 바나나 생산지로 잘 알려진 농업도시이며, 퍼스와 다윈을 잇는 교통의 요충지이기도 하다. 인구 8천여 명이 거주하고 있으며, 새우잡이 기지일 뿐만 아니라 북쪽 65km 에 위치한 소금 광산에서 매년 150t의 소금을 산출하고 있는 소금 생산지이기도 하다.

주요 볼거리로는 100여 년이 된 원 마일 목조부두와 사이클론으로 난파된 우리 나라 화물선 '코리안 스타', 대형 접시 안테나가 있는 O.T.C. 우주 통신기지 등이 있다.

▷ 볼 만한 곳

　▷ 블로홀(Blowholes)

파도와 해풍의 침식작용으로 생긴 바위 틈 사이로, 공기와 물의 압력작용에 의해 강력한 물줄기가 분수처럼 치솟아 오르는 장관을 볼 수 있는 곳이다. 블로홀은 시에서 북쪽으로 73km 떨어져 있다. 1911년에 발견된 관광명소로, 조수 간만의 차이에 따라 간혹 20m 높이로 솟아오르기도 한다.

▷ 마운트 오거스타스(Mount Augustas)

캐너번에서 차로 6시간 거리에 있는 알려지지 않은 세계 최대의 바위. 높이 717m, 바닥길이 8km로 에어즈 록의 2배에 이른다. 사암과 역암으로 이루어졌으며, 16억 5000만 년 전에 생긴 것으로 추정된다. 조형미는 에어즈 록에는 미치지 못하지만, 100여 종이 생식하는 새들의 보고로서, 햇빛에 따라 바위의 색깔이 빨강과 주황, 파랑으로 바뀐다.

▷ 바나나 농장(Banana Plantation)

바나나 경작지가 1,700ha에 이르는 카나번은 서호주 전체 바나나 공급량의 80%를 생산해 내고 있다. 건조한 토양을 지녔음에도 불구하고 가스콘 강을 이용한 16km의 지하 관개시설을 개발하여 1930년대부터는 야채 산업도 활성화되어 현재 서호주 야채시장 점유율 15%를 나타내고 있다.

▷ 코리안 스타(Korean Star)

이 배는 한국 화물선이다. 시에서 북쪽으로 104km 떨어진 해안에 놓여 있다. 이 배는 1988년 5월 21일 토요일 이른 차밍에 쿠비어 곶에 위치한 뎀피어 소금회사 항만에서 소금을 적재하려고 준비중이었다. 그러다 갑자기 휘몰아친 사이클론 '허바'로 인해 강력한 돌풍과 높은 파도에 휩쓸리고 말았다.

　순식간에 18,639t의 거대한 화물선이 요동치면서 중심을 잃은 채 해안으로 떠밀려 물보라에 갇히면서 선박이 두 동강으로 갈라지고 말았다. 19명의 승무원을 구하기 위해 카나번 긴급 서비스 구조대가 동원되어, 기중기 밧줄을 선박으로 던져 승무원 전원을 상처 하나 없이 무사히 구조해 내는 데 성공하였다. 이 인명구조에 소요된 시간은 불과 45분으로, 현지인들의 자부심이 대단하다. 그 후 선박 내부 주요기기가 제거된 '코리안 스타'는 해안에 그대로 방치되어 관광자원으로 활용되고 있다.

　선체가 바다에 반쯤 잠긴 채 가운데가 두 동강 난 '코리안 스타'는 도로상에서도 내려다보인다. 계속 부식중인 선박은 1995년에 또다시 몰아친 사이클론에 의해 1988년 당시보다 더 심하게 훼손되어 있는 상황이다.

　부근의 등대지기 주거 박물관에 '코리안 스타'에서 인양된 주홍색 구명조끼와 청동종이 전시되어 있다.

11. 엑스마우스(Exmouth)

　이곳은 다이빙의 메카로 서호주의 북서부, 인도양으로 돌출한 노스웨스트 곶 (Cape Northwest)에 위치한 인구 3,000명의 작은 도시이다. 최근 몇 년 사이에 엑스마우스가 관광지로써 급격히 주목을 받게 된 이유는 바다에 있다. 엑스마우스 근해에는 그레이트 배리어 리프의 뒤를 이어 호주 제2의 규모를 자랑하는 대산호초 닝가루 리프(Ningaloo Reef)가 있다.

　현재 해군기지는 폐쇄되었고, 미국과 호주를 연결하는 높이 396m의 에펠탑보다 높은 통신탑이 인도양과 태평양을 오가는 선박들의 주요 교신역할을 담당하고 있다.

▷ 볼 만한 곳

　▷ 닝글루 리프(Ningloo Reef)

엑스머스에서 차로 3시간 걸리는 해변 바로 옆에 펼쳐진 대산호초. 노스웨스트 반도 서쪽 해안선에 남북으로 260km가 펼쳐져 있으며, 220종의 산호와 500종의 물고기가 서식한다. 특히 짐베이 상어를 보는 데 세계에서 가장 적합한 장소로 주목을 끌고 있다. 짐베이 상어는 길이 18m, 체중 40톤에 이르는 세계 최대의 상어로 3~5월 초까지만 볼 수 있다.

산호는 일년에 2~5mm밖에 성장하지 않는 특성을 지닌다. 따라서 닝가루 리프에 위치한 34m 크기의 산호군은 모두 100여 년이 넘은 산호들로 구성되었음을 알 수 있다. 닝가루에서 가장 흔히 볼 수 있는 산호는 특별한 모양 없이 평평한 모양의 접시 산호와 양배추 모양을 그대로 빼 닮은 양배추 산호, 인간의 뇌처럼 주름이 많은 뇌 산호가 있다. 이외에 날카로운 손가락이 삐죽삐죽 올라온 듯한 사슴뿔 산호, 버섯 산호, 자주색 라벤더 산호가 자주 눈에 띈다.

산호초는 '코랄 폴립'이라 불리는 수천 개의 자그마한 생물이 모여 형성된 것이다. 버섯 산호를 제외한 모든 산호는 한 개체에 남성과 여성이 함께 공존하는 암수한몸 중성체이다. 산호는 매년 3~4월, 보름달이 지고 5~6일 후에 대량의 알을 산란한다. '프라누라'라 불리는 핑크빛 알은 수면 위를 며칠간 떠돈 후 다른 산호군에 정착하면서 성장을 시작한다.

▷ 케이프 레인지 국립공원(Cape Range National Park)

아름다운 계곡과 웅대한 바위산의 연속인 국립공원으로 노스웨스트 반도 서쪽으로 펼쳐지는 5만 581ha의 석회암 산맥으로, 8~10월은 아름다운 야생화가 만발한다. 푸르고 깊은 물이 차 있는 야디 크릭 계곡 (Yardie Creek Gorge)은 이 공원의 하이라이트. 바다로 흐르는 강에서는 크루즈로 양쪽으로 펼쳐지는 웅대한 계곡의 전망을 즐길 수 있다.

▷ 고래상어(Whale Sharks, 3~5월)

고래상어는 남위 35도와 북위 30도 사이에서만 서식하며, 세계 최대의 물고기이다. 길이가 18m, 체중이 40t이나 나가는 거대한 몸집을 지니고 있다. 닝가루 해양공원은 고래상어가 매년 정기적으로 찾아오는 세계 유일의 지역이다. 고래상어가 닝가루 해변에 나타나는 이유는 매년 3~5월에 대보초 산호들이 산란한 알을 먹으려고 모여드는 플랑크톤을 잡아먹기 위해서이다. 결국 닝가루 해양공원은 산호 알과 플랑크톤, 고래상어의 먹이사슬로 인해 만들어진 해양생물의 보고라 할 수 있다.

12. 브룸(Broome)

제1차 세계대전 때까지 진주채취로 번창했던 서호주 북단의 도시. 그 옛날 많은 일본인과 중국인이 이주해 왔던 곳으로 지금도 동양풍 건물이 늘어서 있어 아시아적인 분위기가 감돌며, 시간이 천천히 흐르는 것 같은 한가로운 무드의 리조트지이다. 그러나 제2차 세계대전 당시인 1942년 3월 3일 오전 9시 30분에 브룸은 다윈과 함께 일본군의 집중적인 폭탄 공격을 받아 막대한 피해를 입은 뒤 점차 쇠락하였다.

매년 열리는 '진주 축제'의 명칭 또한 '신주 마츠리'라는 일본어가 그대로 사용될 만큼 동양적인 분위기가 강한 곳이다. 호주에서 아름답기로 유명한 케이블 비치와 더불어 세계 최고의 야외 영화관이 있는 브룸의 가장 큰 매력은 '달로 오르는 계단'이라는 신비로운 자연현상을 볼 수 있다는 점이다. 인구 1만 200명의 브룸은 망고 따기와 야채 따기 등의 일거리가 많은 곳이다.

▷ 볼 만한 곳

▷ 역사 사회 박물관(Historical Society Museum)

차이나타운에서 10분내에 갈 수 있는 위치로 Seaview Shopping Centre 맞은 편에 있는 작은 박물관이다. 과거에 세관으로 사용되던 건물을 박물관으로 개조하여 진주 양식에 사용되었던 각종 도구 등을 전시하고 있다. 이 중에는 무쇠잠수복, 부츠, 헬멧 등도 있다.

또한 엘리자베스 여왕이 이 박물관을 방문하였을 당시의 앨범이 전시되어 있어 영연방 국가임을 다시 한번 실감케 한다.

▷ 간디암 포인트(Gantheaume Point)

이곳은 시내에서 자전거로 50분 정도 소요되는 비포장 도로를 지나가야 한다. 철분을 많이 포함한 사암이 오랜 세월 비바람에 씻기고, 여러 층이 겹쳐 독특한 조형미를 나타내는 곳. 1억 1000년 전에 탄생되었다는데, 바다의 깊은 푸르름과 바다로 튀어나온 붉은 바위벽의 선명한 대비가 아름답다. 썰물시간이 되면 암벽 아래의 바다 밑이 노출되어 수억 년 전의 공룡의 발자국이 모습을 나타낸다. 밀물 때에도 볼 수 있도록 내륙에는 발자국의 복제도 있다.

▷ 일본인 묘지(Japanese Cemetery)

약 900명 이상의 일본인이 잠들어 있는 곳. 1896년부터 약 50년 동안 힘들고 어려운 노동인 진주채취 때문에 잠수병에 걸리거나 익사한 사람들과 이 곳을 급습한 사이클론으로 목숨을 잃은 사람들이 매장되어 있다. 석회석으로 만들어진 묘석은 모두 707개로 풍화하여 넘어져 있는 것을 1983년에 새로 단장하였으나, 바로 옆에 있는 중국인 묘지는 잡초에 둘러 싸여 있어 초라하다. 주변에 무슬람과 애버리지언들의 무덤이 증가되고 있다.

▷ 브룸 조류 관측소(Broome Bird Observatory)

시베리아 철새를 포함해 연간 80만 마리의 철새가 이동하는 경로상에 있는 조류 관측소로, 시내에서 18km 떨어진 로벅 베이에 자리하고 있다. 호주 전체 조류의 3분의 1에 해당하는 총 270여 종의 조류와 전세계 4분의 1에 해당하는 48종의 물새, 22종의 맹금류가 관찰되는 곳이다. 개펄과 수풀, 호수에 서식하고 있는 물새를 관찰하기 가장 좋은 시기는 5~8월이다.

▷ 100년생 보압나무(100 years Boab Tree)

보압나무

1897년 3월 3일에 토마스라는 한 경관이 아들 프레드의 출생을 기념해 구 경찰서 앞마당에 심은 나무이다. 그러나 아들에 대한 아버지의 지극한 사랑에도 불구하고 프레드는 1916년 20세가 되던 해에 프랑스의 포지에르스 전투에서 전사하고 말았다. 보압나무가 23년 생이 될 때, 아들을 잃은 토마스 경관 또한 세상을 등지고 말았다.

▷ 케이블 비치(Cable Beach)

케이블 비치

시내 북동쪽 약 6km 지점. 완만한 곡선의 인도양을 품에 안고 갠섬 포인트 북쪽 약 20km 길이로 펼쳐져 있는 해변. 일몰이 아름답기로 유명한 '케이블 비치'는 19세기말에 전신 케이블이 해변 주변에 설치됨으로써 유래한 지명이다. 인터컨티넨탈 호텔을 중심으로 북쪽 해안은 자유 누드 비치이고, 남쪽은 수영과 윈드 서핑, 세일 보드, 스카이 다이빙 등의 해양 스포츠가 성행하는 해변이다. 특히 저녁 노을 지는 황혼 무렵 말이나 낙타를 타고 해안을 거니는 투어는 브룸의 상징으로 손꼽히는 명물이다.

▷ 악어 공원(Crocodile Park)

호주에서 가장 큰 대형악어를 비롯해 1,000여 마리가 넘는 세계 각국의 솔트 워터와 프레시 워터 악어를 관찰할 수 있다. 매일 한 차례 있는 악어 먹이 주기 투어 중에는 혀 없는 악어들이 닭고기를 통째로 씹어먹는 잔혹한 광경을 볼 수 있다. 더불어 닭고기를 서로 뺏기지 않으려고 치열하게 싸우는 동물들의 생존본능을 목격하게 된다. 1984년 말콤 더글라스에 의해 문을 열었다.

13. 얀쳅 국립공원(Yanchep National Park)

　이곳은 퍼스에서 북쪽으로 약 50km, 자동차로 약 1시간 걸린다. 24㎢의 국립공원을 중심으로 한 리조트 포인트. 서펜타인 강과 인도양에 면한 해변을 포함한 광대한 지역이다. 퍼스 시민들이 가장 자주 찾는 여행지로, 대자연 속에서 해수욕과 보트 등 다양한 해양 스포츠를 즐길 수 있다. 마리나와 쇼핑 센터 복합건물인 얀쳅 선시티(Suncity)를 중심으로 호텔과 캠프장이 갖추어져 있을 뿐 아니라 골프장도 충실해 특히 골프의 메카가 되고 있다.
　공원 안에는 크리스털 종유동이 있고, 9~11월에는 야생화도 가득 피어 아름답다.

14. 앨버니(Albany)

앨버니

　퍼스에서 남쪽으로 409km 떨어진 곳에 있는 리조트 마을이다. 퍼스가 생기기 전인 1826년 서호주에서 최초로 유럽인이 정착한 오래된 항구 마을로 많은 영국이주자들에 의해 지금까지 번영을 누려 왔다. 천연적인 양항이었던 조건에 힘입어 고래잡이 어선과 영국과 호주를 연결하던 증기선이 이 곳에서 출발하기도 했다. 인구는 약 3만 정도이다.
　마을의 볼거리들은 1800년대 초에 건조된 옛 건물들이다. 스티어링테라스 부근에 대부분 모여 있다. 옛 교도소(Old Gaol)와 우체국(Old Post Office), 코트 하우스(Court House), 존스 교회(John's Church) 등과 구 감옥을 개조하여 만든 앨버니 박물관(Residence Museum)이 관광 포인트이다. 그 외에 멜빌 산(Mt. Melvile) 전망대와 예전에 고래 사육장이었던 곳을 개조해 박물관으로 꾸민 훼일월드(Whaleworld), 미들턴 비치(Middleton Beach)의 액스트래버간자 갤러리(Extra-vaganza Gallery)가 있다.

앨버니 남쪽의 톤디럽 국립공원(Torndirrup National Park)은 장려한 해안 풍경이 널리 알려져 있다. 특히 거대한 화강암인 내추럴 브리지와 갭(Natural Bridge & the Gap)이 유명하다.

주변에 7개 국립공원이 산재해 있는 뛰어난 자연 해안 경관을 갖추고 있다.

15. 카나나라(Kununurra)

카나나라는 다윈에서 남쪽으로 880km 떨어진 서호주 최북단 킴벌리 지역에 자리잡고 있는 농업도시로, 1960년대의 호주 최대 관개산업인 오드 강 개발 프로젝트에 의해 형성된 도시이다. 실제 카나나라는 내륙도시임에도 불구하고 카나나라 호수와 아길 호수, 오드 강 등 물이 넘쳐나는 도시이다. 이러한 수로를 이용해 7만 6천ha의 농지에 옥수수와 사탕수수, 콩 등의 곡류와 멜론, 바나나, 망고 등의 과실류 재배와 낙농 목축업이 발달한 곳이다. 인구 약 6,500명 정도이다.

▷ 볼 만한 곳

　▷ 아길 다이아몬드 광산(Argyle Diamond Mine)

이곳은 세계 최대 규모의 다이아몬드 광산이다. 전 세계 다이아몬드 시장의 3분의 1을 차지하는 아길 다이아몬드의 일년 생산량은 무려 3억 4천만 캐럿에 이른다. 이중 97%가 산업용이고, 보석용은 불과 3%에 지나지 않는다. 보석용 다이아몬드는 핑크 다이아몬드와 샴페인 다이아몬드, 꼬냑 다이아몬드가 주종을 이룬다. 생산량에서 세계 6위를 나타내고 있다.

카나나라와 멀리 떨어진 광산 마을 아길 빌리지는 광부들의 편의를 위해 최신 현대설비를 갖춘 계획도시이다.

▷ 벙글벙글 국립공원(Bungle Bungle National Park)

벙글벙글 국립공원

1986년에 개방된 킴벌리 지역의 최대 관광 하이라이트로 퍼눌룰루(Purnululu) 국립공원으로 알려진 곳이다. 퍼눌룰루는 현지 키자어로 '사암'이라는 뜻이다.

반면 벙글벙글은 킴벌리 지역의 '번들번들(Bundle Bundle)' 목초가 잘못 표기된 것으로 전해진다. 높이 20m의 둥근 돔형 사암 기석이 4만 5천ha에 넓게 펼쳐져 있는 천혜의 자연경관이 탄성을 자아내는 곳이다. 오렌지색 규토 바위 표면에 검은 줄 이끼 무늬가 부드러운 물결을 이루며 얇게 나이테처럼 그어져 있는 모습이 장관을 연출한다. 특이한 형상의 둥근 바위 기암군은 동, 남쪽에 위치한 산맥으로부터 모래와 자갈이 강물에 밀려와 침전되어 굳은 사암들로 형성된 것이다. 강한 폭우로 사암에 틈이 생겨 둥근 홀을 이루게 된 바위는 무려 3억 5천만 년 전에 생성된 것으로 알려진다.

벙글벙글 국립공원은 2만 년 전 애버리지널이 황금시대를 누렸던 지역이다. 원주민의 록 아트와 무덤들이 곳곳에 남아있다.

제 3 편

교육 정보

제 3 편 교육 정보

제 1 장 호주의 교육

 호주의 교육분야는 크게 세 분야로 대별되는데, 일반학교교육 분야(Schools), 직업훈련교육 분야(Vocational Education and Training), 대학교육 분야(Higher Education) 그리고 고등연구, 성인 및 사회교육 분야(Reserach in Higher Education and Adult and Community Education) 등이다. 이러한 전 분야는 거의 정부의 재정에 의해서 전적으로 운영되는 공립기관들이다. 예로, 호주의 39개 대학 중에서 3개가 사립대학이고 나머지는 모두 국립대학들이며, 직업훈련 교육분야는 TAFE(Technical and Further Education)라는 국가가 운영하는 기술전문 교육기관이 담당하고 있다. 또한 고등연구, 성인 및 사회교육 분야도 전적으로 국가재정에 의해서 운영되어 지고 있다. 일반학교 분야는 주로 주정부 예산에 의하여 운영되고 있는 공립교육기관과 종교재단 내지는 일반 교육가에 의하여 운영되어지는 사립교육기관으로 양별 되어진다.
 연방정부와 주정부의 교육비예산에서 본다면 대학교육은 연방정부에 의해서 거의 부담되어지나, 일반학교 교육예산은 주정부가 더 많은 부분을 담당하고 있다.
 한편, 호주의 일반학교 교육에 있어 사립학교가 점유하는 비중은 약 25%에 이르고 있다. 한편, 사립학교들간에는 재정적 불균형이 상존해 있어 이를 시정하기 위하여 호주의 연방정부와 주정부는 개개의 사립학교의 요구에 기초하여 재정지원을 위한 교육보조금을 지급해 오고 있다.

　호주의 사립교육은 종교와 관련된 종파주의와 밀접한 연관성을 갖는데 특히, 카톨릭계 학교가 전체 사립학교의 80%를 차지하고 있으며, 기타 성공회와 장로교계통의 사립학교가 있다.

　많은 외국 유학생들이 호주를 찾는 이유는 높고 우수한 교육수준과 문화 요소의 장점 때문이다. 영국문화와 미국문화가 공존하고 있으며, 대부분의 교육기관들이 정부의 지원금으로 운영되기 때문에 각 학교간의 수준 차이가 적다. 학교의 종류가 다양하여 대학과 대학원 뿐 아니라 전반적이고 실질적인 직업교육에 역점을 두는 단과대학과 산업분야의 기능향상을 목적으로 하는 직업 기술 전문학교들이 발달해 있다. 또한 호주의 다국적 문화는 짧은 시간에 많은 것을 배울 수 있는 여건을 마련해 주기도 한다. 외국 학생들에 대한 직접적 요소로서는 싼 생활비와 사회적, 정치적 안정 그리고 아르바이트를 허용하는 국가정책 등을 들 수 있다.

　호주의 교육의 권한은 주정부에 있다. 그러나 최근에 와서는 호주 전체에 걸쳐 교육을 위한 연방정부의 재정적 책임이 증대되었다. 모든 지역에서 만 6세부터 15세까지 의무교육을 실시하고 있는데 태즈메이니아 주만은 16세까지로 정해놓고 있다. 초등학교(Primary School)을 마치고 나서 우리 나라 고교 1학년에 해당하는 10학년을 이수하면 본인의 의향에 따라 진로를 선택하게 되는데, 곧바로 전문 기술 교육기관인 TAFE에 입학하거나, 대학에 진학을 원하는 경우에는 11~12학년의 과정을 마친 후에 입학 가능하다.

호주의 교육제도

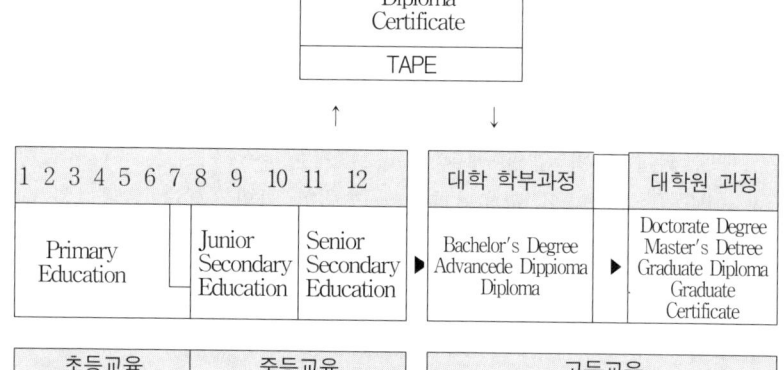

※ 주의 : 6년제 초등교육을 하고 있는 주 / NSW, VIC, TAS, ACT
　　　　 7년제 초등교육을 하고 있는 주 / SA, NT, QLD, WA

1. 초, 중, 고등학교

　호주의 학제는 초등학교부터 중, 고등학교까지 12년으로 한국과 다르지 않으나 초등학교와 중, 고등학교가 분리되어 있지 않고 12년의 교육을 계속 같은 학교에서 받을 수 있다는 것이 다른 점이다. 호주에는 주정부가 운영하는 공립학교와 주로 종교 재단에 의해 세워진 상당수의 사립 학교가 있으며, 정부는 모든 학교의 높은 교육 수준을 유지하기 위하여 정기적으로 관리 및 감독한다.
　호주는 전국적으로 통일된 교과과정을 가지고 있다. 필수 과목인 영어와 수학을 비롯하여 외국어, 과학, 기술, 사회, 환경, 보건 및 체육, 예술 등 8가지 중요 교과 그룹에 기초하여 지성, 사회성, 예술성, 직업 능력 등 학생들의 잠재력을 향상시키기 위해 학교마다 각각 다양한 과목들을 개설하여 가르친다.

초등학교에 입학하기 전에는 1년 기간의 유치원 또는 Pre-School이 있다. 1학년부터 10학년(한국의 고등학교 1학년에 해당)까지는 의무교육으로 되어 있다. 10학년을 마치고 대학 진학을 목표로 하는 학생들은 11~12학년에 진학하여 입시준비를 한다. 한 학년은 4학기 또는 3학기로 나뉘어져 있어 학기 초에 입학할 수 있다.

(1) 초등학교(Primary School)

대략 만 5~6세 정도면 초등학교에 입학을 한다. 초등학교에 입학하기 전에는 1년 기간의 유치원 또는 Pre-School이 있지만 의무교육은 아니다. 초등학교 과정은 한 선생님이 모든 과목을 가르치며 예술 과목은 특별 강사에게 지도를 받는다. 유학생들은 사립학교에 입학할 수 있지만 공립 학교는 현재 캔버라(ACT) 공립학교에만 입학이 허용되고 있다.

(2) 중·고등학교(Secondary School)

주에 따라 7학년 또는 8학년부터 중. 고등학교 과정이 시작된다. 사립학교들은 대부분 종교재단에 의해 설립되어 있지만 입학을 하는 데는 학생의 종교 여부를 문제 삼지 않는다. 공립학교는 남녀 공학의 비율이 높은 반면, 사립학교는 남학교와 여학교로 분리되어 있는 편이다. 교과과정이나 학습방법 등은 별 다른 차이가 없다.

호주는 중·고등학교의 경우, 공립과 사립 모두 유학생의 입학을 허용하고 있다.

10학년까지는 영어, 수학, 과학, 체육, 인문 사회 과학 등의 주요 과목 외에 외국어, 예술, 컴퓨터 등의 선택과목을 포함하여 한 학기에 5~6개의 과목을 공부하고 11~12학년의 학생들은 상급 학교에서의 희망 전공 분야에 따라 관련 과목을 선택하는데 영어와 수학은 필수 과목이다. 수업은 교사 중심이 아니라 학생들의 직접 참여를 유도하여 학생들이 스스로 탐구하는 습관을 기르도록 가르친다.

중·고등학교는 초등학교와는 달리 한 교사가 한 과목만을 가르치며 학생들이 교실을 옮겨 다니며 수업을 듣는다. 수업시간은 약 40분 정도이다. 11학년과 12학년을 상급중등교육과정이라고 흔히 부른다.

(3) 영어연수(ELICOS)

호주는 외국인 영어교육에 오래된 전통을 가지고 있다. 세계에서 이주해 온 많은 다국적의 이민자들을 위해 지난 40여 년 동안 효율적이고도 신속한 영어교육을 실시해 왔다. 따라서 영어를 배우고자 하는 유학생들에게 빠른 시간에 만족스런 실력을 쌓을 수 있는 집중 교육과정을 체계적으로 실시한다. 외국인에 대한 집중 영어 교육은 정부의 인가를 받아야 하는데, 엄격한 호주 정부의 심사를 통과한 교육기관들은 질적으로 우수성을 갖추고 있다.

ELICOS란 English Language Intensive Courses For Overseas Students의 약자로 해외 유학생을 위한 영어 코스를 뜻한다. ELICOS는 최소 2주 과정에서 최대한 1년을 수강할 수 있으며 수업은 읽기, 쓰기, 듣기, 말하기 등 여러 분야에 걸쳐 진행된다. 영어 학교의 수업료는 대학부설 영어학교와 사설 영어학교에 따라 조금씩 차이가 있으며 신청하는 코스의 길이에 따라 조금씩 다른 편이다. 사설 영어학교의 학비는 대학부설 영어 학교보다 약간 비싼 편이다. 사설 영어학교는 개강하는 횟수가 많은 편이므로 본인이 계획하는 시간에 수업을 시작할 수 있다. 교사들의 따뜻하고 자상한 배려는 학생과 교사간의 친밀한 관계를 유지할 수 있다. 처음 유학생활을 하는 학생들에게 많은 도움을 준다. 대학부설 영어과정은 장기간 공부하려는 학생과 조건부 입학을 원하는 학생에게 적합하다. 그러나 학업의 질이나 교사들의 수준에는 큰 차이가 없다.

제공되는 과정에는 일반 영어, 학문을 위한 영어(대학 및 전문대 진학을 위한 준비과정), 중·고등학교 준비 과정, 영어시험 준비과정(예:IELTS, TOEFL 준비 등), 비즈니스 영어, 특별 목적의 영어(예: 항공기 비행사를 위한 영어) 및 영어공부와 관광을 함께 하는 관광연수 등이 있다.

2. TAFE(Technical and Further Education) College

(1) TAFE 개요

TAFE College는 대학(University)과 더불어 호주의 고등교육을 담당하는 공립 직업훈련 전문고등교육기관, 통칭 '테이프'라고 불리는 이 교육기관은 직업과 직결된 전문지식이나 현장 기술 교육, 그리고 사회인 교육을 폭넓은 분야에서 제공한다.

현재 호주에는 약 900개의 TAFE가 있고, 캠퍼스는 700여 개, 학생 수는 약 120만 명으로 고등교육 기관을 통틀어 가장 수가 많다. TAFE에서는 전문분야의 지식을 좀더 심도 있게 습득하려는 사회인, 기술을 배우려는 학생, 그리고 유학생들을 폭넓게 받아들이고 있다. 2학기제로 2회의 코스 개강.

한국에는 여기에 상응하는 교육기관이 없기 때문에 조금 생소할지 모르지만 호주에서는 Year 12 졸업 학생, 혹은 Year 10(한국의 고등학교 1학년) 수료 학생들 중 70% 가까이가 TAFE에 진학한다. 한국에서의 지명도와는 비교가 되지 않을 정도로 호주에서는 인지도가 높고 사회적으로도 잘 알려진 교육기관이다.

　TAFE College는 기술전문 대학의 성격으로서 호주에서 고등학교(Year 12)를 졸업하고 입학하게 되는 Diploma 또는 Associate Diploma 과정과, 호주의 중학교(Year 10)을 마치고 들어가는 Advanced Certificate 및 Certificate 과정으로 크게 구분된다.

　Diploma 과정은 통상 3년, Associate Diploma 과정은 2년이 소요되며 Advanced Certificate 과정은 보통 1.5~2년이 소요된다. TAFE College 이수 후 호주 대학교(University, IT. CAE) 진학이 가능하며 성적에 따라 학점 편입이 인정된다.

　TAFE College의 특징은 비교적 실무교육에 치중하고 있어 컴퓨터, 경영학, 관광학, 디자인학 등 현실적인 분야를 주로 개설하고 있으며, 학비 또한 대학교에 비하여 비교적 저렴하다.

　TAFE College는 호주 주정부의 기술교육성(Department of Technical and Further Education)에서 관장하고 있어 주요 정책운영 뿐만 아니라 해외유학생 심사, 입학허가 등의 행정적인 업무까지 취급하고 있다. 따라서 TAFE College에 지망하는 유학생들은 주정부의 TAFE Head Office에 입학신청을 하여야 한다. TAFE College의 입학자격은 (Associate) Diploma, Advanced Certificate에 상응하는 학력 소지자로서 TOPEL 550점 이상 또는 IELTS 5.0점 이상 영어실력이 있어야 한다.

(2) TAFE의 자격증

　호주는 지금 TAFE나 사립 전문학교에서 취득할 수 있는 자격제도를 전국적으로 이행, 2000년을 기준으로 현재는 구 명칭과 신 명칭이 혼재하고 있다. 여기서는 신 명칭을 기준으로 각 자격을 간단하게 설명한다.

TAFE의 자격

구 명칭	신 명칭	수여기관
Degree	Dgree	대학
Diploma	Advanced Diploma	대학, TAFE
Asscciate Diploma	Diploma	대학, TAFE
Advanced Certificate	Certificate IV	TAFE
Advanced Certificate	Certificate III	TAFE
Certificate	Certificate I, II	TAFE

♤ 호주는 지금 TAFE나 사립 전문학교에서 취득할 수 있는 자격 제도를 전국적으로 이행하고 있다. 2000년을 기준으로 현재는 구 명칭과 신 명칭이 혼재하고 있다. 여기서는 신 명칭을 기준으로 각 자격을 간단하게 설명한다.

* Certificate I, II
- 내   용 : 전문적 직업에 관한 초보적인 기술을 익힌다.
- 기   간 : 4~12주 정도
- 입학자격 : 특별히 없음(일부 Year 10 수료가 필요)

* Certificate III
- 내   용 : 전문적 직업에 관한 기본적인 기술을 익힌다.
- 기   간 : 통상 반년 정도
- 입학자격 : 일정 이상의 성적으로 Year 10 혹은 Certificate II

코스 수료자나 동등의 직장경력이 필요)
　일정 이상의 성적으로 고등학교 졸업 자격 혹은, Certificate IV 취득을 포함한 기초지식의 습득과 직장 경력 등이 필요
　* Certificate IV
　- 내　　용 : 전문적 직업에 관한 폭넓은 기술을 익힌다.
　- 기　　간 : 통산 반년 정도
　- 입학자격 : 고등학교 졸업 혹은 Certificate III 코스 수료자나 동등의 직장 경력이 필요
　* Diploma
　- 내　　용 : 이론부터 전문지식과 기술까지 배운다. 대학으로 편입이 가능한 경우도 있다.
　- 기　　간 : 통상 1년 반에서 2년
　- 입학자격 : 일정 이상의 성적으로 고등학교 졸업 자격 혹은, Certificate IV 취득을 포함한 기초지식의 습득과 직장 경력 등이 필요

　* Advanced Diploma
　- 내　　용 : 이론부터 전문지식과 기술까지 배운다. 대학 학사 학위 다음 자격. 대학으로 편입이 가능한 경우도 있다.
　- 기　　간 : 통상 2년에서 2년 반
　- 입학자격 : 일정 이상의 성적의 고등학교 졸업 자격 혹은, Diploma 취득을 포함한 기초지식의 습득과 직장 경력 등이 필요

　한편, TAFE 코스는 통상 하위에 있는 자격 코스의 내용이 상위 코스 내용의 일부로 이루어져 있다. 예를 들면 Certificate I을 취득한 단계에서 같은 분야의 Certificate II를 시작하면, 이 경우

Certificate Ⅱ 코스의 전반부 내용이 이미 취득한 Certificate Ⅰ 코스의 내용과 같으면 남은 코스만 취득하면 된다. 바꿔 말하면 Certificate Ⅱ 의 사람은 전반부가 끝난 시점에서 Certificate Ⅰ을 취득한 것이 된다.

3. 대학준비과정(Foundation Studies)

대학 준비 과정은 영국식 제도하의 중·고등학교를 마치지 않은 외국 학생들이 호주 대학의 학사 학위 과정을 시작하기 전에 호주식 교육에 대한 소개를 목적으로 하는 6개월~1년 간의 학업 과정이다.

이것은 호주의 중. 고등학교 교육이 영국식 제도에 근거하고 있어, 고2~3학년에 해당하는 Year 11~12에 이미 장차 전공하려는 학문 분야를 결정해 관련된 기본 지식을 공부하기 때문에 외국 고등학교 출신의 학생들에게도 비슷한 과정을 제공하는 데에 의의가 있다. 뿐만 아니라 부족한 영어를 숙달하는 데에도 유익한 기간이 된다.

본 과정은 영어를 필수 과목으로 하며 인문 사회 계열, 자연 계열, 상경 계열, 이공 계열, 예능 계열 등으로 나뉘어져 있어 입학시 선택하도록 되어 있다. 대학 예비 과정은 각 대학의 부설기관, 전문대, 사립학원을 비롯한 여러 교육 기관에서 이수할 수 있다.

이 Foundation Studies 과정을 마친 후에는 별도의 대학 입학 시험이나 TOFEL, IELTS(International English Language Test System) 등의 영어 점수를 대학교 측에 제시하지 않고 Foundation Studies의 성적만으로 대학 입학 전형이 가능하다.

4. 통신교육(Distance Education)

　통신 기술의 발달로 호주로 가지 않고도 호주의 학위를 취득할 수 있는 길이 열려 요즘과 같은 경제적으로 어려운 시기에 더욱 가치를 발휘하는 것이 통신 교육(Distance Education)이다. 호주의 넓은 국토로 인하여 몇몇 대학교들이 외진 지역의 학생들에게 원거리 교육을 제공해 온 긴 역사를 바탕으로 이제는 외국 학생들에게도 각광을 받고 있다. 자신의 본국에서 우편, 전화, 팩스, 컴퓨터, E-mail 등 통신 수단을 통해서 교육이 이루어지므로 유학생들은 학비 이외의 비용 없이도 학위를 받을 수 있는 경제적인 방법이다.
　통신 교육의 수업 방식은 각종 멀티 미디어 자료, 시청각 자료, 대화식의 'talkback' 라디오 등 상호 멀티미디어 방식을 채택하고 있으며, 그밖에도 전화, E-mail 등을 통하여 교수와의 개인적인 문답도 가능하다. 호주에서는 많은 대학교들뿐만 아니라 준학사 학위를 수여하는 전문대학이나 사립 교육 기관에서도 통신 교육 프로그램을 제공하고 있으며, 통신 교육을 통해서 취득한 학위는 학교에 직접 다녔던 졸업생들의 학위와 같은 학위로 인정되고 있다.

5. 종합대학(University)

　호주에는 38개의 종합대학이 있다. 학부생활은 강의와 그룹별 학습(튜토리얼:Tutorial), 세미나, 거기다가 각자가 연구실과 도서관에서 하는 개인 학습이 복합된 것이다. 공학이나 의학, 과학처럼 기술적인 분야를 공부하는 학생들은 강의와 그룹별 학습, 실습에 좀더 치중하게 된다. 반면 인문계나 사회과학계열의 학생이라면 개인적으로 읽고 연구하는 데 더 많은 시간을 보내게 된다.

　호주의 사립대는 Bond University와 University of Nortre Dame 두 곳뿐이다. 나머지는 모두 공립으로 국가에서 설립했으며 학비도 국가에서 대부분 부담한다. 새로운 종합대학이 설립되는 한편, 단과대학이 종합대학으로 승격되는 등 지난 10년 동안에 종합대학의 수는 2배 가까운 증가를 보였다.

　종합대학의 연구 분야로는 인문과학, 사회학, 물리학, 생물학, 지학(地學) 및 그 응용과학과 공학, 농학, 천문학, 의학 등을 들 수 있다. 호주 대학들은 대학들 간에 수준 차이가 크지 않고, 어느 학교에서 학위를 받았든지 학위를 인정하므로 대학간의 우열을 가린다거나 서열을 매겨 생각할 필요는 없을 것 같다. 따라서 호주의 대학에 유학하고자 하는 학생들은 대학의 수준 외에 자신이 전공하려는 학과의 내용과 중점 연구 분야에 초점을 맞추는 것이 좋다. 자신이 원하는 학과가 개설되어 있고 그 밖의 조건이 괜찮은 학교가 여러 개 있다면 각 학교에 요청해서 필요한 정보와 자료를 얻고, 대사관이나 유학원에서 이에 관한 상담을 해보는 것이 좋다. 그렇게 해서 학비 및 생활비, 각종 생활여건, 해당 학교와 학과의 시설이나 교수진, 학문적 실적 등을 구체적으로 알아보고 자신에게 가장 적합한 학교를 선택하면 된다.

　또 많은 곳에서는 유학생을 위한 ELICOS 어학과정을 개설해 놓고 있으므로 TOEFL, IELTS 등 유학 자격 시험이 미비한 사람은 조건부 입학의 가능성도 알아보아야 한다.

　호주의 대학은 대개 TOEFL에서는 550점 이상, IELTS에서는 6.0이상의 시험 성적을 요구하지만, 최근에는 해외유학생을 위한 ELICOS를 개설하는 학교가 점차 늘고 있다. 이들 학교에서는 TOEFL이나 IELTS를 치르지 않았거나 성적이 미달되는 경우에도 일단 정규 학위과정에 입학을 허가, 해당 학교에 부설되어 있거나 해당 학교에서 지정하는 ELICOS에서 어학 훈련을 받도록 하는 조건부입학 등의 입학제도를 만들어서 외국 학생들을 폭넓게 수용하고자 하나 조건부입학 허가서에 명시된 조건은 반드시 만족시켜야 입학이 가능하다.

종합대학에서는 모든 학문 분야의 다양한 과목들을 가르치며, 학사 학위에서 박사 학위에 이르는 각종 학위 과정이 마련되어 있어 고급 전문직과 이론 분야의 강의 및 연구를 수행한다. 한국에서 고등학교를 졸업하고 호주대학의 학사 학위에 지원하는 유학생의 경우에는 지원 학교에서 Foundation Course(전공을 공부하기 전의 대입기초교육 코스)를 거친 후 만족한 결과를 얻어야 전공 공부에 들어갈 수 있다.

(1) 학사 학위(Bachelor's Degree)
학사 학위를 마치기 위해서 필요한 최소 기간은 전공에 따라 3~6년으로 다음과 같다. TOEFL 550점 이상.
 3년 : 인문, 사회계열, 상,경계열, 자연계열
 4년 : 법학, 공학, 농학, 약학
 5년 : 건축학, 수의학, 치의학
 6년 : 의학

(2) 준석사 수료(Graduate Certificate)
학사 학위 이후 6개월의 대학원 수료 과정

(3) 준석사 학위(Graduate Diploma/Postgraduate Diploma)
학사 학위 이후 1년간의 과정으로 준석사 수료와 같이 학생들의 특별한 관심분야의 학문에 대한 보다 깊은 이해와 지식을 제공한다. 일반적으로 학사 학위의 전공과 관련이 없어도 입학이 허용되므로 전공을 바꾸려는 학위 소지자에게 적합한 과정이다. 준석사 학위 이수 후 석사과정(Masters Degree)에서 계속 공부할 수 있다.

Graduate Diploma 코스는 다른 분야에서 학사 학위를 취득한 학생이 다니는 데 비해 Postgraduate Diploma 코스는 같은 분야의 학사 학위 또는 동등한 자격을 가진 사람이 다니는 경우가 많다.

(4) 석사 과정(Master Degree)

보통 1.5~2년간의 과정이지만 최근에는 1년간의 석사 학위를 제공하는 대학교도 부쩍 증가하였다. 석사 과정은 우리 나라와는 달리 교과목 이수(Coursework) 과정과, 연구와 논문 중심의 리서치(Research) 과정으로 나뉘어져 입학 신청을 하게 되어 있어 리서치 과정으로 입학하려면 우리 나라에서 대학원 졸업 이상의 학력을 증명하여야 한다.

(5) 박사 과정(Doctoral Awards)

최소 3~5년간의 과정으로 연구와 논문 중심으로 이루어진다. 석사 연구 과정과 박사 과정을 제외한 학위 과정들의 수업 형식은 강의와 그룹지도 및 이공계 학과들의 경우 실험 실습 등으로 이루어진다. 강의는 대규모의 학생들을 대상으로 이루어지며 Tutorial이라고 하는 그룹토의는 10~15명 정도의 학생들이 주축이 되어 강의의 내용에 대한 집중적 토론이나, 연습, 훈련을 통해 강의 내용에 대한 비판적 이해를 한층 높이고 학생과 교수와의 개인적 접촉을 확대하게 된다.

박사 과정은 University와 IT(Institute of Technology)에서만 가

능하다. TOEFL 600점 이상.

(6) 대학 및 대학원 입학 신청서류
 - 대학입학 신청서류
   고등학교 성적증명서
   고등학교 졸업증명서(졸업예정증명서)
   대학 재학시 대학 성적 및 재학증명서
   영어시험성적(IELTS 또는 TOEFL 550 이상)

 - 대학원입학 신청서류
   대학교 성적증명서
   대학교 졸업증명서
   학습계획서 및 교수 추천서
   영어시험성적(IELTS, TOEFL 550 이상)
   MBA의 경우 경력증명서 및 GMAT 성적 첨부

(7) 대학원 진학
　호주대학의 특징 중의 하나는 대학생의 연령층이 다양하다는 것과 학생 성비의 여성화 현상이라 하겠다.
　호주의 대학원 제도는 한국과 비교하여 아주 다르다. 연구 중심의 석.박사 학위 과정을 최고 학위과정으로 하여 강의 중심의 석사 학위 과정 및 기타 다양한 특수 학위 과정이 개설되어 있다. 학위 명칭도 다양하여 미국식 교육제도를 도입하여 호주의 학위 제도를 이해하려고 해서는 이해 불가능하다. 호주의 대학원 제도에 대하여 큰 차이점을 요약해 보면 다음과 같다.

① 우등학사(Bachelor Honours) 학위 제도가 있는데, 이는 일반 학사 학위 이수 후 시작되는 대학원 과정이다. 우등학사 과정은 1년간의 강의와 학위 논문으로 구성되며 과정을 좋은 성적으로 마친 학생은 석사 과정 없이 곧바로 박사 학위 과정이나 연구 중심 석사 학위 과정(Master of Philosophy)에 진학할 수 있다.

② 강의 중심 석사 학위(Master of Arts by Coursework)는 박사 학위 과정 입학 시 대개의 경우 곧바로 진학이 허용되지 않으며 조건부 입학이 허용되는 경향이 있다.

③ MBA 또는 교육학 분야를 비롯한 실무 관련 분야의 석사 학위 과정은 일정 기간의 실무경력 없이는 입학이 허용되지 않는다.

④ 대학원 입학은 연구주제의 타당성, 입학자격 조건구비, 지도교수의 유무 등을 고려하여 지원단과대학과 대학원위원회의 승인을 거쳐 결정된다.

⑤ Graduate Certificate, Graduate Diploma, Postgraduate Diploma 등의 다양한 대학원 학위 과정이 제공되는데, 이를 준 학위 과정이라 하여 도식적으로 한국식 학·석·박사 과정의 틀에 넣어 이해하려 해서는 안 된다.

⑥ 특별한 사유가 발생 시(예로, 지도교수의 타 대학으로의 직장 이동의 경우) 대학원생의 타 대학 편입이 허용된다.

⑦ 전일 출석 호주대학원생들은 전일제 직업(full-time job)을 갖지 않고 공부에 전념해야 한다.

(8) 교수 직급

호주의 교수 직급은 한국이나 미국식과는 근본적으로 다른 체제로 구성되었는데, 일반적으로 교수라는 칭호로 Lecturer라는 용어를 사용하고 있으며 Professor라는 칭호는 특수한 상위직급의 개념으로서만 사용되고 있다. 따라서 교수의 직급과 호봉 체계는 아래와 같다.

호주 교수 직급과 호봉 체계

직 급	Associate Lecturer	Lecturer	Senior Lecturer	Reader 또는 Associate Professor	Professor
연별 호봉 범위	1~8	1~6	1~6	1~3	1

⑼ 한국 유학들의 실태

호주에서 학생들이 공부하는 분야는 크게 대학교육분야, 직업훈련 및 교육분야, 일반학교교육 분야 그리고 영어교육 분야로 나뉘어진다.

1996년도 현재 호주의 각 교육 분야에서 공부하고 있는 한국학생들의 분포상태는 다음과 같다.

호주 내 한국학생 교육분야별 분포

연도 \ 분야	대학교육	직업훈련 및 교육	일반학교 교육	영어교육	총 합계
1996	1,131명	5,449명	1,415명	11,471명	19,466명

1995년도 기준으로 호주 내 한국학생들이 공부하고 있는 대학교육분야의 학문 영역은 다음과 같다.

호주 내 한국 학생 학문 영역

인문사회과학분야	28.8%	공학계열	3.6%
경제 및 경영계열	49%	교육분야	1.2%
보건 및 사회정책분야	5.1%	비학위과정	1.8%
이학계열	8%	기 타	3.5%

일반적으로 경제적 능력 외에 유학에 필요한 여러 조건이 있는데, 호주 유학에서 절대적으로 요구되는 것은 충분한 영어구사능력과 논리적인 발표력이다. 이는 한국과 상이한 수업형태에 적응하기 위해 절대 필요한 조건이다. 호주의 장학제도는 다양하지 않은 편인데, 학부의 경우에는 장학금이 전무하며 대학원의 경우도 박사과정에만 조금씩 기회가 주어진다. 호주 장학제도의 특징은 학업성취에 대한 보상으로 주어지는 것이 아니라 연구주제가 갖는 효용가치가 얼마나 높은가에 의하여 결정된다. 따라서 일반적으로 입학 당시에 장학금을 받지 못하면 학업 도중 장학금을 받을 기회는 거의 없다고 보아야 한다.

호주 유학의 특징 중의 하나는 장학금이 적은 대신, 학기 중에는 주 20시간의 취업이 허용되며 방학중에는 전일제 일을 할 수 있다는 점이다.

6. 호주 교육의 평가

호주의 교육은 연방 정부의 엄격한 감독 하에 그 우수한 질적 수준에 있어서 국제적인 인정을 받고 있다. 오늘날 호주를 기술선진국으로 발전시키는데 바로 이 높은 교육의 질이 밑거름이 되었다. 현재 호주에는 세계 각처에서 온 유학생들이 높은 교육 수준의 혜택을 받고자 수학 중이며 많은 졸업생들이 세계 각지에서 두각을 나타내며 호주 교육의 결실을 증명하고 있다.

호주는 중요한 기술 창조, 환경 개발 및 주요 과학적 발견에 있어서 세계적으로 선두그룹에 있다. 호주는 새로운 하이테크 장비 생산의 선두역할을 하고 있으며 통신, 정보기술, 제조, 광업 및 농업 등의 산업에서도 많은 첨단 기술들을 앞서 도입시켰다. 호주의 과학자 및 연구 학자들은 또한 의학 분야에도 크게 공헌해 왔다. 그 좋은 예로 페니실린 사용에 대한 호주의 연구 및 개발(호주의 호워드 플러리경은 페리실린의 연구 개발로 노벨 의학상을 수상했다)이 없었으면 오늘날 많은 질병에 대한 치료법이 늦어졌을 것이다. 또한 복사기, 자동차 에어컨 그리고 상업용 항공기에서 볼 수 있는 블랙박스 등 우리의 일상 생활에 쓰이는 많은 제품들 역시 호주에서 개발되었다.

호주는 세계 과학 연구 논문의 2퍼센트를 차지하고 있으며 이는 국민 일인당 비율 순위로 볼 대 미국과 영국에 맞먹는 위치이다. 호주가 이룩한 높은 수준의 창의력은 노벨상 수상을 받은 호주인들의 높은 비율을 보아도 입증이 된다.

아시아 태평양 지역의 대학들을 평가하는 국제적으로 영향력 있는 전문지들이 실시한 많은 조사에 의하면 호주 대학들이 아주 높은 수준의 교육을 제공하고 있는 것으로 파악되었는데 이것은 이미 호주가 오랫동안 알아왔고 자랑스럽게 여겨온 사실이다. 호주의 대학들은 높은 수준의 교육을 제공하기 위하여 세계 각처의 인재들을 교수진으로 채용하고 있다. 국제적으로 이름난 대학의 많은 교수들이 호주 대학들의 첨단 연구 시설과 호주의 좋은 생활 환경 때문에 그들의 연구 활동을 호주에서 실시하고 있다.

영향력 있는 국제 전문 잡지 Asiaweek의 최근 조사에 다르면 아시아 태평양 지역의 10순위 우수 대학에 두 개의 호주 대학이, 50순위 우수 대학에 8개의 호주 대학이 포함되었다. 그리고 세 개의 호주 대학이 아시아 태평양 지역 25순위 과학 기술 전문 대학에 포함되기도 하였다.

호주 대학의 비즈니스 분야 역시 높이 평가받고 있는데 아시아 태평양 지역 내의 우수상과 대학에 대한 Asia Inc의 10순위 리스트에 3개의 호주 대학들이 포함되었으며 그 중 1,2위를 차지했다. 또한 모두 9개의 호주 MBA 프로그램들이 25순위 내에 포함되어 있다. 이 숫자는 2위를 차지한 국가에 비해 그 차이가 크다.

호주의 교육이 특히 일본, 싱가포르, 홍콩 및 기타 동남아 국가에서 높이 평가되고 있는 반면 한국에서는 상대적으로 높은 인식을 받지 못하고 있는 것은 의아스럽다. 호주 교육이 배출한 세계 유명인 목록인 Who's Who of Australian Education에 의하면 많은 숫자의 호주 교육 동문들이 각 분야에서 세계적으로 두각을 나타내고 있음을 보여준다. 장관을 비롯하여 경제 지도자 및 전, 현직의 많은 국가 지도자들이 호주 학교를 졸업했거나 대학원 과정을 마쳤다.

호주 대학 교육의 우수성은 미국과 영국을 포함한 여러 국가들에 의해 오랫동안 국제적 명성을 얻어왔으며, 이는 교육 시스템 전반을 통해 교육의 질을 가장 중요시한 결과이다. 호주는 다른 많은 국가들과는 달리 학생들에게 높은 수준의 교육 혜택을 보장하기 위해 연방 정부가 모든 대학들을 관리하고 있다.

호주는 상대적으로 '젊은' 국가로서 긴 역사와 규모를 지닌 국가들과 경쟁하기 위해서는 보다 독창적이어야 했다. 이러한 호주의 노력은 오늘날의 역동적이고 혁신적인 호주를 만드는 데 기여했으며 새로운 기술과 과학적 발견에 있어서 세계의 선두 그룹 위치에 올려놓았다.

호주 교육 기관들은 대학을 비롯하여 전문대학과 외국학생 영어과정(ELICOS)에 이르기까지 다양한 과정을 제공하고 있다. 매년 호주에는 많은 숫자의 외국 학생들이 교육을 위해 오는데 1997년에는 100개 이상의 국가에서 150,000명이 넘는 외국 학생들이 호주에서 수학을 했다. 호주의 교육은 높은 수준과 깊이, 그리고 폭 넓은 범위를 제공하기 때문에 교육 및 연수 제공에 있어 세계 선두 국가 중의 하나로 불리고 있다. 호주는 한국에 비해 역사가 짧은 국가지만 이처럼 교육과 연수를 통해 여러분들의 미래에 대한 기회를 넓혀줄 수 있다.

국내 총 생산량 (GNP)을 기준으로 호주 대학들의 연구, 개발에 대한 지출은 OECD 국가들 중 상위 10개국에 속한다. 이는 호주의 학문을 세계적 수준으로 유지, 발전하고자 하는 호주 정부의 의지를 보여 주는 것이며, 150여 년의 짧은 대학의 역사에도 불구하고 11명의 노벨상 수상자를 배출할 수 있었던 호주 교육의 우수성을 검증하는 것이다.

7. 호주 유학 주요시험

(1) TOEFL(The Test of English as a Foreign Language)

TOEFL은 IELTS와 함께 호주의 대학에서도 인정하고 있는 영어시험 제도이다. 호주의 각 대학은 최소한 550점 이상의 점수를 요구하며, 550에 못 미치는 경우에는 Intensive Language Course를 밟는 것을 조건으로 조건부 입학(Conditional Admission)을 받을 수 있다. 주의해야 할 것은 TOEFL 점수가 높더라도 이것으로 지원자의 학교성적을 커버할 수는 없고, 입학 사정에 있어서 비중은 학교성적(GPA)이 가장 높으며 그 다음이 TOEFL 점수이므로, 유학을 준비하는 사람은 무엇보다도 학교 성적을 잘 받도록 평소에 노력해야 한다.

(2) GMAT(Graduate Management Admission Test)
이 시험은 미국, 캐나다 그리고 호주의 경영대학원에서도 채택된 시험제도이다. 따라서 호주의 경영대학원 진학을 목표로 하는 사람은 이 시험에 철저히 대비하여야 한다. GMAT는 대개 1월, 3월, 6월, 10월경에 치르며, 약 3개월 전에 신청을 해야 원하는 시기에 시험을 칠 수 있다. 시험을 치르는 대로 Score Report 상에 각 시험의 결과가 모두 수록되므로 미리 충분한 준비를 한 후 시험에 임하여야 할 것이다.

(3) CULT(The Combined Universities Language Test)
이 시험은 University of New South Wales와 The University of Sydney, Macquarie University가 함께, 일반적인 영어 능력을 Test하는 시험이다. 현재 이 시험을 사용하고 있는 학교들은 다음과 같다.

The University of New South Wales
The University of Sydney
Macquarie University
University of Technology Sydney
The Australian National University
The University of Wollongong

University of Newcastle

(4) IELTS(The International English Language Testing System)
　IELTS는 영국 문화원(British Council), 영국 & 캠브리지 대학의 Local Examinations Syndicate, 그리고 IDP(호주국제개발위원회)가 공동으로 주관하고 있는 영어시험이다. 이 시험은 응시자의 전공분야의 필요성에 따라 나뉘어져 있으며, 읽기 55분, 쓰기 45분, 듣기 30분, 말하기 11~15분으로 언어의 45가지 측면으로 구분된다. IELTS 신청은 호주 교육위원회에서 하며, 테스트 후 2주 내에 결과를 알 수 있고, 호주와 영국 등의 대학에서 인정하고 있다. 호주 대학에서 요구하는 IELTS 성적은 평균 band score가 최소 6.5 이상이고 각 파트별 band score가 각 6점 이상이어야 한다.

제 2 장　명문 대학 각론

1. Canberra

(1) Australian National University
　　The Registrar, The Australian National University,
　　G.P.O. Box 4, Canberra,　ACT 2602 Australia

　1929년에 멜번 대학 분교로 개설된 이래 1946년에 호주 국립대학으로 개칭된 곳이다. 넓은 캠퍼스는 교문이나 울타리도 없이 분수와 조각이 늘어선 자연공원같이 꾸며져 있다. 특히 캠퍼스 남쪽에 위치한, 우주선을 방불케 하는 원형 돔의 독특한 건축물인 과학 아카데미 Academy of Science는 호주 국립대학의 자랑이다.

총 학생 수는 1만 290명이며 이 중 7,792명이 학부에 재학중이다. 외국학생은 약 400명. 부설 Language School에서 영어과정을 공부할 수 있다. 150만㎡의 아름다운 캠퍼스 내에 150만 권의 장서를 보유한 도서관과 기혼 학생

호주 국립 대학

들을 위한 탁아시설을 갖추고 있으며 교내에서 인터넷 접속이 가능하다. 또한 서점과 슈퍼마켓, 자전거 수리점, 여행사, 미용실 등이 있어 편리하다.

※ 중요 개설학과

원주민학, 회계학, 고대사, 아랍학, 고고학, 예술학, 철학, 인류학, 경영학, 정치 경제학, 법학, 식물학, 생화학, 화학, 지질학, 수학, 컴퓨터학, 물리학, 산림학, 동양사, 천문학, 호주학, 중국학, 연극, 생태학, 공학, 환경생물학, 불어, 유전학, 지리학, 독어, 한국학, 일본학, 토양자원관리, 미생물학, 분자생물학, 음악, 공원관리, 철학, 심리학, 종교학, 러시아 사회학, 통계학, 동물학 등이 있다.

(2) University of Canberra

P O Box 1, Belconnen, Canberra, ACT 2616

Tel: 6-20105342   Fax: 6-201-5040

국립대학으로 College로서는 1967년에 설립되었으며 1990년에 University로 승격되었다. 인구 30만 명인 Canberra 시 중심에 위치하고 있다.

학부 6,962명, 대학원 1,801명이며 외국학생 652명 중 한국학생은 30명 정도가 재학중이다. 행정 전문가 양성에 주안점을 두고 있다.

University of Canberra의 졸업식

조건부입학은 불가능하며 부설 Language School에서 주당 10시간 또는 20시간 짜리 집중영어과정을 공부할 수 있다. 24시간 컴퓨터 이용이 가능하고 교내에서 인터넷 접속을 할 수 있다.

1,056개의 1인실 교내 학생숙소가 있고 교외에서도 다양한 숙소의 선택이 가능하다. 학생들은 80여 개국에서 왔다. 40여 개의 세계 여러 나라 대학과 자매결연을 맺고 있다.

※ 중요개설학과

행정학, 응용경제학, 교육학, 교육심리학, 전자학, 공학, 환경학, 보건교육, 경영학, 회계학, 재정 금융학, 사회 경제학, 신문학, 영어학, 광고, 마케팅학, 도서관학, 스포츠 행정학, 스포츠 Journalism, 관광학, 간호학, 응용화학, 지질학, 생물학, 지리학, 토지 평가학, 물리학, Medical Laboratory Science, Remote Sensing, 건축학, 산업디자인학, 그래픽 디자인, 컴퓨터학, 보건관리, 상법, 중국어, 일본어, 신문학, 법학, 수학, 영양학, 스패니쉬, 부설영어센타(ELICOS)를 보유하고 있다.

2.. New South Wales

(1) Australian Catholic University
　　International Students Office
　　Australian Catholic University
　　40 Edward Street, North Sydney, NSW 2059 Australia

호주 카톨릭 대학

시드니의 Australian Catholic College of Education, 퀸즐랜드의 McAuley College를 비롯한 카톨릭계 칼리지 4개교가 통합되어 1991년에 개교했다. 호주에서도 특히 역사가 짧은 대학의 하나이지만 19세기 초의 선교교육의 전통이 인간형성을 존중하는 교육방침으로 집약되어 있다. 시드니에 Castle Hill, Mackillop, Mount St. Mary 등 3개의 캠퍼스, 멜버른에 Christ와 Mercy 이외에 브리즈번, 캔버라, 밸러랫을 포함해 총 8개의 캠퍼스를 갖고 있다.

8개 캠퍼스를 통틀어 총 학생수가 10,000명이 넘고 캠퍼스별로는 McAuley가 1,900명으로 제일 많다. 외국학생 비율은 약 2%. 개강일은 각 캠퍼스마다 다르다. 카톨릭 대학으로 학비가 저렴한 것이 특징이다.

각 캠퍼스마다 독립된 도서관과 네트워크 CD-Rom 시설이 있다. 총도서는 46만권. 규모가 가장 작은 Signadou에도 시청각 자료실, 컴퓨터실, 학생휴게실, 수영장, 농구장 등의 시설을 갖추고 있다.

※ 중요개설학과

학부

인문과학부에는 회계학, 예술, 동양학, 호주학, 교회음악, 역사, 지리, 문학, 언어학, 연극, 비주얼 아트, 복지, 종교, 논리학, 심리학, 환경과학, 비즈니스, 연극, 경제학, 영문학, 철학, 환경생물학, 정보학, 사회학 등이 있고 보건과학부에서는 간호학, 인간운동학, 응용과학의 3개 코스를 설치하여 실습위주의 학문을 지향하고 있다. 교육학부도 졸업생의 취업률 95%를 자랑하고 있다.

대학원

신학, 종교, 교육, 철학, 초. 중등교육, 수학, 논리학, 간호학, 인간운동학, 사회복지, 인문영역의 리서치 프로젝트를 전개하고 있으며, 교육학 전공 학생들이 많은 것이 이 대학의 특징이라 할 수 있다.

(2) Charles Sturt University

　　Albury,　624 Olive Street, Albury, NSW 2640
　　Tel: 60-41-8962
　　Bathurst,　Panorama Avenue, Bathurst, NSW 2795
　　Tel: 69-38-4120
　　Wagga Wagga,　PO Box 588, Wagga Wagga, NSW 2678
　　Tel: 69-33-2381

찰스 스터트 대학

1892년부터 농업과 교육학을 가르쳐 온 전통 있는 국립대학으로 1989년 University로 승격되었다. New South Wales 주의 Albury, Bathurst, Wagga Wagga, Dubbo 등 네 곳에 캠퍼스

가 있으며 모두 호주의 전통적인 전원지역에 위치하고 있다. 네 캠퍼스 모두 시내에서 가까운 곳에 있어서 학생들은 교통수단으로 자전거를 많이 이용한다.

총 학생 수는 4개 캠퍼스를 통틀어 약 3만 명이며 외국학생은 4% 정도. Wagga Wagga에 부설된 Language School은 4주마다 개강하며 다른 두 캠퍼스에도 Language Course가 있다. 1학년생들에게는 기숙사가 보장되며 외국학생들에게는 4주간의 기초과정이 무료로 제공된다.

교내에 서점, 극장, 체육관, 골프장, 농구장, 도서관, 컴퓨터센터, 사진현상실, TV 스튜디오, 라디오국(Bathurst) 등의 시설을 갖추고 있다. 네 캠퍼스 모두 학교 근처에 은행이 있어 이용하기 편리하며 진학, 재정, 법률, 직업문제 등에 대한 상담도 제공한다. 17개국 대학과 자매결연.

※ 중요학과개설

학부

인문사회학부, 상학, 교육, 보건학부, 자연과학. 농학 등의 학부가 개설되어 있다. 학부와 대학원을 합해 100개 이상의 코스가 준비되어 있으며, 생물의학, 와인 과학, 마사 경영학, 말에 관련된 연구, 공원 레크리에이션학, 사회 사업, 경찰학, 교원양성, 원주민 연구, 회계학, 광고학, 농학, 농경학, 생의학, 방송언론학, 화학, 컴퓨터학, 작물학, 연극학, 영문학, 원예학, 보석학, 조경학, 문학, 수학, 미생물학, 간호학, 철학, 사진학, 정치학, 심리학, 사회학, 토양학, 통계학, 운동학, 섬유학 등이 있다.

대학원

학생 대부분이 Coursework 프로그램을 이수하고 있으며, 그 대부분은 비즈니스나 교육 관계를 수학, MBA는 국제 비즈니스, 국제 무역경영학과 함께 대인기이다. 저널리즘 조직 커뮤니케이션, 와인 과학, 공원 레크리에이션학 등의 프로그램도 높은 수준으로 유명하다.

(3) Macquarie University

Balaclava Road, Northe Ryde, NSW 2109

Macquarie University 정문 앞

1967년 설립된 국립대학으로 Sydney에서 버스로 30분 거리인 교외지역에 위치한다. 총 학생 수는 학부 1만 3,000명, 대학원 5,000명에 달하며 외국학생은 1,400명, 한국학생 40여 명이 재학중이다.

학부의 지원 마감일은 가을학기는 3월 말, 봄 학기는 11월말이며 대학원 지원 마감일은 봄 학기는 3월 말, 가을학기 10월 말이다 (Research는 연중가능). 부설 Language School이 있으며 조건부 입학이 가능하다.

135만㎡의 캠퍼스 내에 영어 교육시설, 상담 & 의료 서비스 시설, 국제학생사무소 등과 100만 권의 장서를 보유한 도서관을 갖추고 있다. 시드니 대학 중 학교 부지가 제일 넓다.

※ 중요개설학과

학부

BA 취득 코스는 원주민 연구에서 중국 정치학, 회계학, 해부학, 고대사, 응용생물, 동양학, 생화학, 생물학, 식물학, 화학, 공학, 법학, 통계학, 아시아 연구, 교육, 이집트학, 환경학, 미디어 커뮤니케이션 연구, 태평양 연구, 인구학, 여성학까지 약 80개 분야이다. 흥미가 있다면 전공 이외의 분야라도 참가할 수 있어 학생들에게는 더 없이 좋은 시스템이다.

대학원

역사는 짧은 반면 연구활동이 가장 활발한 대학의 하나로 꼽힌다. 석사 코스는 언어학, 오디오학, 척추(교정)지압 요법, 아동문학, 국제 커뮤니케이션, 통·번역, 환경학 등 약 50여 개, 영어교육, 생물공학 등의 5개 국립연구소를 비롯한 많은 연구소가 있다.

(4) Southern Cross University
Coffs Harbour, Hogbin Drive, Coffs Harbour, NSW 2457
Tel: 66-50-110
Lismore, Millitary Road, East Lismore, NSW 2480
Tel: 61-20-3000

1970년에 설립된 국립대학이다. 역사가 그리 오래지 않고 학생수도 7,000명 밖에 안되는 소규모 대학이나 호주에서 가장 빠르게 성장하고 있는 대학의 하나이다.

전체 학생의 85%가 학부생이며 외국학생은 아직 소수이다.
Lismore 캠퍼스는 중심가로부터 버스로 5분 거리이고 Coffs

Harbour 캠퍼스는 Brisbance에서 버스로 3~4시간 거리에 위치해 있다.

교내에 컴퓨터 매장, 미용실, 식품점, 테니스장을 비롯하여 스포츠시설 등이 있다.

※ 중요개설학과

학부

인문과학, 비즈니스, 교육, 보건과학, 법률, 응용과학 등 여러 분야가 있다. 관광학, 운동과학, 현대음악, 코스트 매니지먼트, 자연요법학, 법률보조, 멀티미디어 테크놀로지, 비즈니스, 회계학, 응용과학, 예술, 동양어학, 컴퓨터, 경제학, 교육학, 산림학, 보건학, 법학, 수학, 간호학, 조각, 사회학, 인문과학, 관광학 등 실용학문 분야나 실천을 중시하는 것이 특징으로, 많은 과목이 관련업계, 전문단체의 카운슬링과 파트너십을 토대로 운영된다. 사회에 진출할 때의 추진력 강화를 위해 연수 기회도 많이 제공하고 있다.

대학원

인문과학, 회계학, 경영학, 비즈니스, Training & Development, 조직개발 및 Traning, 교육학, 과학, 국제관광 경영학, 법률, 보건과학 등의 분야에 석사 코스를 운영. MBA(경영학 박사)와 Ph.D 프로그램도 있다. 환경 관리학, 관광학, MBA의 인기도 높다.

(5) University of New England
Armidale, NSW 2301 Tel: 1-800-81-8865

1938년에 College로 설립되었고 1954년에 University로 승격되었다. 이 학교가 위치한 Armidale은 NSW South Wales 주 북부에 위치한 곳이다.

1만 4,000명의 학생 중 학부학생이 70% 정도를 차지한다. 외국학생은 약 180명 정도. 50개 국가에서 유학생이 모여들고 있다.

University of New England

교내에 테니스장, 스쿼시장, 실내수영장, 체육관 등의 체육시설 및 서점, 식품점, 미용실, 영화관, 탁아시설 등을 갖추고 있다.

※ 중요개설학과

학부

학부는 경제. 법률, 인문사회과학, 교육학, 보건학, 자연과학 등 4분야뿐이지만, 그만큼 밀도 높은 내용의 프로그램이 전개된다. 그 중에도 17개 학과로 구성된 인문사회 과학부는 호주 최대규모를 자랑하며, 문학, 사회과학, 음악 등은 물론 여성학, 고고학, 호주 연구 등 폭넓은 전공을 선택할 수 있다. 경제, 비즈니스, 법학부는 호주 정부가 실시한 조사에서 상위 수준을 유지. 중요학과는 회계학, 농업경영, 농업경제, 농업예술, 동양학, 식물학, 경제학, 교육학, 공학, 재정학, 지질학, 심리학, 정치학 등 70여 개 학과가 있다.

대학원

모든 학부에서 Research Course를 실시중이며, 특히 농업분야에서 성과를 거두고 있다. 세계적으로도 뛰어난 교수진이 포진한 자연과학부에는 공학, 수학, 정보과학, 천연자원, 과학, 농업학 등의 학과가 있다. 전공은 동물과학, 식물학, 세포, 분자생물학 등의 12개 코스 농업과학과 동물과학 등은 주요 산업과 긴밀한 관계가 있으며, 높은 평가를 받고 있다. 또한 경제, 비즈니스, 법학부도 우수하다.

(6) University of New South Wales
College of Fine Arts, Selwyn Street, Paddington, NSW 2021
Tel: 2-385-0888
Kensington, Gate 9, High Street, Kensington, NSW 2033
Tel: 2-385-3093
St. George, cnr Hurstville Road and Oatley Avenue, Oatley NSW 2233 Tel: 2-385-9999

국립대학이며 호주에서 가장 큰 도시인 Sydney에 위치한다. 총 학생 수는 약 2만 8,000명인데 주 캠퍼스인 Kensington에서 2만여 명의 학생들이 공부하고 있다. 38만m^2에 달하는 캠퍼스 안에 130만 권의 장서와 1만 4,000여 종의 간행물을 보유한 도서관이 있으며 우체국, 여행사, 미용실 등의 생활편의시설과 각종 스포츠시설을 갖추고 있다.

호주에서 외국학생이 가장 많은 대학의 하나로 외국학생수가 3,600명이 넘는다. 부설 Language School이 있으며 조건부입학이 가능하다.

기숙사는 늘 대기자가 많으므로 일찍 신청하는 것이 좋다. 부설 영어 연수센터와 학부기초과정을 보유하고 이 대학 분위기는 미국적인 면이 많이 보인다.

※ 중요개설학과

학부

응용과학, 인문사회과학, 상학, 경제학, 의학, 생물학, 행동과학, 건축환경학부, 공학, 법학, 자연과학, 전문직업 연구 등의 학부가 있다. 설립 당시부터 전통을 자랑하는 응용과학부에는 응용지리, 생물공학, 공업화학, 환경과학, 석유학, 생물공학, 목양, 양모과학 등 폭넓은 전공이 마련되어 있다. 최근에는 상학, 경제학부, 자연과학부, 공학부의 인기가 높다. 185개의 학과가 있다.

대학원

Coursework, Research 모두 충실하다. Research Course 학생 중 1/4은 유학생이다.

분야별로 보면 공학이 상당히 강하고, 비즈니스 분야에도 석사과정이 마련되어 있다. 교육, 컴퓨터, 인문·사회과학, Health Support도 인기가 높다. 60개 이상의 연구소가 있으며, HIV에 관한 연구에서부터 커뮤니케이션법까지 세분화된 연구가 활발하다.

(7) University of Newcastle
Callaghan, University Drive, Callaghan, NSW 2308
Tel: 49-21-5000
Central Coast, Brush Road, Ourimbah, NSW 2258
Tel: 43-48-4030

Web site : www.newcastle.eud.au

국립대학으로 1951년에 설립되었으며 의학과 건축학분야에서 명성을 얻고 있다. 1965년에 University of New South Wales에서 독립했고 1990년에 Hunter Institute of Higher Education과 합병하여 Newcastle의 유일한 대학이 되었다. Sydney에서 북쪽으로 170km 떨어져 있다. 주 캠퍼스는 Callaghan으로 시내 중심부에서 12km 떨어진 곳에 있으며 Central Coast 캠퍼스는 Newcastle과 Sydney의 중간쯤에 위치하고 있다.

총 학생 수는 1만 7,000여 명에 달하며 이중 1만 4,000명 정도가 학부생이다. 외국학생은 약 750명 정도. 부설된 Language School에서 약 40개국에서 온 학생들이 공부하고 있다. 학위과정을 준비하기 위한 Foundation Course를 제공하고 있고 조건부입학도 가능하다. 개강일은 9월 중순이다.

※ 중요개설학과

학부

인문사회과학, 건축, 미술, 디자인, 경제, 상학, 교육, 공학, 법률, 의학, 보건학, 간호학, 음악, 자연과학, 수학이 있다. 인문사회과학부에는 여러 학과가 있으며, Sexual Minority 문화와 원주민 복지, 서구여성학 등, 소수의 입장에 선 수업이 많이 채택되고 있는 것이 특징. 이외에 170여 개의 학과가 개설되어 있다.

대학원

건축학, 예술, 사회과학, 경제, 무역, 교육, 공학, 법학, 의학, 보건학, 음악, 간호학, 자연과학, 수학 등 이외에 환경공학, 경영학, 컴퓨터공학, 인류학, 언어학, 심리학, 사회사업 운동, 관광학 등이 있다.

(8) University of Sydney
Cumberland, East Street, Lidcombe, NSW 2141
Tel: 2-646-6356
　Facultuy of Nursing, 88 Mallett Street, Camperdown, NSW 2050　Tel: 2-351-0511
Main, Camperdown, NSW 2006 Tel: 2-351-4118
Orange, Agicultural College Leeds Pde, Orange 2800
Tel:63-63-5555
Sydney College of the Arts, Rozelle Campus, Balmain Road, Rozelle, NSW 2039　Tel: 2-351-1000
　Sydney Conservatorium of Music, Macquarie Street, Sydney, NSW 2000　Tel: 2-230-1222

University of Sydney

호주에서 가장 오래된 국립대학으로 1850년에 설립되었다. Faculty of Nursing에는 약 2,000명의 예비 간호사들이 공부하고 있으며, Lidcombe의 Faculty of Health Science에는 약 3,000명의 학생들이 있다. 6개의 캠퍼스를 합한 총 학생 수는 약 4만 명이다. 학생수가 Monash 대학 다음으로 많은 호주 최고의 명문 대학이다. 교지는

72ha.

　외국 학생수는 약 5,000명 정도. 소수지만 한국학생도 재학중이다. 지원 마감일은 10월말이며, 대학원은 학과마다 다르다. 부설 Language School이 있으며 학습방법에 대한 도움을 주고 연계과정도 개설되어 있다.

　도서관에 510만 권의 장서와 1,000여 종의 정기간행물을 갖추고 있다. 캠퍼스는 19세기의 고풍스런 건물이 커다란 고목과 푸른 잔디와 어우러져 중후한 멋스러움을 풍긴다.

　졸업생 중에는 3명의 노벨상 수상자, 총리, 세계은행장 등 유명인사가 많다. 유럽의 37개국, 북미, 아시아 등의 여러 대학과 자매결연을 맺고 있다. 호주 8대 명문대 중 선두 그룹 대학이다. 학교 재정 및 연구비가 많고 장학제도도 잘 되어 있으며, 교수 학생 비율이 15:1이다.

※ 중요개설학과

학부

　농학, 교육, 의학, 건축, 법률, 경제, 인문과학, 음악 등 17개 학부의 코스를 합치면 100개 이상에 달한다. 그 가운데 의학부는 17개의 학과, 해부학, 전염병, 병리, 직업병 등 여러 분야를 다루고 있다. 재학 중에는 해외에 있는 병원에서 8주간의 실무 등 국제적인 경험과 안목을 키우는 데에 심혈을 기울이고 있다.

　인문과학부의 어학과도 전통이 있으며, 그 외 호주 문학과는 미국과 호주 문학과의 관계, 식민지 시대의 문학, 뉴질랜드 문학의 연구 등으로도 잘 알려져 있다.

대학원

농학, 건축, 인문과학, 비즈니스, 치과, 경제, 교육, 공학, 보건과학, 법학, 음악, 수의학, 간호학 등의 17개 학부가 있다. 그 중에서 농학부와 인문학부는 수많은 졸업생을 배출했으며, 또한 현재에도 많은 학생이 공부하고 있다. 의학부는 호주 최대 규모로, 19개의 학과와 15개의 연구기관이 설치되어 있다. 35개의 부속병원에서 연수를 하고 있으며, 이곳의 충실한 설비와 학생의 수준은 국내외에서 높은 평가를 받고 있다.

(9) University of Technoloby, Sydndy
City Broadway, Sydney, NSW 2007 Tel: 2-9514-1990
Kuring-gai, Eton Road, Lindfield, NSW 2070 Tel: 2-9514-1990
St. Leonards, Pacific Highway, Gore hill, NSW 2065
Tel: 2-9514-2990

University of Technoloby, Sydndy

국립대학인 UTS는 New South Wales 주에 세 개의 캠퍼스를 가지고 있다. City 캠퍼스는 Sydney의 차이나타운과 달링하버 옆에 있어 10분이면 중심가에 도착할 수 있으며 Kuring-gai 캠퍼스는 Sydney 북쪽 해안가 근교지역에 있으며 버스나 기차(45분 소요)로 쉽게 시내로 나올 수 있다. 설립연도는 1965년이며 1990년에 University로 승격되었다.

총 학생수는 2만 명이 넘는데 이중 74%가 학부학생이다. City

캠퍼스에 1만 6,000여 명, Kuring-gai 캠퍼스에 3,600여 명, St. Leonards 캠퍼스에 1,500명이 있다. 외국학생 비율은 약 3%정도.

UTS는 매우 독특한 학교다. 성인입학생들의 대부분은 TAFE 등에서 자격증을 취득한 사람이거나 직업경험이 있는 사람이다. 많은 강좌들이 part-time, 저녁반, 주말반 등으로 수강할 수 있게 편성되어 있다. 또한 UTS는 성인교육에 힘을 기울이고 있는 학교이기도 하다. St. Leonards에는 작지만 특별한 목적의 시설들이 있다. 수많은 교육지원 센터와 도서관, 기혼학생을 위한 탁아시설 등을 갖추고 있다.

※ 중요개설학과

학부

일반 산업계와의 관계를 매우 중시하여 일반적인 수업 외에 '샌드위치'라 불리는 제도를 채택하고 있다. 이 제도는 어떤 일정 기간 동안 기업에서 풀타임으로 일하여 그 경험을 학점으로 인정받는 제도이다. 이 제도를 통해 학생들은 이론적인 기초지식뿐만 아니라 실제적인 경험도 쌓을 수 있다.

대학에는 비즈니스, 디자인, 건축, 교육, 공학, 인문, 사회과학, 법률, 수학, 컴퓨터, 간호, 자연과학 등의 학부와 60개 이상의 전공분야가 있으며, 프로그램이 다양하게 제공되는 것도 이 대학의 특징 중 하나이다. 개설학과는 280여 개나 된다.

대학원

9개 학부 모두 Research Course가 있지만 Coursework가 중심이다. 대학원에서 제공하는 프로그램은 110개 정도로 다양하며 내용도 풍부하다. 비즈니스 학부의 경우 석사 코스로는 회계학, 회계·금융, 고용관계, 금융, 마케팅, 공공 매니지먼트, MBA 등이 있다. 교육학부, 인문과학학부도 인기가 있다.

(10) University of Western Sydney
Hawkesbury Blacktown, Eastern Road, Quakers Hill, NSW2763
Tel: 2-852-4000
Hawkesbury Richmond, Bourke Street, Richmond, NSW 2753
Tel: 40-70-1333
Macartuer Bankstown, Bullecourt Avenue, Milperra, NSW 2214
Tel: 2-772-9200
Macarthur Campbelltown, Boldsmith Avenue, Campbelltown, NSW 2560   Tel: 46-20-3136
Nepean Kingswood/Werrington, Second Avenue, Kingswood, NSW 2747   Tel: 47-36-0222
Nepean Westmead, Hawkesbury Road, Westmead, NSW2145
Tel: 2-685-9273

University of Western Sydney

1989년 설립된 UWS는 국립대학으로 호주 유일의 연합대학이다. 6개의 캠퍼스는 각각 고유의 역사를 가지고 있는데 예를 들어 Hawkesbury는 1891년에 Richmond 캠퍼스에서 전문농업대학으로 설립되었다. 최근 학생수가 급격히 증가했으며 새로운 학과가 속속 생겨나고 있다.

총 학생 수는 약 2만 명이며 외국에서 온 학생은 1,000여 명이다. 조건부입학이 가능하다. 부설 Language School에 주당 20시간의 집중영어과정이 개설되어 있다.

각 캠퍼스마다 조금씩 다르기는 하지만 학생들의 복지를 위한 시설이 잘 갖추어져 있다.

※ 중요개설학과

학부

전체 280여 개의 학과가 개설되어 있다. Nepean교에는 상학, 교육, 공학, 인문·사회과학, 법학, 간호·보건과학, 과학 기술, 비주얼 퍼포밍 아트 등의 학부가 있다. 그 중에서도 교육학부는 창립 당시부터 우수한 전통을 자랑한다.

Hawkesbury교에는 농학, 원예학, 보건, 인문·사회환경학, 비즈니스, 과학·공학의 학부가 있고, 농학·원예학은 높은 평가를 받고 있다.

대학원

기본적으로 학부 교육에 중점을 두고 있지만 대부분의 학과에서 대학원 코스를 제공하고 있다.

Hawkesbury교는 원래 농업대학이었기 때문에 농업, 원예교육이 활발하며 수준도 높다. 전반적으로 비즈니스, 교육, 인문·사회과학 등의 분야에 학생이 집중되어 있다. 여성학, Creative Art, HIV 연구 등 새로운 분야도 차츰 각광을 받고 있다.

(11) University of Wollongton

Northfields Avenue, Wollongong, NSW 2522   Tel: 42-21-3927

1951년 설립된 국립교육기관으로 1975년에 University로 승격되었다. 시내까지는 버스로 30분 정도 걸리며 Sydney까지 연결되는 기차역은 걸어서 갈 수 있는 가까운 거리에 위치하고 있다.

총 학생수는 1만 2천 명이 넘으며 이중 약 77%가 학부학생이다. 외국학생 비율은 약 7%정도로 조건부입학이 가능하며 부설된 Language School이 있다.

83만m²의 캠퍼스와 캠퍼스밖에 5개의 기숙사, 수영장, 테니스 코트, 음악실, 체육관, 운동장, 25만여 권의 장서를 보유한 도서관 등의 시설을 갖추고 있다.

※ 중요개설학과

학부

학부는 인문사회과학, 상학, 교육, 공학, 보건·행동과학, 정보이론, 법학, 자연과학 등이 있다. 중요개설학과는 회계학, 예술, 생의학, 생화학, 경영학, 화학, 상학, 교육학, 공학, 일본학, 간호학, 물리학, 철학, 정치학, 사회학, 섬유학 등 100여 개. 공학 분야가 매우 강하며 그 수준은 국내외적으로 인정받고 있다. 인기 있는 학과는 상학, 법학, 보건·행동과학이다. 광산도시인 만큼 공학부에는 광산학과도 마련되어 있다.

대학원

대학원 연구 가운데 컴퓨터 시스템과 커뮤니케이션 시스템의 개발로 국제적인 평가를 받고 있다. 수 백 억원 단위의 투자 프로젝트도 과감히 뛰어들어 산업계의 비상한 관심을 모으고 있다.

3. Northern Territory

(1) Northern Territory University
   Ellengowan Drive, Casuarina, NT 0810 Tel: 89-46-666

1974년 설립된 대학으로 1988년에 University로 승격되었다. Northern Territory 주의 첫 번째 국립대학이며 1989년 University College of the Northern Territory와 Darwin Institute of Technology가 합병된 대학이다. TAFE 과정도 개설하고 있다.

총 학생 수는 9,687명이며 이중 외국학생은 250명이고 소수의 한국학생이 재학중이다. 조건부입학은 불가능하다. 지원 마감일은 2월 개강하는 학기의 경우 12월 말, 7월 개강은 6월 중순이다. 부설 Language School에서 주당 25시간의 집중영어과정을 제공한다.

58만㎡의 캠퍼스 내에 25만 권의 장서를 보유한 도서관과 컴퓨터 시설, 스포츠 시설 등을 갖추고 있다.

※ 중요개설학과

학부

인문과학, 비즈니스, 교육, 자연과학의 4개 학부가 있으며 대학, 대학원 교육을 실시하고 있다. 폭넓게 학생을 받아들이고 있으며, 학생들이 병설기관인 TAFE에서 학부로 진학할 수 있도록 학교측도 지원하고 있다. 지역연구도 활발히 이루어져 북호주 연구에서는 역사, 경제, 문학, 사회봉사활동에 중점을 두고 있는 외에, 원주민 연구와 동남아시아 연구에도 적극적이다.

중요개설학과는 원주민 교육, 회계학, 건축학, 예술, 생화학, 경영학, 교육학, 공학, 재정학, 역사, 법학, 도서정보학, 음악, 간호학, 미술, 물리학, 정치학, 심리학, 조각, 사회학 등이다.

대학원

대학원의 역사는 그다지 오래되지 않아 최초 박사학위가 수여된 것도 최근의 일이다. 그러나 급속히 학생이 늘어나고 교육의 질도 높아지고 있다. 어학, Management 분야에 많고, Research는 교육, 인문사회과학, 자연과학이 인기로 Aqua Culture와 육상 생태학, 인류학 등의 분야는 동남아시아 대학과 제휴하고 있으며, 태양에너지 연구도 성과를 올리고 있다.

4. Queensland

(1) Bond University

    Gold coast, QLD 4229   Tel: 75-595-1024

호주 최초의 사립대학으로 1987년에 설립되었다. Brisbane으로부터 70km 떨어져 있다.

총 학생수는 학부 2,100명, 대학원 300명이고 외국학생은 약 25%에 달한다. 한국학생도 75명이 재학하고 있으며 동양인 유학생 유치에 적극적이다. 외국학생이 많이 등록하고 있는 학과로는 비즈니스, MBA, 정보 기술 등을 들 수 있다. 3학기제로 운영. 부설 Language School에 Full-time 영어과정이 개설되어 있다.

50만m^2의 캠퍼스 내에 시설이 좋은 도서관과 기숙사 및 수영장, 테니스장, 체육관, 스쿼시장, 운동장 등의 시설을 갖추고 있다.

※ 중요개설학과

학부

실용 교육을 추구하는 이 대학은 학생에 대한 교수의 비율이 높으며, 이는 타의 추종을 불허한다.

학부로는 인문사회과학, 비즈니스, 정보과학, 법학부가 있으며, 학과로는 응용언어학, 한국어, 일본어, 중국어 등 아시아 언어학을 다루는 언어학과와 호텔경영, 국제비즈니스 매니지먼트 등의 비즈니스 관련학과 등 시대의 요구에 부응하는 코스가 많다. 모든 학부에 커뮤니케이션 기술, 정보과학, 논리학, 매니지먼트의 네 과목은 필수이다.

중요개설학과는 회계학, 예술, 경영학, 중국어, 상학, 컴퓨터, 경제학, 공학, 영어, 재정, 불어, 정보학, 일본어, 저널리즘, 한국어, 심리학, 부동산 경영, 통계학 등이다.

대학원

인문·사회과학, 비즈니스, 정보공학, 법학부 등의 학부가 있다. MBA는 그 중에서도 우수하다고 정평이 나 있으며, 미국에서 개최된 벤처 플래닝 국제 경기대회에서 하버드 대학과 시카고 대학 등 강호를 물리치고 1994년도 챔피언에 오르기도 했다.

(2) Central Queensland University
    Bundaberg, University Drive, Bundabert, QLD 4670
    Tel: 71-50-7177
    Emerald, c/o Central Highlands TAFE, Emerald, QLD 4720

Tel: 79-82-2904

Gladstone, Bryan Jordan Drive, Gladstone, QLD 4680

Tel: 79-70-7277

Mackay, Boundary Road, Plalands, Mackay, QLD 740

Tel: 79-40-7577

Rockhampton, Bruce Highway, Rockhampton, QLD 4702

Tel: 79-30-9000

1967년에 설립되었으며, 1992년에 종합대학으로 승격되었다. Queensland 주에 있는 Rockhampton에 위치하고 있다.

Rockhampton 외에 4개의 캠퍼스가 더 있다.

총 학생 수는 7,622명으로 이중 83%가 학부학생이다. 학생 수는 Rockhampton이 3,500명으로 제일 많다. 외국학생은 500명 정도로 아직 많지 않지만 점차 늘고 있는 추세이다. 개강일은 Rockhampton의 경우는 9월이다.

교내에 식당, 극장, 은행 등의 편의시설이 있으며 학습, 의료, 주택, 취업 등에 관한 상담을 제공한다.

※ 중요개설학과

학부

응용과학, 인문, 비즈니스, 교육, 공학, 보건학과 등 총 6개 학부가 있다. 비즈니스 마케팅, 정보과학, 커뮤니케이션, 저널리즘, 원주민연구, 회계학, 응용물리, 예술, 생물학, 경영, 화학, 컴퓨터, 연극, 교육, 공학, 지질학, 보건교육, 신문학, 일본학, 마케팅, 간호학, 심리학, 사회학, 관광학, 여자보건, 토목, 전기공학 등.

외국인 학생에게는 모국의 대학에서 학점을 인정받을 수 있는 Study Abroad Programs를 제공하고 있다.

대학원

이공, 자연과학, 교육의 각 분야가 전반적으로 충실하며 정보과학, 국제 비즈니스에 초점을 맞춘 MBA 코스도 인기가 높다. 세계적으로 이름이 알려진 Centre For Railway Engineering, 호주중부의 코알라 조사 센터를 포함한 Centre for Land and Water Resource Development, 현지의 농산목축개발과 밀접한 Primary Industries Research Centre, 통신교육에 대한 연구를 계속하고 있는 Centre of Open & Distance Learning 등 주요 부속 연구소도 여러 개 있다.

(3) Griffith University

　　Gold Coast, Parklands Drive, Southport, QLD 4215
　　Tel: 75-594-8737
　　Mt. Gravatt, Messines Ridge Road, Mt Gravatt, QLD 4122
　　Tel: 7-3875-7700
　　Queensland College of Art, Clearview Tce, Morningside, QLD 4170　Tel: 7-3875-3111
　　Queensland Conservatorium of Music, The Boulevard, South Bank, QLD 4101,　Tel 7-3875-6202

1971년 설립된 국립교육기관으로 Brisbane으로부터 10km 거리에 위치하고 있다. Nathan과 Mt. Gravatt 캠퍼스는 모두 Brisbane 중심부로부터 버스로 15분 걸린다.

총 학생 수는 약 1만 8천 명으로 이중 88%가 학부과정에 있다. Nathan 캠퍼스의 학생수가 9,000여 명으로 5개의 캠퍼스 중 가장 많다. 외국학생 비율은 5% 정도. 부설 Language School이 있으며 캠퍼스 내에 기숙사, 도서관, 테니스장, 체육관, 스쿼시장, 음악실, 수영장 등의 시설을 갖추고 있다.

※ 중요개설학과

학부
12개의 학부가 있으며, 브리즈번 캠퍼스에는 상학·경영, 아시아. 국제연구, 환경학, 보건·행동학, 인문과학, 법학, 자연과학·공학, 교육을 배울 수 있다.
한편 골드 코스트 캠퍼스에는 비즈니스·호텔경영, 교육·미술, 공학·응용과학, 간호학, 보건학이 있다.
전통적인 교육분야에 구애받지 않고 설립 당시부터 학생의 필요에 맞추어 코스를 갖추도록 노력해 왔으며, 그 결과 호주 환경학, 아시아국제연구, 여성학, 호텔경영 등은 다른 분야의 과목을 접목시켜 충실하고 폭넓은 내용을 가르치고 있다. 골프 매니지먼트, 항공학, 레저 과학 등 독특한 전공도 있다. 400여 개의 과목이 개설되어 있다.

대학원
대학원의 연구도 활발하여 인문·사회과학, 자연과학, 환경학, 교육, 경영 등의 연구에 많은 학생들이 심혈을 기울이고 있다. 특히 아시아·태평양 지역과 관련된 연구분야, 호주 연구, 여성학, 재료과학과 분자공학 등의 특수과학 분야가 명성 있다.

(4) James Cook University of North Queensland
　　Cairns, McGregor Road, Smithfield, Cairns, QLD 4878
　　Tel: 70-42-1111
　　Townsville, Townsville, QLD 4811
　　Tel: 77-81-4407　Fax: 77-81-4644

　열대기후 지역인 Townsville의 교외지역에 자리잡고 있는 국립 대학으로 1970년에 설립되었다. Cairns 캠퍼스는 1995년에 문을 열었는데, 전체 8,400여 명의 학생 중 학부생은 7,000여 명이다. 1,000여 명은 Cairns 캠퍼스에서 공부하고 있다. 외국학생은 전체의 4% 정도이며, 소수이지만 한국학생도 재학중이다.
　한국에서 고등학교를 마치고 학부과정으로 바로 입학하려는 학생은 1년의 Foundation Course를 거쳐야 한다. 부설 Language School이 있다. 368만㎡의 캠퍼스 내에 숙소, 의료, 국제학생 상담 시설 및 스포츠 시설과 56만 권의 장서를 보유한 도서관 등의 시설을 갖추고 있다.

※ 중요개설학과

학부
　인문과학, 사회과학, 상학, 보건학, 교육, 분자과학, 이공학, 법학, 해양생리학, 관광학, 회계학, 행정학, 예술설계, 호주연구, 생화학, 식물학, 화학, 아동학, 중국어, 컴퓨터, 경제학, 교육학, 공학, 환경학, 재정학, 지질학, 역사, 일본어, 법학, 해양생물, 사진학, 물리학, 생리학, 정치학, 심리학, 통계학, 관광학, 여성학, 동물학 등 외에 원주민 연구까지 갖춰져 있다.
 그 중에서도 열대라는 환경을 살린 독특한 과목이 주목을 받고 있다. 열대수의학, 풍력공학, 열대 해양과학 등이 그것. 학생의 1/4는 그 지역 출신자이며, 원주민과 제도(諸島) 출신자도 많다.

대학원
 지역의 특수성을 살린 열대농업, 열대환경 등의 연구 실적이 뛰어나다. 자연과학분야 전공자, 그 중에서도 열대우림 등의 열대환경을 보존하기 위한 개별연구와 사탕수수 재배 등 산학협동 프로그램에서 산업과 관련된 연구에 몰두하는 학생이 많다. 그 외에도 지역연구에서부터 컴퓨터 과학에 이르기까지 다양한 연구센터가 마련되어 있다.

(5) Queensland University of Technology
 Carseldine, cnr Beans and Dorville Road, Carseldine, QLD 4034   Tel: 7-3356-1195
 Gardens Pointm, George Street, Brisbane, QLD 4001, Tel: 7-3356-195
 Kelvin Grove, Victoria Park Road, Kelvein Grove, QLD 4059,   Tel: 7-3356-195

Queensland University of Technology

 QUT는 활력 넘치는 연구중심대학으로 졸업생들의 취업률이 높은 것으로 이름나 있다. 국립대학으로 1882년에 설립되었고 University로 승격된 것은 1988년이다. Melbourne에서 동남쪽으로 20km 떨어진 인구 11만 명의 Brisbane에 위치하고 있다.
 총 학생수는 약 2만 6,000명으로 이중 81%가 학부에 재학중이다. 외국학생은 1,400명 정도이다. 부설 Language School이 있다. 컴퓨터, 수영장, 체육관, 음악실 등의 시설을 갖추고 있다.

※ 중요개설학과

학부

인문, 환경건축·공학, 비즈니스, 교육, 보건과학, 정보과학, 법학, 자연과학 등의 학부가 있다. 학부에만 100여 개 이상의 전공분야가 있으며, 커리큘럼은 직업인으로서 기초를 다지는 것에 중점을 두고 있다. 그리고 활약 중인 현역 프로들을 강의에 초청하기도 하고, 'hands-on"이라 불리는 프로젝트와 인턴십 제도를 적극적으로 도입하는 등, 전문가를 양성하기 위해 노력하고 있다.

중요개설학과는 회계학, 응용화학, 건축학, 예술, 아시아 퍼시픽 연구, 은행, 생물학, 생화학, 경영화학, 컴퓨터, 무용, 설계, 연극, 교육학, 공학, 재정, 유럽연구, 가정학, 정보학, 저널리즘, 조경학, 법학, 수학, 의학, 미생물, 음악, 간호학, 물리학, 사회학, 시청각 등.

대학원

본래 학부 레벨의 직업교육에 중점을 두어 왔지만, 현재는 30% 가까운 학생이 대학원에 적을 두고 있으며, 다양한 분야에서 응용연구가 활발히 이루어지고 있다. Research에서는 교육, 비즈니스.공학 등의 분야가, Coursework에서는 비즈니스.공학, 그리고 컴퓨터 등의 분야가 인기가 있다.

(6) University of Queensland
　　Gatton College, Lawes, QLD 4343 Tel: 74-60-1276
　　St. Lucia, St. Lucia, Brisbane, QLD 4072
　　Tel: 73-365-1960 Fax: 73-365-1794

　Queensland에서 가장 오래된 대학으로 1909년에 설립되었다. 학교가 위치한 지역은 Brisbane으로부터 5km 떨어진 교외지역에 있다.
　국립대학으로 총 2만 5,000명의 학생이 재학중이며(학부생은 약 2만 명) 교직원은 약 6,000명이 있다. 외국학생은 한국학생 10여 명을 포함해서 1,400여 명이다.
　지원 마감일은 가을학기 5월 말, 봄 학기는 11월 말이다. 부설 Language School이 있다.
　114만㎡의 캠퍼스 내에 160만여 권의 장서를 보유한 도서관과 연구 실험실, 인터넷 사용이 가능한 컴퓨터 시설 등을 갖추고 있다.
　브리즈번 강에 둘러싸여 있는 광대한 부지 내에 대학 건물 외에도 두 개의 연못과 일반인도 이용할 수 있는 넓은 풀, 각종 스포츠 시설을 갖추고 있다.
　캠퍼스의 중앙에 있는 붉은 사암 건축물 그레이트 코트(Great Court)에는 모퉁이와 아치마다 과거의 유명한 사상가, 교육가의 모습이 부조로 새겨져 있다. 이 건물의 동쪽에 있는 유니언 빌딩은 식당과 서점 등이 들어 있으며, 로고가 들어간 선물용품을 살 수 있다.

※ 중요개설학과

학부

건축, 인문, 비즈니스, 상학, 치의학, 교육, 공학, 법학, 의학, 음악, 자연과학, 수의학, 사회과학, 토지식량 시스템의 14개 학부가 마련되어 있다.

보건과학, Rehabilitation 학과도 신설될 예정. 학과로는 응용과학부의 수질과학, 테크놀로지, 식물가공, Wildlife Management, 인문학부의 전쟁과 평화학, 종교연구, 여성학, 비즈니스학부의 관광학, 관광경영, 호텔경영, 자연과학부의 생태학, 환경학 등 흥미 있는 분야가 많다. 원주민 연구에서부터 동물학에 이르기까지 150여 학과가 개설되었다.

대학원

본 대학의 대학원 코스는 100개 이상이며, 언어학, 응용언어학, 사회과학, 환경학 등의 프로그램이 매우 뛰어나다. 그밖에 의학약물과학, 자연보호생물학, 정보과학, 광학, 신경생리학, 노화장애, 중국 연구, 치의학, 공공위생과 질병예방, 약물학과, 운동과학, 성(性)연구, 노동학, 해양학, 관광경영, 열대식물학 등의 연구도 이루어지고 있다. 호주 유수의 Ph.D 배출교인 만큼 연구 대학원의 중심이다. Coursework 프로그램의 대부분은 Gatton 캠퍼스에서 이루어지며, 교육, 인문, 경영, 사회과학이 주요 학과이다.

(7) University of Southern Queensland
   West Street, Toowoomba, QLD 4350
   Tel: 76-31-2362 Fax 76-36-2211

University of Southern Queensland

USQ는 국립대학으로 1967년 설립되었으며, 1992년 University로 승격되었다.

전원도시인 Toowoomba에 위치하며 기후는 온화한 편이다.

총 학생 수는 2만 2,800여 명에 달하며 이중 80%가 학부학생이다. 유학생이 약 5,800명으로 60여 개국의 유학생들이 있다.

부설 Language School이 있고 90만㎡의 캠퍼스 내에 테니스장, 체육관, 운동장, 레크리에이션 센터, 도서관 등의 시설을 갖추고 있다. 통신교육을 받는 학생이 1만을 넘는다. 교수진이 536명, 행정직원이 767명이다.

※ 중요개설학과

학부

학문에 뜻을 가진 모든 사람에게 문을 열고 있는 대학. 통신교육 시스템, 학생에 대한 세심한 지도 등으로 학생들의 만족도가 높다. 대도시에 있는 학교와 달리 교수와 학생의 관계가 긴밀하여 학생들의 요구를 적극 수용하는 학사행정을 펼치고 있다. 학부에는 인문, 비즈니스, 상학, 교육, 공학, 측량, 자연과학 등의 분야가 있으며, 모든 학과에서 처음 1년 동안은 컴퓨터 커뮤니케이션, 아시아, 호주, 태평양 지역 과목이 필수이다.

중요개설학과는 회계학, 응용컴퓨터, 응용수학, 응용심리학, 예술, 동양연구, 생물학, 경영학, 상학, 연극, 경제, 교육계통, 공학계통, 영문학, 재정학, 지질학, 독문학, 역사, 정부론, 저널리즘, 간호학, 사회학, 통계학, 시청각 교육 등

대학원

학생이 많은 곳은 비즈니스, 경영, 회계학부 학과이다. 최근에는 정보과학, 보건학, 상학, 심리학, 아시아 연구, 교육 코스에도 새로운 프로그램이 속속 등장하고 있다. Research의 주요 분야로는 농업공학, 토지이용연구, 식물생물학, 통신교육, 간호학을 포함한 Applied Rural Research가 활발하다.

5. South Australia
(1) Flinder University of South Australia
　　Sturt Road, Bedford Park SA 5042 Tel: 8-201-3074

국립대학으로 1966년에 설립되었고 Adelaide로부터 10km 떨어진 곳에 위치한다.

총 학생수는 1만 명이 넘고 이중 81%가 학부과정에 재학중이다. 외국학생 비율은 약 5% 정도.

부설 Language School이 있으며 182만㎡의 캠퍼스 내에 24시간 이용 가능한 도서관과 테니스장, 체육관, 수영장 등의 시설을 갖추고 있다.

※ 중요개설학과

학부

크게 사회학과, 교육, 인문, 법학, 테크놀로지, 공학, 자연과학, 보건과학으로 나뉘어져 있으며, 장애인 교육에서부터 생물공학, 미술, 간호학에 이르기까지 세분화된 전공이 많이 있다. 교육계통, 공학 및 환경계통 과목 외에 70여 과목이 있다.

학생들에게 인기가 있는 분야는 경제, 상학 등과 밀접한 비즈니스 관련학과로 그 중에서도 국제 비즈니스는 중국어, 일본어, 인도네시아어의 부전공 선택을 의무화하고 있다.

대학원

학문과 연구자의 자유를 존중하며, 실적이 있는 분야는 생물과학, 화학, 문화연구(호주. 아시아), 공학, 환경학, 정보과학, 해양생물학, 교육학, 국제 비즈니스 등을 들 수 있다.

(2) Adelaide University

North Terrace, North Terrace, Adelaide SA 5005
Tel: 8-303-4455
Roseworthy, Roseworthy SA 5371 Tel: 8-303-4455
Waite, Glen Osmond SA 5064 Tel: 8-303-4455

Adelaide University

호주에서 세 번째로 오래된 대학으로 1874년에 설립되었고 약 60년 전부터 외국학생을 받아들였다. 국립대로 South Australia 주의 주요 도시인 Adelaide

에 위치하고 있다.

총 학생 수는 1만 3,000여 명으로 이중 80%가 학부생이다. 외국학생 비율은 약 4% 정도다.

도서관과 테니스장, 수영장, 운동장 등의 시설을 갖추고 있으며 North Terrace 캠퍼스 외에 2개의 캠퍼스가 있다.

노벨상 수상자를 3명이나 배출한 명문교. 메인 캠퍼스인 North Terrace는 애들레이드 시내의 중심가에 위치해 있으며, 국내외의 수재들이 모이는 학문연구의 중심지이다. Waite 캠퍼스와 Roseworthy 캠퍼스에는 농학부가 사용하는 농장이 있으며, Thebarton 캠퍼스에는 주로 대학원 연구소가 있다.

※ 중요개설학과

학부

6개의 Division과 농학, 천연자원, 공학, 수학, 컴퓨터 과학, 치의학, 의학, 인문, 퍼포밍 아트, 건축, 도시계획, 법학, 경제, 상학, 자연과학 등의 학부가 있다. 농학부에서는 천연자원의 매니지먼트에서부터 과학, 농업 비즈니스의 실습 등 폭넓은 교육이 이루어지고 있다. 개설학과가 100여 개나 된다. 졸업생 대부분은 대학원에 진학하거나 Honours 코스에 진학하여 학문을 깊이 연구하고 있다.

대학원

연구활동은 호주에서 랭킹 5위 안에 들며, 그 중에도 유전자공학은 농학, 공학, 의학, 과학의 각 학부가 협력하여 연구를 행하고 있다. 환경과학에서도 주도적 역할을 하며, 아프리카와 아시아, 남아메리카 등의 50여 개국으로부터 환경문제 종사자들이 모이고 있다.

그밖에 호주 연구, 국제 경제, 컴퓨터 스포트웨어 공학, 지구물리학 등의 연구센터가 설치되어 산학협동 프로그램을 활발히 진행하고 있다.

(3) University of South Australia
  City, GPO Bos 2471, Adelaide SA 5001
  Tel: 8-302-2204 Fax: 8-302-2233
  Magill, Lorne Avenue, Magil SA 5072
  Sailsbury, Smith Road, Sailsbury East SA 5109
  The Levels, Warren Road, Pooraka, SA 5095
  Underdale, Holbrook Road, Underdale, SA 5032
  Whyalla, Nicholson Avenue, Whyalla Norrie SA 5068

South Australian Institute of Technology와 South Australian College of Advanced Education 두 학교가 병합되어 1991년에 탄생된 신설학교. 현재 학생 수 24,000명에 이르는 남 호주 최대의 대학이다.

University of South Australia

USA는 도시중심, 교외, 전원 도시 등 다양한 지역에 위치한 6개의 캠퍼스가 있다. 위치는 Sydney로부터 1,600km 떨어져 있으며 비행기로 1시간 반 거리이다.

학생 수는 학부 18,500명, 대학원 5,500명이며 각 캠퍼스별로는 City 캠퍼스가 5,500명으로 가장 많다. 외국학생은 약 3,000명인데 한국학생도 20여 명이 재학중이다. 지원 마감일은 9월이다.

부설 Language School이 있다. 6개의 캠퍼스에 국제연구센터, 골프장, 스포츠시설, 100만 권의 장서를 보유한 도서관 시설 등을 갖추고 있다.

※ 중요개설학과

학부

설치되어 있는 학부는 원주민 연구, 응용과학, 공학, 환경, 미술, 건축디자인, 비즈니스 매니지먼트, 교육, 공학, 보건학, 인문. 사회과학, 간호학 등이다. 그 가운데 특히 매니지먼트, 공학, 디자인이 학생들에게 있다. 미술, 건축, 디자인 학부의 전공으로 도기, 유리 디자인, 일러스트레이션 디자인, 공업 디자인, 보석 디자인이 있다. 연구로 유명한 애들레이드 외의 2개 대학과는 대조적으로 직업 준비적인 경향이 강하며, 그에 관련된 수업 내용도 우수하다. 개설학과가 100여 개 된다.

대학원

대학원생은 대부분 Coursework를 선택하고 있다. 그리고 대학원 전공 코스 중에서는 공학이 인기가 높다.

대학에는 여러 개의 우수한 연구소가 있으며, 산업계와 정부, 지역의 협동개발연구가 활발하게 진행되고 있다.

6. Tasmania

(1) University of Tasmania
    Hobart, Churchill Avenue, Sandy Bay, TAS 7005

Launceston, Newnham Drive, Newnham, TAS 7248
Tel: 3-24-3503   Fax: 3-24-3924

University of Tasmania

국립대학으로 네 번째 역사인 1890년에 설립되었으며, 1991년에 종합대학으로 승격되었다. 학교가 위치한 지역은 Tasmania 주의 Launceston으로부터 5km 떨어진 교외지역으로 기후는 온화한 편이다.

학부에 1만 2,000명, 대학원에 1,969명이 재학중이며 8.5%의 외국학생중 한국학생도 10여 명을 차지한다. 지원 마감일은 11월 말, 4월 말이다. 한국에서 고등학교를 졸업한 사람은 호주에서 대학예비과정을 이수해야 하고 한국에서의 대학 1년 수료자는 입학이 가능하다. 편입학, 대학원 입학조건은 학교로 직접 문의하기 바란다. 부설 Language School이 있다.

2개의 캠퍼스에 국립농업센터, 해양환경연구센터, 7개의 도서관시설 등이 있다. 학교등록금과 생활비가 저렴하고 공기가 맑다.

※ 중요개설학과

학부
학부. 대학원 모두가 자랑할 만한 분야는 태즈메이니아 지방의 문화, 역사, 물리적 배경에 관련된 학문으로 해양문화, 환경학, 임학, 남극 연구 등이다. 역사학과는 특히 유형식민지였던 주의 역사 연구가 높이 평가되고 있으며, 지질학과는 광산자원이 풍부한 주의 광맥 탐사, 채굴에 커다란 실적을 남기고 있다. 전문 분야는 그밖에 의학, 약학, 비즈니스, 상학, 경제, 컴퓨터, 법학, 건축, 공학, 측량학, 환경 연구, 인문과학, 교육, 예술, 음악, 도서관학, 해양학, 수산학, 사회학, 자연과학, 응용과학, 원주민 연구, 회계학, 재정학 등이 있다.

대학원

자연과학, 인문사회과학, 농학, 교육이 우세하고, 그 중에서도 건강 연구, 전파천문학, 화학, 농업과학, 생화학이 급성장중인 분야이다. 연구소로는 해양문화, 산림학, 환경 연구 등의 센터가 있다. 그 중 정부에 의해 만들어진 남극해양환경 연구소에서는 어업 연구와 해양생물 연구 등 남극에 관련된 연구가 행해지고 있으며, 좋은 연구 결과가 나타나고 있다.

7. Victoria

(1) Deakin University
   Burwood, 221 Burwood Highway, Burwood, VIC 3125
   Tel: 39-244-6100
   Geelong, Pidgons Road, Waurn Ponds, Geelong, VIC 3217
   Tel: 52-27-1100
   Rusden, 622 Blackburn Road, Clayton. VIC 3168
   Tel: 39-244-7100

Warrnambool, Princes Highway, Warrnambool. VIC 3280
Tel: 55-63-3100
Woolstores, 1 Gheringhap Street, Geelong, VIC 3217
Tel: 52-27-8100

Deakin University

Geelong에서부터 8km 남쪽에 위치해 있는 국립대학으로 1974년에 설립되었다.

Geelong은 Victoria 주에서 Melbourne 다음으로 큰 도시다.

학생 수는 학부 1만 8,000명, 대학원 5,900명으로 이중 약 4%가 외국학생이다.

캠퍼스 내에 도서관, 기숙사, 테니스장, 체육관, 음악실, 암실 등의 시설을 갖추고 있다. 수업료가 싼 대학으로 평생교육과 통신교육에 힘을 쏟고 있다.

6개의 캠퍼스가 있으며, 그 중 Burwood, Rusden, Toorak 캠퍼스는 호주 제2의 도시 멜버른 시내에 위치해 있다. 멜버른에서 남서쪽으로 72km 떨어진 지론에는 Waurn Ponds와 Woolstores 캠퍼스가 있고, 피서지로 유명한 Warrnambool에는 건축학부와 골프코스 등의 레크리에이션 시설을 갖춘 캠퍼스가 있다.

※ 중요개설학과

학부

통신교육의 선구자인 Deakin University는 최첨단 커뮤니케이션

공학을 응용하여 통신교육의 기술을 발전시켜 왔다.

학부에서는 인문사회과학, 교육, 보건. 행동과학, 매지니먼트, 이 공학을 배울 수 있다. 건축, 상학, 컴퓨터, 정보과학 등의 분야가 인기. 해양 과학, 스포츠 코칭, 퍼포밍 아트, 환경 매니지먼트 등의 학과도 있다. 개설학과는 회계학에서부터 여성학까지 250여 학과가 있다.

대학원

Deakin Institute of Human Nutrition과 Deakin Centre for Education and Change, Australian Women's Research Centre가 유명. 그밖에 각 학부. 학과마다 다양한 센터가 설치되어 있으며, 연구활동이 활발하게 이루어지고 있다. 학과로는 국제무역·투자법, 영어교수법, 번역. 통역 등의 학과가 명성이 있다.

특이한 학과로는 장해연구, 박물관학, Aquaculture 등이 있다.

(2) La Trobe University

    Albury/Wodonga, Parkers Road, Wodonga, VIC 3690
    Tel: 60-58-3790

    Bendigo, Edward Road, Flora Hill, Bendigo, VIC 3550
    Tel: 54-44-722

    Bundoora, Planty Road, Bundoora, VIC 3083
    Tel: 1-800-62-5365

    Carlton, 625 Swanston Street, Carlton, VIC 3053
    Tel: 1-800-62-5365

    Mildura, Benetook Avenue, Mildura, SA 3502
    Tel: 50-22-3600

Shepparton, Fryers Street, Shepparton, VIc 3630
Tel: 58-33-2517

1964년 설립된 국립대학으로 Melbourne 교외에 위치한다.

총 2만 1,000명의 학생 중 학부생이 약 1만 6,000명이다. 외국학생은 650명인데 한국학생도 약 20명이 있다.

지원 마감일은 9월이다. 조건부입학이 가능하며 부설 Language School이 있고 학생회관, 식당, 스포츠, 시설 등을 갖추고 있다.

대학 명은 빅토리아 주의 건설, 발전에 힘써 온 찰스 라트로브를 기념하기 위한 것이다. 현재 교수가 2,000명 이상, 교직원이 약 2,000명에 이르는 초대형 대학이다. 캠퍼스는 6개로 멜버른 시내에 2개(Bundoora와 Carlton), Albury/Wodonga, Stepparton, Bendigo에 각각 한 군데이다.

※ 중요개설학과

학부

학생이 하나의 전공분야에 얽매이지 않고 다양한 과목을 이수할 수 있도록 기회가 주어진다. 240여 개의 학과가 개설되어 있다. 학부는 크게 인문사회과학, 비즈니스, 교육, 보건과학, 자연과학, 공학의 6개 학부로 나뉘어 있다. 학과는 더욱 세분화되어, 예를 들면 비즈니스 학과에는 농업, 자원경제학, 관광학, 은행, 호텔경영, 정보과학 등의 16개 학과가 있다. 인문사회학부에는 행동과학, 인문, 음악, 미술, 사회과학, 법학, 그래픽 디자인, 도예 등 9개 학과가 있고, 전공은 더욱 세분화되어 있다. 교육학부에도 일반적인 교육, 교수법은 물론 Out Door 교육이라는 학과가 있는 것이 호주

다운 점이다.

대학원

대학원 연구도 활발히 진행해 왔다. 인문사회과학, 자연과학, 교육, 보건 등의 Research 코스에 많은 학생들이 몰려있으며, Coursework 중에서는 교육, 간호, 보건 등이 인기 있다.

(3) Monash University
   Berwick, Clyde Road, Berwick, VIC 3806 Tel: 3-9904-7000
   Caufield, 900 Dandenong Road, Caufield East, VIC 3145
   Tel : 3-9903-2000
   Clayton, Wellington Road, Clayton, VIC 3168
   Tel : 3-9905-4000
   Gipppsland, Switchback Road, Churchill, VIC 3842
   Tel : 3-9902-6200
   Peninsula, McMahons Road, Frankston, VIC 3199
   Tel : 3-9904-4000
   Vicorian College of Pharmacy, 381 Royal Pde, Parkville, VIC 3052   Tel: 3-9903-9000

Monash University

그림 102

Melbourne에서 동남쪽으로 20km 떨어진 곳에 위치한 국립대학으로 1958년에 설립되었다.

1990년에 Chrsholm Institute of Technology와 Gippsland Institute of Advanced Education과 합병되어 규모가

커졌다.

약 2만 명의 학생 76%가 학부에 재학중이고 외국학생 비율은 11%가 넘는다.

부설 Language School이 있으며 100만㎡의 캠퍼스 내에 125만 권의 장서를 보유한 도서관과 레크리에이션 시설 등을 갖추고 있다.

질적인 면에서도 근처의 University of Melbourne과 어깨를 나란히 할 정도로 실력 있고, 호주에서도 가장 국제화된 학교로 이름이 높다.

캠퍼스는 Berwick, Caulfield, Clayton, Parkville, Peninsula, Gippsland로 분산되어 있다. 연구활동의 중심인 Caufield 캠퍼스에는 연구 코스, 다른 캠퍼스에는 특정 직업을 위한 코스가 많이 준비되어 있다.

※ 중요개설학과

학부

인문사회과학, 경제. 상학, 정보과학, 교육, 공학, 법학, 의학, 자연과학, 전문직업연구 등의 학부로 나뉘어진 가운데 규모가 큰 학부는 컴퓨터 정보과학이다. 1990년에 신설된 학부로 로보트공학, 소프트웨어 개발, Computer Science 등의 학과는 국내외의 비상한 관심을 모으고 있다. 개설학과는 250여 학과가 있다.

대학원

학부 교육은 물론 대학원 연구활동에도 심혈을 기울여 상당한 실적을 올리고 있으며, 박사과정에 재학중인 학생만도 1,000명을 넘는다. Research 코스에는 인문사회과학, 의학, 자연과학, 컴퓨터 교육 등의 분야에 많은 학생들이 모여 있다. Coursework는 비즈니스를 배우는 학생이 다수를 차지하며 교육, 컴퓨터, 환경학, 인문사회과학이 그 다음을 차지한다.

(4) RMIT University
 Bundoora, Planty road, Bundoora, VIC 3083
 Tel: 3-9600-2260
 City, 124 Trove Street, Melbourne, VIC 3000
 Tel: 3-9660-5156 Fax: 3-9663-6925

RMIT University

1987년 설립된 국립대학으로 Melbourne 시의 중심부에 위치하고 있다. 4만여 명이 재학중이며 외국학생 비율이 8~10%로 높은 편인데 한국학생도 300명 가까이 된다.
부설 Language School이 있으며 조건부입학도 가능하다. 한국에서 고등학교만 마치고 입학하려는 학생의 경우 1년간의 예비과정을 거쳐야 한다.

Royal Melboune Institute of Technology(RMIT)는 멜버른에 있는 우수한 대학으로 파운데이션 코스, TAFE, 학부, 박사과정을 포함한 대학원까지 광범위한 프로그램을 갖추고 있다. 시내 중심부의 시티 캠퍼스와 북부의 Bundoora 캠퍼스를 위시하여 근교의 Brunswick, Fisherman's Bend. Point Cook, Coburg, Bairnsdale 및 말레이시아의 페난에도 캠퍼스가 있다. RMIT는 유학생을 많이 받아들인 학교로 유명하다.

※ 중요개설학과

학부

응용과학, 교육, 사회과학, 커뮤니케이션, 아트 디자인, 공학, 생물의학, 보건과학, 간호학, 비즈니스, 환경설계, 건축 영역을 망라. 토목에서부터 항공공학까지 공학관계의 학과는 모두 강세. 항공학과 조종법, 항공공학과 화화공학, 토목공학 등과 경영학의 두 영역에 걸친 더블 메이저 과목이 이채롭다. 테크놀로지에 현대적인 비즈니스 감각을 도입하여 희망자가 많으며 입학 난이도도 높아지고 있다. 개설된 학과가 340여 개나 된다.

대학원

원래 독립 사범학교였던 교육학부, 호주 최대 규모의 경영학부, 빅토리아 주에서 제2의 오랜 전통을 자랑하는 간호학부를 비롯, 각 분야가 모두 충실하다. 공학관계의 평가는 높으며, 특히 커뮤니케이션과 정보과학 분야의 최첨단 설비가 주목받고 있다. 독특한 점은 호주에서 최초로 중국한방의약을 도입한 대학이라는 것. 보건과학 분야에 한방 관련 석사과정이 설치되어 있어 중국의학에 관심이 많다.

(5) Swinbourne University of Technology
Hawthorn, John Street, Hawthorn, VIC 3122
Tel: 3-9214-8000
Liydale, Melba Avenue, Lilydale, VIC 3140

Tel: 3-9125-7000
Prahran, 114 High Street, Prahran, VIC 3181
Tel: 3-9214-6700

　국립대학으로 1908년 Eastern Suburbs Technical College로 시작하여 오늘날의 University가 되었다. 중소도시 Hawthorn에 있는 주 캠퍼스는 Melbourne의 지리학 센터 가까이에 위치해 있다.
　총 학생수는 9,000명 정도이고 이중 80%가 학부에 재학중이다. 이중 약 8%가 외국학생으로 주로 엔지니어링, 비즈니스 등을 전공한다.
　캠퍼스 내의 도서관은 전산화되어 있어 자료를 검색하기가 편리하다.
　Swinburne Institute of Technology와 Prahran College of TAFE를 병합하여 1992년에 새로 태어난 학교. 현재도 Higher Education Section과 TAFE Section이 있다. 3개 캠퍼스 중 2개는 멜버른 시내의 Hawthorn과 Prahran에 있으며, 나머지 하나는 40km 떨어진 Lilydal에 위치해 있다.

※ 중요개설학과

학부

　크게 나누어 비즈니스. 인문사회과학 분야와, 자연과학. 공학. 디자인의 부문이 있으며, 전자는 상학, 정보 시스템, 국제. 정치연구, 경영, 사회·행동과학 School로, 후자는 화학, 컴퓨터, 수학, 생물물리. 전기공학, 건축·토목공학, 기계·제조공학, 디자인 School로 나누어져 있다. 모두 철저하게 직업훈련에 중점을 둔 실용적 내용이고, 한국어, 일본어 등 각국의 지역연구에도 강하다. 회계학, 응용고학, 건물계통, 경영계통, 공학계통 등등이 많다.

대학원

Coursework 중심의 대학원으로 Research는 산업과 응용베이스가 전부. 정보과학의 석사과정은 1992년에 생긴 비교적 새로운 코스. 전공분야는 자동화 시스템, 인간과 컴퓨터의 상호작용, 인텔리전트 시스템, 소프트웨어 공학 등이다. 비즈니스 관련 연구도 강세. 국제 비즈니스 석사과정도 복잡한 국제 비즈니스 사회를 이끌어갈 인재 육성을 목표로 산업. 비즈니스계의 요구에 맞추어 만들어진 프로그램이다.

(6) University of Ballarat

Gear Avenue, Mt. Helen, Ballarat.VIC 3350
Tel : 53-27-9000   Fax : 53-27-9205

University of Ballarat

국립대학으로 Melbourne에서 110km 떨어진 Ballarat에 위치해 있다.

Melbourne에서는 기차 또는 고속도로로 1시간 30분 거리이다. 1870년 설립되었으며 1994년 University로 승격되었다.

총 학생 수는 1만 9,000명으로 이중 90%가 학부에 재학중이고 외국학생 비율은 3%이다. 부설 Language School이 있으며 연계과정도 제공한다.

110 에이커의 대지에 현대적인 건물이 늘어서 있는 캠퍼스는 학

습환경으로는 최적이다. 풍부한 자연에 둘러 싸여 있으며, 부근에는 야생 코알라 서식지도 있다. 도시와 캠퍼스 모두 깨끗하며 치안도 양호. 거대한 수상 스포츠 실습실 등 뛰어난 연구. 교육 시설을 가지고 있다. 전천후 경기 트랙, 2개의 체육관, 댄스 스튜디오, 웨이트 리프팅 스튜디오, 조깅 트랙, 카누 연습용 인공호, 축구, 크리켓, 실내외 테니스 코트, 최신 스포츠 시설이 완비되어 있으며, 항상 학생들로 붐비고 있다.

※ 중요개설학과

학부

인문과학, 행동. 인문사회과학, 비즈니스, 교육, 공학, 인간운동학. 스포츠과학, 정보과학. 수리학, 간호학, 자연과학의 9개 학부가 있다. 학생 약 20명에 교수원 1명이라는 이상적인 지도환경은 현대적인 캠퍼스 시설과 함께 University of Ballarat의 자랑이다. 인간운동학 분야가 뛰어나며, 운동학과 외에 스포츠에 관한 심리학, 개발학, 지도법, 관리 등을 다방면에 걸쳐 배울 수 있다. 교과 내용은 수준급이며 입학의 문도 비교적 높다.

중요개설학과는 회계학, 응용과학, 경제학, 응용통계, 예술계, 동양연구, 생물분야, 컴퓨터분야, 교육분야, 지질학, 역사, 일본학, 문학, 간호학, 미술, 물리, 심리, 운동분야, 관광학 등이 있다.

대학원

지구과학, 식품공학, 안전·보건, 환경자원관리, 열공학 분야의 연구가 강하다. 동남 아시아와 오세아니아권의 거점으로 University of Ballarat의 Technology Park에 정보과학 센터를 둔 이후로 정보과학 코스가 강해지고 있다.

(7) University of Melbourne
    Burnley College, Yarra Boulevard, Richmong, VIC 3121
    Tel : 3-9810-8800
    Dookie College, Dookie, VIC 3467 Tel: 58-33-9200
    Gilbert Chandler College, Sneydes Road, Werribee, VIC 3030   Tel : 3-9741-8033
    Hawthorn Institute of Education, 442 Auburn Road, Howthorn, VIC 322   Tel : 1-800-656-116
    Longerenong College, Longerenong Road, Rural City of Horsham, VIC 3401   Tel : 53-62-2231
    McMillan College, South Road, Warragul, VIC 3820
    Tel : 56-24-0200
    Parkville, Parkville, VIC 3052   Tel: 3-9344-4000
    Victorian College of Arts, 234 St, Kilda Road, Melbourne, VIC 3004   Tel: 3-9685-9300

호주에서 두 번째로 큰 도시인 Melbourne에 위치하고 있는 국립대학으로 1853년에 설립되었다. 호주의 명문대학의 하나인 이 학교는 외국학생들을 위한 프로그램을 제공하는데 오랜 역사를 갖고 있다.

총 3만 명의 학생 중 72%가 학부생이다. 약 4%의 외국학생들이 있다. 개강일은 학부에 따라 다르다.

20만㎡의 캠퍼스 내에 100만여 권의 장서를 보유한 도서관, 수영장, 테니스장, 경기장, 체육관 등의 시설을 갖추고 있다.

부설학부 준비과정(Foundation course) 및 영어연수센타(Horwood English Language Centre)를 보유하고 있다.

영국의 전통적인 건물이 많다. 명문교이기 때문에 노벨수상자나 수상, 대법원장 등을 다수 배출했다. 법학부, 상학. 경제학부, 의학. 치의학부 등은 현지 학생에게도 입학의 문턱이 아주 높다.

※ 중요개설학과

학부

명문교로서의 명성에 안주하지 않고 학부의 교육개혁을 진행중이며, 모든 학생에게 복수학위 취득, 정보과학, 타 언어 습득의 기회를 폭넓게 제공하면서 커리큘럼의 국제화도 꾀하고 있다. 수업에 대한 학생의 평가도 매년 높아지고 있다. 현재 12학부가 설치되어 있으며 농업. 임업, 건축, 인문, 경제. 상학, 교육, 공학, 법학, 의학, 치의학, 음악, 자연과학, 수의학, 매니지먼트(대학원) 등이 준비되어 있다. 개설학과는 260여 개나 된다.

대학원

대학원의 연구활동에서도 세계적으로 높은 평가를 받고 있으며, 호주 국내에서는 Research 학위를 가장 많이 수여하고 있다. 연구에 임하는 학생에게 적극적인 지원을 아끼지 않고 있으며, 가정을 가진 여성이 연구 활동에 복귀할 수 있도록 돕는 시스템을 만들려고 노력 중. 인문사회과학, 의학, 생명과학의 전공자가 많으며, 그 외에 농학, 건축, 치의학 등의 분야도 인기. Coursework는 교육, 매니지먼트가 대부분이다.

(8) Victoria University of Technology

City, 300 Flinders Street, Melbourne, VIC 3000
Tel : 3-248-1000
Footscray, Ballarat Road, Footscray, VIC 3011
Tel : 3-688-4000
Melton, cnr Wilson and Rees Roads, Melton South, VIC 3338   Tel : 3-747-7400
St. Albans, McKechnie Street, Albans, VIC 3021
Tel : 3-365-2111
Sunbury, Circular Drive, Sunbury, VIC 3429
Tel : 3-740-7666
Werribee, Hoppers Lane, Werribee, VIC 3030
Tel : 3-216-8000

Victoria University of Technology

Melbourne 서부지역에서 빠르게 성장하는 6개의 캠퍼스를 가진 학교이다. 국립대학으로 1992년에 University로 승격되었다. 1만 7,000여 명의 학생 중 학부생이 약 83%를 차지한다. 8% 정도의 외국학생이 있다.

도서관, 테니스장, 체육관, 운동장 등의 시설을 갖추고 있다.

이 학교는 ELICOS와 TAFE 코스부터 대학원 박사과정까지 다양한 분야가 자랑. 더욱이 국제화 추진은 특기할 만하다. 90여 개국으로부터 유학생을 받아들이고 있으며, 교직원과 학생의 해외

연수, 외국의 교육기관을 통한 프로그램의 '수출'도 진행하고 있다. 그 결과, 영어를 모국어로 하지 않는 학생이 전체의 1/3을 차지하기에 이르러 국제적인 분위기를 느낄 수 있게 되었다.

※ 중요개설학과

학부

인문, 비즈니스, 공학, 인간개발, 과학의 5개 학부에 23학과 개설. 식품공학, 스포츠 과학, 전자공학이라는 선진 분야가 뛰어나다. 보건과학 분야에는 침구와 한방학을 배우는 코스 Traditional Chinese Medicine도 있다. 비즈니스와 공학 프로그램의 대부분은 현장 연수를 도입하여 실사회에서 통용되는 실천력을 키우는 데 주력하고 있다. 개설학과는 회계학에서 여성학까지 160여 개나 된다.

대학원

석사과정과 박사과정이 5개 학부에 전부 설치되어 있다. 아시아 태평양 지역 연구, Bioprocessing, 환경보전과 Risk Engineering, 문화 커뮤니티 커뮤니케이션, 인간행동학과 인간개발, 광고학, Packaging과 Handling의 8개 연구 분야가 많이 알려져 있다.

8. Western Australia

(1) Curtin University of Technology
   Bentley, Kent Street, Bentley, WA 6102 Tel: 9-351-2000
   Joondalup, Shenton Avenue, Joondalup, WA 6027

Tel : 9-300-1466

Muresk Institute of Agriculture, Muresk, via Northam, WA 6401   Tel : 96-22-4555

Shenton Park, Selby Street, Shenton Park, WA 6008
Tel : 9-381-0600

University College (Kalgoorlie), Cassidy Street, Kalgoorlie, WA 6430   Tel : 90-22-0888

Curtin University of Technology

국립대학으로 1967년 설립되었고 1987년에 University로 승격했다.

메인 캠퍼스인 Bentley는 Perth에서 11km 떨어진 곳에 위치해 있다.

총 2만여 명이 재학중이며 학부학생이 80% 정도이다. 외국학생 비율은 전체의 12%로 높은 편이다.

부설 Language School이 있고 112만m^2의 캠퍼스 내에 기숙사를 비롯, 테니스장, 체육관, 하계경기장, 스쿼시장 등 각종 스포츠 시설을 갖추고 있다.

※ 중요개설학과

학부

기술. 직업훈련에 중점을 두지만 교육. 연구영역이 과학기술과 공학 등으로 제한되어 있지는 않다. 200여 개가 넘는 코스가 준비되어 있으며 상학, 건축, 약학을 비롯하여 비즈니스, 보건과학, 과학, 교육, 인문사회과학, 농업경영, 광산학 등으로 폭이 넓다. 그 중 비즈니스, 정보과학 등이 인기. 개설학과는 270여 개나 된다.

대학원

대학원에는 비즈니스, 인문, 이공학, 보건학의 4개 분야가 있으며 광산학, 농학 School이 있다.

각 부문은 기계공학, 컴퓨터 과학, 측량, 환경생리학, 수학. 통계, 간호학, 치료학, 공공위생, 미술교육, 국제영어, 디자인 등으로 세분화되어 있다.

The Western Australia School of Mines는 광산학으로 유명하며, 광산기술 전문가를 양성하고 있다. Muresk Institute of Agriculture에서는 농장경영을 중심으로 한 최신 농업 비즈니스 코스를 배울 수 있다.

(2) Edith Cowan University

　Academy of Performing Arts, 2 Bradford Street, Mt. Lawley, WA 6050　Tel : 9-370-6111

　Bunbury, Robertson Drive, Bunbury, WA 6230
　Tel : 97-80-7710

　Churchlands, Pearson Street, Churchlands, WA 6018
　Tel : 9-273-8333

　Joondalup, Joodalup Drive, Joondalup, WA 6027
　Tel : 9-400-5510

　Mt. Lawley, 2 Bradford Street, Mt. Lawley, WA 6050
　Tel : 9-370-6111

Western Australia 주에서 가장 큰 두 대학 중의 하나로 1902년 설립되었고 1991년 University로 승격되었다. Churchland의 행정센터는 Perth 중심업무지구로부터 20분 거리이다.

약 2만여 명의 학생들이 있으며 86%가 학부학생이다. 외국학생 비율은 6% 정도. 학교 이름은 최초의 여성국회의원인 Edith Cowan에서 왔다. 영어연구소가 있다.

Edith Cowan University

※ 중요개설학과

학부

인문. 사회과학, 비즈니스, 교육, 보건·인간과학, 자연과학, 공학 등의 학부가 있으며, 퍼포밍 아트에서는 Western Australian Academy of Performing Arts가 Mount Lawley 캠퍼스에서 병설되고 있다. 직업 준비 교육에 중점을 둔 대학 교풍 아래 비즈니스, 미디어 연구, 컴퓨터 과학 등의 전공이 인기. 각 캠퍼스는 텔레비전 등으로 연결되어 있어, 여러 곳의 캠퍼스에서 동시에 같은 수업을 받는 등 최신 시설을 이용한 수업도 이 대학이 가진 매력 중 하나이다. 개설학과는 원주민 연구에서부터 관광학 등에 이르기까지 100과목이다.

대학원

인문, 비즈니스, 컴퓨터, 공학, 교육, 과학, 사회과학, 간호학, 보건학, 회계학, 의학 등 폭넓은 전공 코스가 설치되어 있다. 아시아

연구나 미디어 문화 연구, 스포츠 심리학, 안전 공학과 컴퓨터 보안 등의 분야가 인기 있다.

(3) Murdoch University

Murdoch, South St. Murdoch, WA 6150 Tel: 9-360-2421
Rockingham, Rockingham, WA 6168 Tel: 9-236-8600

국립대학으로 1973년 설립되었다. Western Australia 주의 수도인 Perth에 위치하며 Perth 중심업무지구로부터 남쪽으로 15km 떨어진 평화로운 지역에 위치해 있다. 총 9,000여 명의 학생 중 학부생이 83% 정도이다.

외국학생이 많은 대학 중의 하나인데 외국학생의 비율이 전체의 11%를 차지하며 특히 싱가포르 학생들이 많다.

캠퍼스 내에 도서관, 기숙사, 레크리에이션 시설 등을 갖추고 있다.

227헥타르의 메인 캠퍼스와 Rockingham의 제2캠퍼스에 이어 제3캠퍼스를 건설 중이다.

※ 중요개설학과

학부

생물. 환경과학, 비즈니스, 교육, 인문, 법학, 물리, 공학, 사회과학, 수의학 등의 학부가 있다. 비즈니스 분야에서는 회계학, 상법, 경제학, 마케팅, 통계학, 정보 시스템의 기초를 1년간 습득하고, 2년 차에 각기 전공 분야를 선택하도록 하고 있다. 인문학부에는 원주민 연구, 아시아 연구, 커뮤니케이션, 미디어 연구, 철학 등이 있다. 그리고 중국 연구, 인도네시아 연구, 일본 연구가 독립된 학과로 취급되고 있다.

중요개설학과는 원주민 연구, 회계학, 공기오염, 응용물리, 아시아연구, 호주연구, 생물학, 생화학, 식물학, 경영학, 화학, 중국학, 상학, 컴퓨터, 연극, 경제학, 교육분야, 공학분야, 환경분야, 재정학, 유전자, 역사, 일본어, 법학분야, 해양생물, 수학, 마케팅, 기상학, 미생물학, 분자생물학, 철학, 정치학, 인구학, 심리학, 수의학, 여성학 등으로 학생의 복수 전공을 장려하여 시간, 비용 면에서 부담이 없도록 커리큘럼을 배려한다.

대학원

정부 보조금 액수면에서 국내 톱 10의 하나로 인정받고 있다. 현재 연구 센터는 18개로, 그 범위도 경제, 법학, 과학, 지역 연구, 커뮤니케이션, 수학, 공학, 동물학, 농학 등 다채롭다. 설립이래 항상 연구 활동에 주력해 온 결과 우수한 신진 연구형 대학으로 알려지게 되었다. 자연 과학, 인문. 사회 과학 분야에서 많은 학생이 공부하며 수의학, 환경학, 커뮤니케이션도 인기 있다.

(4) University of Notre Dame

Broome, Kimberley Centre, PO Box 2287, Broome, WA 6725 Tel : 91-92-2032

Fremantle, 19 Mouat Street, Fremantle, WA 6160

Tel : 9-430-0500

사립대학으로 1990년 설립되었으며 항구도시 Perth의 Fremantle에 위치한다.

호주에 두 개밖에 없는 사립대학 중의 하나이며 카톨릭 대학이다.

캠퍼스로부터 불과 500m 거리에 아름다운 해변이 있다.

5개 College에 전체학생이 1,200명 정도인 작은 대학으로 외국학생도 약 50명밖에 안 된다. 20만 권의 장서를 갖춘 도서관 시설이 있다.

※ 중요개설학과

학부

인문 과학, 비즈니스, 교육, 법률, 종교학의 5개 College로 구성. 비즈니스, 법률, 커뮤니케이션의 3개 분야에 출원자가 많다. 2학기(각 14주간)제지만, Winter Term(6~8월의 최장 7주간)을 설치, 학생들은 이 기간을 보통 Coursework 이외의 학습이나 연수에 이용하거나, 단기간에 학점을 취득할 목적으로 활용하고 있다. Winter Term을 중심으로 Notre Dame US(미국 인디아나 주)와의 제휴로 실시되는 Study Abroad Programs에 참가하는 것도 가능하다.

개설학과는 원주민 연구, 회계학, 예술, 경영학, 정보학, 교육학 계통, 환경학, 관리학, 마케팅, 심리학, 종교학 등.

대학원

MBA를 목표로 하는 학생이 많다. 서비스 관리는 각종 서비스업, 스포츠 단체, 복지 단체, 정부 기관 등 다양한 서비스 분야에 종사하려는 사람에게 인기. 또 하나의 인기 코스인 Education Leadership은 교직 경험자나 현직 교사가 대상이다. 대학원에서도 Notre Dame US로의 Study Abroad Programs를 실시하고 있다.

(5) University of Western Australia
　　Nedlands, WA 6009　　Tel : 9-380-2477

　1911년 설립된 국립대학이다. Western Australia 주의 Perth에 위치하며 도시 중심으로부터 5km 이내의, Swan 강 유역의 조용한 지역으로 공부하기에 이상적인 곳에 위치한다.
　총 1만 2,000명의 학생 중 80% 이상이 학부생이다. 외국학생은 9% 정도가 있다. 부설 Language School이 있으며 61만㎡의 캠퍼스 내에 도서관, 컴퓨터 시설, 수영장, 레크리에이션 시설 등을 갖추고 있다.
　캠퍼스 안에 신설된 Lawrence Wilson Art Gallery에는 20세기 호주 현대미술이 전시되어 있어 학생과 시민의 휴식공간이다. 캠퍼스 내에는 경기장, 체육관과 극장, 스쿼시 코트 등이 있으며 은행, 우체국, 고서점, 미용실 등도 갖추어져 있다.

※ 중요개설학과

학부
　인문사회과학, 농학, 경제, 상학, 교육, 법학, 공학, 수학, 의학·치의학, 자연 과학의 학부가 있지만 각각 동물학부터 환경공학, 고고학, 여성학, 컴퓨터 과학, 공중위생학까지 없는 것이 없을 정도로 분화된 전공이 설치되어 있다. 그 중에서도 경제, 상학, 컴퓨터 과학, 공학 등의 분야는 인기가 높다. 경제학 중에는 통계 경제학과 경제학사가 있다. 전체 개설학과가 120여 개가 넘는다.

대학원

가장 인기가 높은 학과는 경제, 상학, 자연과학, 교육학 등이고, 자연과학부에서는 세포분자 생물학이 높은 수준을 자랑하는 코스다. 커리큘럼은 생물학, 화학, 지구물리학, 해양학, 공학, 응용과학 등을 폭넓게 배우도록 짜여 있다. 인간 행동학부도 규모가 큰 학부 중 하나.

전통 있는 연구형 대학인만큼 대학원에서 공부하는 학생의 과반수 이상은 Research 코스를 선택하여 연구 활동에 전념한다. Coursework를 선택한 약 1/4은 MBA 전공자.

이상 38개의 종합대학 외에도 정부의 지원을 받는 소규모의 교육기관이 있는데, Australian Manitime College, Avondal College, Batchelor College, Marcus Oldham Farm Management College 등이 있을 뿐만 아니라 기타 공립 고등교육기관으로서는 National Institute of Dramatic Art도 있다.

그 외에 통신교육(Open Learning Australia, OLA)이 있다. 1993년 호주 연방정부는 호주의 통신교육의 창설과 운영을 위한 기금을 책정한 바 있고 현재는 Open Learning of Australia로 알려져 있다. OLA는 여러 대학이 공동으로 콘소시움(Consorcium)을 형성하여 운영되며 여러 대학을 위한 브로커의 역할을 담당한다.

참고 및 인용문헌

참고 및 인용문헌

1. 김형식, 호주의 실상과 허상, 이조출판사, 1987
2. 김형식, 호주의 사회와 문화, 지구문화사, 1997
3. AUSKIM 유학센터, 최신판 호주 뉴질랜드 유학가이드, 명지출판사, 1992
4. 유승삼, 세계를 간다 오스트레일리아, 중앙 M&B
5. 이노미 외, Hello 호주 1, 김영사, 1999
6. 이노미 외, Hello 호주 2, 김영사, 2000
7. 백승천, 오스트레일리아, 서울문화사, 2001
8. 정선주, 자신만만 세계 여행 호주, 삼성출판사, 2000
9. 정효섭, 호주 & 뉴질랜드 유학사전, 달악원, 1998
10. 차종환, 영국의 명소와 명문대학, 나산출판사, 1998
11. 차종환, 불란서의 명소와 명문대학, 나산출판사, 1998
12. 차종환, 이태리의 명소와 명문대학, 나산출판사, 1998
13. 차종환, 스위스의 명소와 명문대학, 나산출판사, 2000
14. 차종환, 독일의 명소와 명문대학, 나산출판사, 2000
15. 차종환, 중국의 명소와 명문대학, 나산출판사, 2000
16. 차종환, 캐나다의 명소와 명문대학, 나산출판사, 2001
17. 차종환, 오스트리아의 명소와 명문대학, 나산출판사, 2002
18. 차종환, 체코와 슬로바키아의 명소와 명문대학, 나산출판사, 2002
19. 차종환, 일본의 명소와 명문대학, 나산출판사, 2002
20. 합동유학원, 최근 호주 유학 연수안내, 합동국제문화센터, 1997
21. Dean Ashenden & Sandra Milligan, The Good Universities

Guide, Hobsons   Australia Pty Ltd, 2000

22. Gebicki, Michael, Pictorial Australia, New Holland Publishers(Australia) Pty   Ltd, 1997

23. Hogan, Ed & Lynn, Australia and New Zealand, Pleasant Holidays, LLC,   2001

24. Hughes, Sue, Australia Land of Contrast, Nucolorvue Productions Pty Ltd,   2002

25. Taylor, Ann C.M., International Handbook of Universities, Palgrave, 2001

저 자 소 개

편저자 차 종 환(車鍾煥)

학 력
- 서울대학교 사범대학 생물학과 1954~58
- 서울대학교 대학원(석사과정) 1958~60
- 동국대학교 대학원(박사과정) 1962~66
- 이학박사 학위수령(도목생육에 미치는 초생부초의 영향, 동국대) 1966
- UCLA 대학원 Post Doctoral과정 3년 이수 1975~77
- 농학박사 학위수령 (사막식물의 생리생태학적 연구, C.C.U) 1976
- 교육학박사 학위수령 (한미교육제도 비교 연구, P.W.U.) 1986

경 력
- 서울대 사대부속 중고교 교사 1959~67
- 사대, 고대, 단대, 건대, 강원대, 이대강사 1965~70
- 동국대, 농림대, 사대교수 1965~76
- BYU(H. C.) 초빙교수 및 학생 1970
- Bateson 원예 대학장 1971~72
- UCLA 객원교수 1971~74
- 해직교수(동국대) 1976
- 한미 교육연구원 원장 1976~
- UCLA 연구교수 1977~92
- 남가주 한인회 부회장 1979~80
- 남가주 서울사대 동창 회장 1979~80

· 남가주 호남향우회 초대, 2대 회장 1980~82
· 남가주 서울대 대학원 동창 회장 1980~83
· 한미 교육연합 회장 1971~72
· 한우 회장 1983~1984
· 평통 자문 위원(2기~10기) 1983~
· 한미 농생물 협회장 1983~99
· 차류 종친회 미주 본부장 1984~
· 남가주 한인 장학 재단 이사장 1984~94
· 남가주 서울대 총동창 회장 1985~86
· 남가주 BYU 동창 회장 1985~
· 한인 공제회 이사장 1985~91
· 남가주 서울대 총동창회 고문 1986~
· 국민 화합 해외동포 협의회 명예회장 1990~
· 미주 이중국적 추진위원회 위원장 1993~
· 평화문제연구소(한국)객원 연구위원 및 미주 후원회장 1994~
· 우리 민족 서로 돕기 운동 L.A. 공동의장 1997~
· 한국 인권문제 연구소 L.A. 지부 고문 1998~
· 민주 평통 L.A.지역 협의회 고문 및 전문위원 1999~
· 재외 동포 지위 향상 추진위원회 (한국) 고문 1999~
· 한반도 통일 연구회 부회장 1998~
· 한국 인권 문제 연구소 본부 부이사장 2000~
· 재외동포법 개정 추진위원회 공동대표 2001~

수상 및 명예
· Who's Who in California 16판(86)부터 계속 수록
· 교육 공로상 수령(제1회 한인회 주최) 1987

・우수 시민 봉사단 수령(L.A.시 인간관계 위원회) 1987
・퀴바시에 북미주 한국인 지도자상 1993
・L.A.시 우수시민 봉사자상(L.A.시 위회) 1994
・국무총리 표창장(대한민국) 1995
・대통령 표창장(대한민국) 2001
・감사패, 공로패, 위촉패, 추대장 등 123종

저서 목록(공저, 편저, 감수포함)

[한글저서]
1. 高人生物 (조문각, 1964)
2. 高人生物 (성문사, 1967)
3. 생물 실험 실습 (유림각, 1968)
4. 土壤과 植物 (수학사, 1968)
5. 지혜의 말씀 (교회출판부, 1968)
6. 植物生態學 (문운당, 1969)
7. 自然科學槪論 (단국대학 출판부, 1970)
8. 一般生物學 (진수당, 1968)
9. 한국어 교본 (LTM, 1971)
10. 農林氣象學 (선진문화사, 1973)
11. 토양 보존과 관리 (원예사, 1974)
12. 農生物統計學 (선진문화사, 1974)
13. 복숭아 재배 새기술 (원예사, 1974)
14. 最新植物生理學 (선진문화사, 1974)
15. 韓國의 氣候와 植生 (서문당, 1975)
16. 環境汚染과 植物 (전파과학사, 1975)

17. 放射線과 農業 (전파과학사, 1975)
18. 最新植物生態學 (일신사, 1975)
19. 生物生理生態學 實驗 (일신사, 1975)
20. 테라리움 (원예사, 1975)
21. 미국 시민권을 얻으려면 (선진문화사, 1978)
22. 現代一般 生物實驗 (한서출판, 1982)
23. 미국의 교육제도 (미디어 다이너믹스, 1985)
24. 미국의 명문고교와 명문대학 (한미교육연구원, 1985)
25. 이민 자녀 교육 (학원사, 1986)

[번역서]
26. 침묵의 봄(I) (세종출판사, 1975)
27. 침묵의 봄(II) (세종출판사, 1975)

[영문저서]
28. Radioecology and Ecophysiology of Desert Plant at Nevade Test Site
    (U.S.A.E.C., 1972)
29. Iron Deficiency in Plants (S.S. & P.A., 1976)
30. Phytotoxicity of Heavy Metals in Plants (S.S. & P.A., 1976)
31. Trace Element Excesses in Plant (J.R.N., 1980)
32. Nevada Desert Ecology (BYU, 1980)
33. Soil Drain (Williams & Wilkins, 1986)
34. Interaction of Limiting Factors in Crop Production (Macel Dekker, 1990)

[한국저서 속]

35. 미국 유학 (우석출판사, 1987)
36. 올바른 자녀교육 (바울서신사, 1987)
37. 차돌이 교육 방랑기 (우석출판사, 1987)
38. 미국 대학 완벽 가이드 (학원사, 1987)
39. 10대 자녀문제 (학원사, 1988)
40. 청소년 그들은 누구인가 (한미교육연구원, 1988)
41. 미주교포들의 통일의식 구조 (한미교육연구원 및 L.A. 평통, 1988)
42. 미국교육의 길잡이 (한미교육연구원, 1988)
43. 동・서양의 꽃꽂이와 테라리움 (한미교육연구원, 1990)
44. 꿈나무들을 위한 성교육 (한미교육연구원, 1990)
45. 미국의 명문 고등학교 (한미교육연구원, 1989)
46. 미국의 명문 대학 (한미교육연구원, 1990)
47. 미국의 명문 대학원 (한미교육연구원, 1990)
48. 성공적인 자녀교육의 비결 (한미교육연구원, 1990)
49. 미국의 명문고교 입학 유학 최신정보 (학원사, 1990)
50. 일하며 생각하며 (바울서신사, 1990)
51. 미국 속의 한국인 (유림문화사, 1991)
52. 갈등 그리고 화해 (국민화합해외동포협의회, 1990)
53. 미주 동포들이 보는 조국 (한미교육연구원 및 평화문제 연구소, 1992)
54. 백두산, 장백산 그리고 금강산 (선진문화사, 1992)
55. 지역 갈등과 화해 (한미교육연구원, 1993)
56. 반미감정과 태평양시대 (한미교육연구원, 1993)

57. 조국을 빛낸 사람들과 미국대학 입시제도 (한미교육연구원, 1993)
58. 미국생활 가이드 (중앙일보, 1993)
59. 이중국적 (한미교육연구원, 1993)
60. 한반도 통일문제 (한미교육연구원, 1994)
61. 마음은 독수리처럼 날개 쳐 올라가고 (바울서신사, 1994)
62. 동서양의 길목에서 (바울서신사, 1994)
63. 남북이 잊은 사람들 (바울서신사, 1994)
64. 기적의 역사 (삶과 꿈, 1994)
65. 미국 교육제도와 자녀교육 (한미교육연구원, 1994)
66. 귀화동포와 이중국적 문제 (한국인권문제 연구소, 1994)
67. 미국대학 및 대학원 진학가이드 (한샘출판사, 1994)
68. 똑똑한 아이! 이렇게 키워라 (삼성출판사, 1994)
69. 미국의 교육제도 (개정판) (바울서신사, 1994)
70. 세계화 시대의 한미관계 (한미교류협회, 한미교육연구원, 1995)
71. 재미있는 핵 이야기 (좋은글, 1995)
72. 초등학생의 가정교육 (우석출판사, 1995)
73. 통일로 가는 길 (바울서신사, 1995)
74. 한국의 국력신장을 위한 해외동포들의 역할 (해외교포문제연구소, 1995)
75. 중. 고등학생의 가정교육 (우석출판사, 1996)
76. 베트남의 황금 문이 열리다 (나산출판사, 1996)
77. 발 마사지와 신체 건강법 (오성출판사, 1996)
78. 태교 및 취학 전 아동의 가정교육 (우석출판사, 1996)
79. 꿈나무와 대학정보 (한미교육연구원, 1996)

80. 해외 동포 청소년의 통일교육 (평화문제 연구소, 1996)
81. 꼴찌와 일등은 부모가 만든다 (풀잎 문학, 1996)
82. 미국을 알고 미국에 가자 (풀잎 문학, 1996)
83. 통일로 향하는 마음 (천일 인쇄, 1997)
84. 미국인은 배꼽아래가 길다 (우석출판사, 1997)
85. 우리 모두 통일로 가자 (나산출판사, 1997)
86. 이것이 미국 교육이다 (나산출판사, 1997)
87. 가정은 지상의 천국 (기독교문화사, 1997)
88. 발 건강과 신체 건강 (태을출판사, 1997)
89. 꿈나무들 및 교육공로자와 대학정도 (한미교육연구원, 1997)
90. 21세기 주인공 EQ (오성출판사, 1997)
91. EQ로 IQ가 휘청거린다 (오성출판사, 1998)
92. 영국의 명소와 명문대학 (나산출판사, 1998)
93. 불란서의 명소와 명문대학 (나산출판사, 1998)
94. 이태리의 명소와 명문대학 (나산출판사, 1998)
95. 백두산의 식물생태 (예문당, 1998)
96. 배꼽이 뒤집어지는 유머 (예가, 1998)
97. 당신의 성공에는 유머가 있다 (나산출판사, 1998)
98. 미국 유학-이민 교육 필독서 (풀잎문학사, 1998)
99. 꿈나무와 페스탈로찌 (한미교육연구원, 1998)
100. 지켜야 할 문화와 배워야 할 문화 (나산출판사, 1998)
101. 묘향산 식물생태 (예문당, 1999)
102. 재외동포의 출입국과 법적지위 (한미교육연구원, 1999)
103. 유머 백과 (예가, 1999)
104. 한국의 재외동포 정책 (한미교육연구원, 1999)
105. 꿈나무 (한미교육연구원, 1999)

106. 비무장지대의 식물생태 (예문당, 2000)
107. 금강산 식물생태 (예문당, 2000)
108. 399 고사성어 (예가, 2000)
109. 행복 (좋은글, 2000)
110. 건강 장수백과 (태을출판사, 2000)
111. 스위스의 명소와 명문대학 (나산출판사, 2000)
112. 항로회춘 (나산출판사, 2000)
113. 지구과학 (예가, 2000)
114. 꿈나무와 교육자 (한미교육연구원, 2000)
115. 독일의 명소와 명문대학 (나산출판사, 2000)
116. 재미있는 동물의 세계로(예문당, 1999)
117. 재미있는 곤충의 세계로(예문당, 1999)
118. 재미있는 식물의 세계로(예문당, 1999)
119. 재미있는 공룡 세계로(예문당, 1999)
120. 재미있는 지구의 세계로(예문당, 1999)
121. 재미있는 우주의 세계로(예문당, 1999)
122. 재미있는 과학자의 세계로(예문당, 1999)
123. 재미있는 인체의 세계로(예문당, 1999)
124. 재미있는 환경의 세계로(예문당, 1999)
125. 재미있는 발명의 세계로(예문당, 1999)
126. 중국의 명소와 명문대학 (나산출판사, 2001)
127. 고향 생각과 자랑(한미교육연구원, 2001)
128. 캐나다의 명소와 명문대학(나산출판사, 2001)
129. 2000년대의 민족의 선택(한통연, 2001)
130. 영재들과 교육공로자(한미교육연구원, 2001)
131. 고사성어 대사전(예가, 2001)

132. 교회의 갈등 그리고 화해(계명대학교, 2002)
133. 체코와 슬로바키아의 명소와 명문대학(나산출판사, 2002)
134. 태교 출산 백과(으뜸사, 2002)
135. 남북한 통일정책과 민족교육(한미교육연구원, 2002)
136. 북한의 교육정책과 명문대학(평화문제연구소, 2002)
137. 전남 쌀 줄게 개성 인삼 다오(동진문화사, 2002)
138. 21세기와 조국통일(한통연, 2002)
139. 남북한의 통일정책과 통일장애요인(한통연, 2002)
140. 재외동포법 개정을 위해(한국인권문제연구소, 2002)
141. 오스트리아의 명소와 명문대학(나산출판사, 2002)
142. 꿈나무들과 미국의 교육정보(한미교육연구원, 2002)
143. 민간요법 보감(태을출판사, 2002)
144. 캐나다 로키의 명소와 생태(오성출판사, 2002)
145. 달라진 남한말과 북한말(예가, 2002)

연구논문
- 한국 내 학술지 60편
- 국제 학술지 120편   총 180편

공저자 박 용 하

학력
· 중동 고등학교 졸업
· 고려대학교 상과대학 졸업

경력
· P&L(AUST) PTY LTD 대표이사
· AUSTRALIA TOTAL LOGISTICS PTY LTD 대표이사
· 재 오스트레일리아 동포 경제인 연합회 부회장
· 세계 해외 한인 무역인 협회 호주지회 부회장

세계핵심관광·유학길잡이 X

호주의 명소와 명문대학

| 판 권 |
| 본 사 |

2003년 4월 20일 인쇄
2003년 4월 25일 발행
편저자 / 차종환·박용하
발행인 / 안장훈
발행처 / 나산출판사
서울시 은평구 역촌1동 40-6
전화 357-4722~3
FAX 357-4721
등록일자 1995년 8월 3일
등록번호 제 13-431호

값   15,000원

ISBN 89-86669-21-8   03810